微信营销与运营

全能一本通

WECHAT MARKETING AND OPERATIONS

视频指导版

王易◎著

人民邮电出版社

北京

图书在版编目（CIP）数据

微信营销与运营全能一本通 ：视频指导版／王易著
. -- 北京 ：人民邮电出版社，2018.10（2022.12重印）
ISBN 978-7-115-49076-6

Ⅰ. ①微… Ⅱ. ①王… Ⅲ. ①网络营销－基本知识
Ⅳ. ①F713.365.2

中国版本图书馆CIP数据核字(2018)第221926号

内 容 提 要

　　传统商业模式与微信的融合已成为人们的共识，在以微信为首的新媒体营销传播中，只要不积极参与就会被落下、被遗忘。不利用新媒体工具进行营销，就会落伍。因此，无论对个人还是企业来讲，学会微信营销，敢于创新营销手法，将会受益匪浅。

　　本书共八章。第一章系统地介绍了微信营销、微信营销思维、策略及准则。只有具备微信营销思维，才能玩转微信营销。第二章重点介绍了微信营销的基础知识及常用工具。合理运用工具，会让你的营销锦上添花。第三章从微信个人号的营销与运营入手，让你学会变现与成交。第四章阐述了公众号的运营、营销与变现。第五章讲解如何玩转小程序。第六章重点讲解了企业微信营销的策略与方法，从企业微信营销战略布局入手，提供系统全面的运营与营销模式。第七章从微信营销的指标入手，教你用各种工具进行营销的量化与评估。第八章讲解一些微信营销实操及案例，帮助大家学以致用。

　　本书适合从事营销和新媒体工作的读者使用，也可作为各级院校市场营销、企业管理、商务贸易、电子商务等专业的教材。

◆ 著　　　　　王　易
　　责任编辑　赵　月
　　责任印制　焦志炜

◆ 人民邮电出版社出版发行　　北京市丰台区成寿寺路 11 号
　　邮编　100164　电子邮件　315@ptpress.com.cn
　　网址　http://www.ptpress.com.cn
　　北京捷迅佳彩印刷有限公司印刷

◆ 开本：720×960　1/16
　　印张：16.5　　　　　　　　2018 年 10 月第 1 版
　　字数：302 千字　　　　　　2022 年 12 月北京第 11 次印刷

定价：49.80 元

读者服务热线：(010)81055256　印装质量热线：(010)81055316
反盗版热线：(010)81055315
广告经营许可证：京东市监广登字 20170147 号

用微信和营销对话

现如今，微信和我们的生活息息相关，不管是聊天、支付，还是生活、购物，都有微信的影子。微信自 2011 年诞生至今，陪伴我们走过了 7 年的时光，从最早的摇一摇、朋友圈功能，到现在的小程序、小游戏、公众号，微信已经变成我们日常生活的必需工具……

我比较喜欢"对话"两个字。尤其是用微信对话，你也可以理解为聊天。你会发现，其实营销就是聊出来的，因为只有你会提问，才有可能知道客户需要什么。

对话，也可以称之为互动的一种形式。这种形式可以使企业快速获得客户的反馈，使企业能够在极短的时间内对自身的服务、产品及营销策略进行调整，以满足客户的需求。

我喜欢和微信好友对话，因为微信将虚拟社交圈与实际社交圈进行了无缝对接，使人们的传播和交流变得更加紧密，以朋友关系链构建的消费者群体，营销价值十分巨大。陌生人社交也在不断地渗透进每个人的交友圈子，用人作为营销工具去传播，并最终形成人与人之间的闭环。

微信不仅是社交工具、通信工具、媒体终端，微信更是生活的一部分。你会发现吃饭可以用微信选餐馆，订车票可以用微信支付，出示会员卡享受购物优惠可以用微信扫一扫，交水电费、手机费可以用微信，医院挂号可以用微信，上下班打卡签到可以用微信，旅游出行也可以用微信。微信产品逐步涉及生活的每一个角落。

微信营销即基于微信平台所开展的一种营销活动，微信公众号的设立为营销活动的开展提供了便利，在今天，微信营销已经成为企业及个人对自身进行宣传的一种主要途径。无论是个人微信营销还是企业微信营销，其本质都是在利用好工具的前提下，不断寻找适合自己的方法与技巧，从而完成吸粉、聚粉、裂变、成交或服务的过程。

用微信对话，我们必须善用工具。例如，微信公众平台是腾讯公司在微信中设置的一种功能，借助平台，企业或个人可以打造一个微信公众号，并实现和特定群体的文字、图片、语音的全方位沟通与互动。微信二维码和扫一扫也受到众多商家的喜爱。

微信用户可以通过微信扫描商家提供的二维码，关注商家的公众号，成为其微信中的电子会员，定期收到优惠活动信息。微信推出的"查看附近的人"，被很多企业运用，它们通过个性签名，对附近的受众进行信息传递，一旦信息符合受众的需求，则能吸引受众的注意力，最终将其转化为购买力。商家也可以通过微信发布相关软文，实现精准的消息推送，直指目标用户，以达到品牌或产品的病毒式传播。

用微信对话，我们必须知道微信背后的用户在想什么，要什么，渴望得到什么，我们如何去满足用户，如何吸引用户，如何建立用户的忠诚度。

和营销对话，我们必须知道，我们要营销什么，我们拿什么去营销。

张小龙曾经说过："好产品用完即走"，他认为，产品不应该消磨用户的时间，应该让用户离开，让用户能够高效地完成自己的事情。而我一直觉得，微信营销应该是和用户对话，只有发自内心的对话，才会让用户感觉和你是真正的朋友。当有了强关系的社交之后，又会衍生陌生人社交，就是朋友的朋友或陌生用户，而这一切都来自于你和用户的对话。因为你知道用户想要什么，进而可以通过内容、营销去吸引用户，产生连接。

最后，和自己对一次话。感谢你们温柔地待我，感谢你们对我每一次写作的支持。其实写本书，真的不容易。写本好书，更加不容易。无论书里的内容，你看完感觉好与坏，我只想告诉你一句话：哪怕有一个观点，你能受益，我就满足了。感谢每个阅读的你。

本书得以顺利地出现在你的面前，要感谢我的家人，感谢杜子建老师、龚文祥老师，感谢好朋友方方雨、凌教头、徐义、石妞妞、郑清元等，感谢越光宝盒创始人黄总、冯总，净心源创始人陈总，梵婕缇品牌的王总、刘总，七艾锦创始人高总，朵嘉浓创始人蝉禅，微派创始人柴公子，三里人家创始人夫子，农产主义创始人朱海，好几个亿微商系统创始人微神，肖岳明星经纪公司的肖岳先生，广州市森迷化妆品有限公司的石俊贵先生，宾颜美妆创始人李冰先生，黑龙江华农电子商务冷链物流有限公司的王佳洋先生，法国爱一贝姿集团董事长陈巧燕女士，福建帮帮团创始人黄勇先生，北京品宜科技创始人夏雪峰先生，《微商实战秘术》作者杨赵进，广州迪幂生物科技有限公司的甘林雨女士，脉库科技创始人杨强先生，傲华新电商创始人余小华，农友会创始人农哥，盛林风行 CEO 米罗先生等所有支持和关心我的人（排名不分先后）。

谢谢，你与我对话。

王易

2018 年 6 月

Contents 目录

第一章
微信营销概论

"未来的营销,不需要太多的渠道,只要让你的产品进入消费者的手机,就是最好的营销。"——克里曼特·斯通(世界营销大师)

1.1 新媒体时代的微信营销

王易微信营销小课堂
第一讲

在互联网技术形成和发展之前,营销主要借助电视、广播和报纸等传统媒体实现。而基于网络平台发展形成的新媒体,其内容主要包括门户网站、搜索引擎、手机电视、网络杂志等。其传播范围广泛,重视与受众之间的双向互动沟通,且打破传统媒体的权威,可以在短时间内实现大范围的信息传播。

科学技术的发展使网络信息的传播方式不断得到革新,如今微信(WeChat)已经走入了大众的生活,成为新媒体时代信息传播的重要媒介之一。微信营销是面向微信的广大用户,借助互联网,把微信和营销理念有机结合在一起形成的一种独具特色的网络营销方式,这是营销模式的一次创新。在这种营销模式下,广大用户能够在较短的时间内,快速搜索并获取自己所需的产品信息,企业或个人也可以有针对性地进行产品推广,使产品销量进一步增加、产品品牌进一步得到强化。

1.1.1 新媒体营销中的微信营销

随着新媒体的迅速发展,更多的个人和企业加入通过新媒体向用户传递信息的行列,进而使其营销目的得以实现。

微信营销作为新媒体营销的一种新兴模式，其多变简洁的营销方式，使越来越多的人意识到它的价值。作为企业和个人，只有充分了解其经济价值，做好自己的产品或服务，才能更加灵活、自由、充分地利用微信的特性，提升微信营销效果。

1. 新媒体营销

新媒体，主要是指依托互联网技术和计算机、智能手机等新兴科技平台进行信息传播，进而影响社会舆论的媒体形态，是区别于电视、广播、报纸、杂志等传统媒体的一种新兴的媒体形式。

我们所说的新媒体，即社会化媒体（Social Media），是指能让人们自发地原创或转载内容、分享见解、相互沟通进而实现信息传播的工具和网络平台。我们常说的社会化媒体主要包括社交网站、微博、微信、博客、论坛、播客等。

新媒体的特点如下。

（1）多样性

新媒体形式多种多样，其中绝大多数是人们可以免费参与的，网友撰写、分享、评论的信息，都可以通过新媒体得到病毒式的传播。与传统媒体的传播方式不同，这样的传播更为"盲目"和迅速，几乎没有任何障碍（受保护的内容除外）。

（2）双向互动交流

广播、电视等传统媒体往往只是将内容通过其平台单向地传输给受众，人们很难将真实的感受及时、便捷地进行反馈。而新媒体则提供了相对自由的空间环境，人们可以在方便的时间主动地发布、获取、分享、反馈自己专注或感兴趣的内容，这大大带动了人们的参与度。他们常常既是传播者也是受众，从而实现了很好的信息的双向传播，提升了交流互动性。企业或个人利用网友们在新媒体上的主动性，通过微信营销积极提供一些有用、有意思的资讯或网络活动，网友在主动参与并传播的过程中，无形中增进了对企业或个人及其产品的了解。

（3）社区化

新媒体拥有很强的联通性，其通过转发和链接等形式，能很好地将多种媒体联合起来，人们能依据自己的喜好，找到很多拥有共同兴趣的人并形成一个网络小社区，在此基础上进行互动交流。诸如明星的粉丝圈、摄影爱好者的分享群等，在新媒体上屡见不鲜。

2. 微信营销在新媒体营销中的地位

微信营销因其传播上的独特优势，在新媒体营销中占据着越来越重要的地位。

（1）微信营销传播的架构

微信作为新媒体的一员，它支持发送语音短信、视频、图片和文字，可以支持群聊，仅消耗少量流量，适合大部分智能手机。微信凭借腾讯庞大的黏性基础用户及其独特的传播架构迅速占领了市场。

微信的推广速度可以说是以几何倍数增长。微信公众平台是腾讯公司在微信中设立的一个全新服务平台，借助平台，企业或个人都可以打造一个微信公众号，并实现和特定群体的文字、图片、语音的全方位沟通、互动。微信二维码和扫一扫也受到了众多企业和个人的钟爱。微信用户可以通过微信扫描他们提供的二维码，关注他们的公众号，成为其微信中的电子会员，定期收到优惠活动信息。微信推出的"查看附近的人"，被很多企业和个人使用，他们通过个性签名，对附近的受众进行信息传递，一旦这些信息符合受众的需求，则能迅速吸引受众注意，最终促成交易，使企业或个人获得较高的回报。企业或个人通过对自己的关注者发布相关软文，实现精准的消息推送，直指目标用户，以期达到品牌或产品的病毒式传播。

（2）微信营销传播的语言方式

淘宝体，指说话的一种方式，其最初见于淘宝网卖家对产品的描述，其亲切、可爱的说话方式逐渐在网上走红并被用于诸多场合，以营造亲切、愉悦的氛围。微信支持跨平台通信，大多数的智能手机用户都可以通过微信即时发送语音、图片和文字信息，同时它也支持单人、多人参与，比电话更省钱，比短信更方便，深得追求新鲜、时尚的年轻人的喜爱。微信可以"语音"发布即时信息，使人们随时随地彼此分享第一手消息，相比其他传播方式，它不但省时、省力、省钱，而且让人倍感亲切、随意。

3. 微信营销对传统商业模式的改造和融合

微信营销正在以前所未有的速度被企业或个人广泛应用。因微信点对点精准传播的营销优势明显，星巴克、1号店等各大品牌都打造了自己的微信平台。以购买衣服为例，从传统的在实体店试衣购买，到风靡一时的网购狂潮，再到现在的微信"微店"和微信支付，随着微信功能的逐渐强大，其对传统商业的影响也越来越大。微信方便快捷的支付功能和精准推广，使那些有微信公众号的企业的资金流和营业额明显得到提高。将传统商业模式与微信进行融合已成为人们的共识，在以微信为首的新媒体营销传播中，大家如果不积极参与就会被落下、被遗忘。

4. 新媒体下的微信营销模式

微信的众多功能为用户提供了方便，微信逐渐成为人们的一种移动社交网络，用户不仅通过它进行语音短信及文字短信的交互，还能通过其中的 LBS（Location Based Service，基于用户位置的社交）搜索身边的陌生人并与其互打招呼，打破熟人社交的固化模式。微信将身边的人集中在一个平台中使其进行互动，大大颠覆了传统的社交渠道，因此，通过微信开展网络营销越来越受到人们的重视并得到广泛使用。

（1）从信息搜索模式到移动客群搜索模式

传统移动营销模式是通过用户对商户（指有实体经营场所的商家）进行搜索，而现在这种营销模式则主要针对在某一区域内的商户，用户点击"查看附近的人"，微信根据用户的地理位置查找到周围的其他微信用户，在这些查找到的附近的微信用户的信息中，除了显示用户的基础资料外，还会显示用户签名档的内容，基于此，商家可以在个性头像设置中上传产品的相关照片或广告，这种免费的广告位对商家来说无疑是天上掉下来的馅饼，不仅为自己的产品做了宣传，而且其还可以第一时间得到关于广告的反馈，如果遇到有需求的买家，其就能够借助微信与买家在线进行谈判及时促成交易。商家通过监控人流最旺盛的地方后台，了解使用"查看附近的人"的平台人数，如果人数足够多的话就说明广告效果还不错，随着微信用户数量的上升，这个简单的签名栏也许会变成移动的"黄金广告位"。

（2）从短信海量投放到定向用户的互动体验

过去我们常被海量的垃圾短信所困扰，但是微信不仅将我们的困扰解决了，更让我们发现广告也可以做得如此有乐趣。微信的"漂流瓶"功能是从腾讯系统中的QQ邮箱移植出来的，基本保留了原始的简单易上手的风格，主要分为两个简单功能：

①"扔一个"，用户可以选择发布语音或者文字信息，然后将其投入大海中，如果有其他用户"捞"到则可以展开对话；

②"捡一个"，"捞"大海中无数个用户投放的"漂流瓶"，"捞"到后也可以和对方展开对话，但每个用户每天只有20次机会。

商家可以通过微信后台对"漂流瓶"的参数进行更改，即商家可以在某一特定的时间抛出大量的"漂流瓶"，这样普通用户"捞"到的频率也会增加。再加上"漂流瓶"模式本身可以发送不同形式的文字内容甚至语音小游戏等，能产生不错的营销效果。尤其是这种语音模式让用户感觉更加真实。微信平台的"漂流瓶"与QQ邮箱的"漂流瓶"最大的不同在于，微信上的"漂流瓶"可以随便扔，当别人捡到你的瓶子时就会看到你的个性签名、图片及相关信息介绍，这种方式对不同区域的人都是可以产生影响的，即不同地区的用户都能捡到瓶子看到商家的相关信息。

（3）从关键字搜索到二维码扫一扫

以前我们必须通过点击链接或通过固网搜索关键词才能获取相应的信息，但是微信二维码扫一扫的功能简化了这一操作，用户可以将二维码图案置于微信"扫一扫"栏所提供的取景框内，扫描识别另一位用户的二维码身份从而添加其为好友，每一位微信用户都能通过微信的二维码定制自己独一无二的标识，这是微信带给用户体验的乐趣之一。

商家可以通过二维码邀请客户在微信中进行互动或添加其为微信好友，从而达到推广的目的。

（4）从微博单一互动到社交分享

在微信开放平台，应用开发者可通过微信开放接口接入第三方应用。从传统微博的单一互动转变成通过微信的开放平台搜索好友，然后通过其微信的朋友圈发布信息。商家可以将应用的标识放入微信附件栏中，让微信用户方便地在会话中调用第三方应用进行内容的选择与分享。社交分享在电商中一直是热门话题。在移动互联网上，以之前腾讯公布的合作伙伴美丽说为例，用户通过微信把一件美丽说上面的产品传播开去，可以达到社会化媒体上最直接的口碑营销。

（5）从被动搜索到主动推送

微信开放平台+朋友圈的社交分享功能的开放，已经使微信成了一种移动互联网上不可忽视的营销渠道，那么微信公众平台的上线，则使这种营销渠道更加细化和直接。通过一对一的关注和推送，公众平台方可以向"粉丝"推送新闻资讯、产品消息、最新活动等内容，甚至能够实现咨询、客服等功能。

1.1.2　微信营销的定义

微信营销是随着微信的逐渐普及而形成的一种全新的营销模式。它是基于广大的微信用户，将微信同营销理念进行有效结合而形成的一种网络营销方式。通过微信平台，潜在的客户可以快速获得自己感兴趣的产品信息，企业则利用微信平台推广自己的产品和企业的理念，使产品信息得到快速有效的传播，从而实现有针对性的营销。

简单来说，微信营销就是企业或个人利用微信作为营销平台，通过查找微信号或微信公众号，添加手机通信录好友或 QQ 好友等多种方式获得微信好友（每一个好友其实都是潜在的营销对象），通过直接联系或发朋友圈的方式，向关注的用户（即潜在客户）推广产品或服务的有关信息，吸引潜在客户成为真正客户，并进一步通过微信平台完成有关的交易，从而将企业产品及品牌推广给用户的一种现代营销模式。微信营销主要是指企业或个人利用微信以及微信开发出的部分功能进行企业宣传、品牌推广、产品销售等一系列营销活动。

在提到微信营销时，我们必须清晰地明白三点。

① 微信营销是微信的衍生产品。你可以简单地理解为微信营销是以微信为载体的营销方式。微信用户可以不受时间与空间的限制，根据自身需求主动关注企业微信公众号，与企业形成紧密的联系。用户注册微信，可以通过扫描二维码、关注公众号等方式加企业为好友，订阅自己所需的信息，企业通过提供用户需要的信息，推广自己的产品。通过微信，消费者可以用最简单的方法最快地找到自己想要找的产品，而商家可以通过最简单的方式实时和消费者进行交流并进行营销。

② 微信营销是将微信同营销理念相结合的一种方式。通过微信平台，用户可以搜索、收集自己所需要的各种感兴趣的信息，各大商家也可以根据用户的搜索情况推出相应的有针对性的产品。

③ 微信营销与传统营销模式互补。传统营销和微信营销结合是最佳的营销方式之一。如果商家能够把消费者在店铺内实际体验到的产品在微信上进行推广，就更能赢得消费者的信赖。不管是做微信营销还是做传统营销，都应该围绕客户展开，为客户提供细心周到的服务，微信有助于营销立于不败之地。

1.1.3 微信营销的特点

微信营销更趋近于人和人之间像朋友一样的交流，大家在交流中完成交易，而不像淘宝、微博那样带有浓重的商业化气息。微信营销最大的优势就是你可以在销售中做你自己，成为一个有个性、有感情的人，用你的个人魅力去征服别人，让他们成为你的粉丝，最终获取信任，从而达成销售。但看似新颖的微信营销其实是企业基于F2F（Face to Face，面对面）营销、整合营销、关系营销等理论实现将企业的产品和服务向消费者展示的一种较传统营销而言更加便捷的营销方式。

（1）微信营销是一种零距离模式营销

我们知道微信不存在距离的限制，用户在注册微信后，可与周围同样注册的"朋友"形成一种联系，用户可以在朋友圈自我宣传，推广自己的产品，还能在与其他用户的交流过程中，订阅自己所需的信息，商家也通过分析用户需求为用户提供需要的信息，推广自己的产品，从而实现点到点的营销。

（2）微信营销是F2F营销的一种方式

F2F营销的特点是能够有效维持与目标客户间的沟通关系。微信营销更重视对客户关系的维护，客户通过扫描二维码或搜索微信公众号等方式关注企业进而了解其动态，企业也因此可以更加精确地定位目标客户，适时地向客户发送其需要的信息，既保证了客户接收信息的准确性，又有利于传播企业文化，提升企业形象。客户也可以及时通过自己关注的企业微信反馈自己的需求信息，实现了真正意义上的F2F。

（3）微信营销是关系营销的一种方式

关系营销是指企业通过识别、获得、建立、维护和增进与客户及其利益相关人的关系，与客户建立起长期稳定、相互信任、互惠互利的关系，从而在与客户保持长期关系的基础上开展营销活动，实现企业的营销目标。微信是一个客户关系管理（Customer Relationship Management，CRM）磁铁，其最好的用途之一是为客户关系管理和客户忠诚度计划提供沟通交流的平台，允许更多的个人和品牌与其追随者之间进行一对一的对话。这些对话是其他

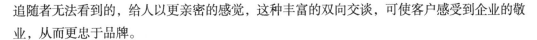

追随者无法看到的，给人以更亲密的感觉，这种丰富的双向交谈，可使客户感受到企业的敬业，从而更忠于品牌。

（4）微信营销是整合营销的体现

整合营销（Integrated Marketing Communication，IMC）强调将处理过的信息通过恰当的传播途径传播给特定的客户群体，并且保证传播信息的统一性和精确性。微信营销充分体现了整合营销的特点。首先企业通过设立公众号明确自己的潜在客户群体，然后企业可以有选择、有针对性地在自己的公众号中发布企业的相关信息，这些信息通常都是客户想要了解的或企业想要向客户展示的。

（5）微信营销是互动营销的一种方式

微信是一个功能强大的社交平台，企业和用户之间可以通过文字、语音、图片、视频等方式进行实时沟通和交流，企业可以更准确地了解用户的需求并满足其要求，这是其他营销方式所不能比拟的。

（6）微信营销是口碑营销的一种体现

微信是一种新型而又高效的社交软件，人们利用微信这个媒介进行交流沟通，因此它也为人们对企业产品的评价提供了一个开放的平台，用户在决定是否购买产品时会参考微信及朋友圈中的评价，所以这对于产品的口碑好坏来说，已经成为最有影响、最关键的因素之一。

（7）微信营销是一种投资行为

微信营销的交易行为可以理解成一种关系投资。买方为了和卖方建立联系，或者强化对方的印象，或者表示对对方的关注、认可和支持，或者维持稳定的关系。通过这些行为，往往能促进交易的达成。通常卖方会因为朋友的善意消费而强化彼此之间的关系，至少能加强和巩固关系。因此，微信营销不仅能够降低交易成本，更是一种投资。

1.1.4　微信营销的作用

微信营销，对不同的企业及其不同的目的来说，其功能需求是有差异的。对众多企业微信服务号来说，微信主要作为客服窗口；对企业的活动宣传或危机处理来说，微信主要作为公众平台；对很多草根大号来说，微信主要作为广告渠道；对京东这样的植入微店接口的企业来说，微信主要作为销售平台；对很多行业专家来说，微信是他们主要的自媒体平台。

企业可以利用微信营销促进其发展。伴随着庞大的黏性客户群，微信也获得了企业更多、更广泛的接受和认可。微信独有的营销架构和新媒介的营销传播手段，能够给企业带来巨大的商业利益和良好的客户维系，客户转化率和复购率都会有大幅度的提升。

微信营销的作用主要体现在以下几个方面。

（1）客服窗口

第一，微信是一个很好的客户管理工具。微信公众号后台可以对用户进行分类管理，从而帮助企业了解用户需求，做好用户服务。第二，微信可以帮助企业进行市场调研。企业通过公众号发放调研问卷，并给予用户一定奖励，以实现精准调研，为下一步制订市场策略提供依据。

（2）广告渠道

微信广告具有趣味性、互动性、快捷性、精准性的特点。微信广告可以呈现文字、音乐、视频、动画，尤其在 H5 广告出现之后，微信广告精美得让人十分喜欢，能够引发用户大规模的转发行为。

（3）互动平台

微信是实时高效的互动平台。通过一对一的推送，品牌可以与"粉丝"开展个性化的互动，为其提供更加直接的互动体验。微信通过互动的方式使营销更为高效便捷，由此可以产生更好的商业营销品质。商家采用互动的形式创建新型的用户交流体验模式，让用户感受到双向交流的作用，能够快速形成商户关系，可以获取更多的潜在消费群体。简单来说，微信营销的对象是强关系，消费者既是信息接收者也是信息发出者，信息传递的效率和准确性决定了消费者的购买意向。

（4）销售平台

微信集聚了约 4 亿支付用户，是个天然的大卖场。微信开通第三方开放平台后，各种销售型的公众号开始出现。一种是"京东"类型的电商平台，另一种是"罗辑思维"类型的自媒体+推荐销售平台。企业借助微信这样的平台，极大地提高了自己的销售业绩。

（5）自媒体平台

微信是个人点评、传播、创造有价值信息的重要媒体平台，被广泛使用，其营销价值不言而喻。

（6）其他

微信还可以成为企业的服务平台、O2O 平台、客户关系管理数据库等

微信的即时通信功能为企业利用微信平台进行售前、售后的咨询与服务提供了很好的帮助。线上线下相结合的 O2O 模式也可通过微信平台得到很好的应用。具体地说，一方面是"带客到店"，这是通过微信的定位功能来实现的。企业可以将产品信息推送给附近的人，这比推送给所有的好友要更有价值。当用户收到信息并对其感兴趣时，就会光顾，这种方式尤其适合餐饮类等服务型企业。另一方面就是会员卡制度或是优惠券活动，用户通过扫二维码或者添加关注就能获得电子会员卡或优惠券，这种方式能够吸引用户添加企业为好友从而方便企业开展后续的营销活动，增加用户黏性。

1.1.5　微信营销的 4 大优势

微信营销具有高到达率、高曝光率、高接受率、高精度、高便利、低成本、实时互动等优势，与传统的营销方式相比，它有庞大而真实的用户群、营销成本低廉、营销定位精准、营销方式多元化，这些都使微信营销越来越受到大家的青睐。

（1）成本低

与电视广告、报纸、宣传海报等传统营销方式相比，微信营销的成本低廉，几乎接近免费。微信营销操作简单，一学即会。

① 营销成本低。微信营销最大的优势就是成本低，除了用微信时产生的一些流量费用，用户不需要支付其他任何费用，而传统营销进行推广活动和广告宣传，由于店铺、租金、媒介、人员等因素往往会产生很高的成本。微信营销的低成本主要体现在以下四个方面。一是企业注册微信公众号是免费的，也没有任何的门槛限制；二是微信公众号向用户推送信息接近零成本，只需要耗费少量的网络流量，同时微信平台的各项微信工具都可以供用户免费使用；三是微信公众号能够通过后台设置智能回复的功能，例如，只要用户输入某个具体数字，微信公众号就会立即把最新的产品促销信息推送给用户，方便用户随时了解自己关注的信息，企业也会节省许多人工成本；四是微信不仅在信息载体上形式多样且免费，同时微信营销以大量潜在客户为基础和依托，可以实现规模经济效应。

② 推广成本低。无论是微信的下载、注册和使用，还是公众号的申请和信息推送，这些都是免费的。微信营销在公众号的申请和信息推送方面是不需要收费的，企业每天发布信息也不需要交广告费和推广费，此外，用户了解企业信息也只需要一些浏览信息的流量费用，简单来说，只要有网络，企业就可以利用微信对自己的产品进行推广，在此基础上，企业只要把注意力集中在有创意的内容上，就可以把新老客户吸引过来，从而对自己的产品进行免费的宣传。

③ 投入成本低。微信营销最大的优势之一就是它几乎是零投入，你只需要一部手机，就可以实现在家办公。

（2）营销信息转化率高

企业微信公众账户能够确保所发出的每一条信息准确无误地被目标用户获取，信息到达用户手机时会进行提示，即使用户未能及时查看信息，也会有相应的微信图标提醒其查看。因为用户关注企业微信公众号是获取信息的前提，所以用户的这种自愿选择就使其不会对公众号所推送的信息表现出反感的情绪，更多时候用户表现为主动索取信息。因此，当企业开展营销活动时，用户能够给予积极的配合，这使得交易成功的概率大大提高。不论何种方式的微信营销，都能找到与用户属性相近的客户群，故而其营销针对性强。而这种较强的营销针对性，将会带来较高的营销转化率，也即使用较少的营销费用获得较高的销售额。

（3）营销性价比高

企业只需拥有移动终端，便可在官方微信公众号上用文字、语音等多种方式及时发布信息。再者，企业通过开发 CRM 系统、完善账号功能等手段可以集聚促销、客服、品牌宣传、客户培养、客户关系维护等多种功能于一体，从而对客户进行高效管理。最后，微信庞大的用户群和其"一对多"的群发功能，使得信息的病毒式传播成为可能。因此，微信营销与传统营销相比性价比更高。

（4）精准营销

微信拥有庞大的用户群，借助其移动终端、天然的社交属性和位置定位等优势，每条信息都是可以推送的，并能够让每个个体都有机会接收到这条信息，继而帮助企业实现点对点的精准营销。企业可以借助微信公众平台获取用户的年龄、性别等一些个人信息，然后利用后台分析系统分析得到的数据，最后总结用户的特点来推送其感兴趣的内容，所以微信信息投放的精准度很高。

此外，微信上的每一位用户都有专属的微信号和二维码，微信号和二维码生成后不可更改。通过微信添加好友时，双方必须相互认可。企业通过微信号可以获得关注者的相关信息，之后，利用微信的统计分组功能，企业可进一步完善 CRM 系统。点对点的高精准度和接受率可以使企业更好地满足用户的个性化需求。企业的公众号可以吸引大批有购买意愿的粉丝，他们对于企业的优质信息也不会存在抵触心理。

1.2　微信营销思维

微信营销作为时下最热门的营销方式之一，本质上也是一种社会化营销，遵循社会化营销的特点。与此同时，微信又是一个独具特色的产品，这使基于微信进行的营销工作不能完全与过去一样。所以无论企业什么时候从事微信营销，都要具备微信营销思维。

1.2.1　微信营销思维的 9 大核心

微信营销作为营销的新事物，许多企业对其不太重视，持观望态度。也有的企业想做微信营销，但因为思想陈旧，加之对微信营销了解甚少，不知如何开展。更有甚者由于不了解开展微信营销的方式和技巧，走了许多弯路。也有很多企业在未充分认识微信营销之前，就盲目地将其认定为万能营销神器，并跟风效仿使用。诚然，诸如此类的问题之所以会出现，是因为他们不具备微信营销思维。对企业的运营者来说，要掌握微信营销思维，必须熟悉以下 9 点内容，分别是用户思维、内容思维、互动思维、分享思维、游戏思维、线上线下思维、客服思维、信任思维及绩效思维。

（1）用户思维

线上营销的本质是"流量创造价值"，而流量来自于每个用户。所以我们在进行微信营销的时候，首先要从用户的角度去考虑用户喜欢什么，其次要考虑要吸引哪一类的用户关注，你的微信对新关注的用户有什么价值，怎样实现互动。简单的思路即第一步要把用户请进来，接下来要思考如何将其留住，最后要思考和用户一起做点事。

（2）内容思维

所谓内容思维就是把人们所关心的日常生活知识，发布到微信平台上，通过这些信息的转发，达到良好的传播效果。如今，人们对生活质量的要求越来越高，对生活知识的需求也越来越大，有关生活类的知识在网络上的转发率相当高，比如冬病夏治、节假日旅游、十大美食去处、最美民宿等相关信息，凡是与生活、旅游、美食、教育等相关的信息，都会引起人们的关注。

（3）互动思维

微信营销在注重互动性方面达到了马斯洛需求层次理论的"社交需求"与"尊重需求"的高度，因此如何充分利用微信的互动功能加强和粉丝、潜在客户的互动沟通，建立和他们的良好关系，把"一对多"的单向沟通方式变成"多对多"的互联方式，深入参与用户讨论就变得尤为重要。

（4）分享思维

现有用户是天然的传播渠道，借助老用户带来新用户，是企业长期低成本增加用户的有效方法。企业在花费较高成本吸引并稳定了第一批用户之后，后期用户的增长主要靠现有用户的分享和推荐。一般来说，微信用户形成的社交圈层具有网格化和垂直化的双重特性，信息流在微信用户群之间可以由点到线、由线到面、由面到立体地快速渗透，企业精心设计的产品营销信息即为"病毒"，潜在客户即为"易感染人群"，企业作为"病毒"的投放者，对"易感染人群"进行积极的主动情绪管理，精心设计"病毒"，要求"病毒"达到有趣、震撼、煽情、新鲜等标准，充分研究"易感染人群"心理，使"病毒"投放的广度和扩散速率达到最优，以实现最大限度挖掘潜在购买力的目的。总之，用户参与感越强，信息传播深度就越深，就越容易实现链接式传播甚至病毒式传播。

（5）游戏思维

游戏思维即通过游戏的转发传播，来认识某个品牌。例如，微信小游戏的特点普遍是设计新颖，而且卖萌，规则简单却不单调，可以在短短几分钟内吸引大量用户。

（6）线上线下思维

线上线下思维是将线上和线下有机地结合起来。微信是一种社交平台，这种属性就决定了做微信营务必要搞好线上和线下的活动，如扫描二维码抽奖、在线有奖答题、促销活动预告、秒杀活动、线下粉丝见面会、线下拍卖会、线下展销会等。

（7）客服思维

微信作为一个点对点沟通的平台，是很好的客户关系维护渠道，就微信自身的特点而言，微信是一个维系老客户的重要渠道，因此微信的咨询受理成了重点。不少企业或个人会在微信账号后台设置好一些快捷回复，而人工微信客服则实现了真正的人与人在线实时沟通、传送活动和优惠信息等。

（8）信任思维

进行微信营销，企业必须有效地开发、完善微信公众平台功能，提高用户对企业的信任度，通过情感交流，加强用户对企业微信营销的信任，这样用户才能转化为真正的客户，为企业的产品买单。

（9）绩效思维

不少微信营销运营者，对于其绩效管理大多处理很简单，即将微信的宣传效果与点赞数和阅读量挂钩，对于微信宣传效果的实际好坏则并没有掌握，整体来说对微信营销的管理十分松散，缺乏有效的绩效评定体系。因此，企业要对微信营销实行一定的管理机制与绩效考核，提升微信营销的效果。

1.2.2　微信营销思维运用技巧

只有管理者真正重视了，微信营销才能发挥它的巨大作用。对运营者来说，必须充分把握机会、及时转变观念、发挥所长，制定出合理有效的微信营销策略，以获得更好的市场营销效果。企业能否真正发挥出微信营销的作用和价值，决策者对消费者需求及微信营销的认识和重视程度起着决定性的作用。

微信营销思维在运用方面，必须从转变传统观念、企业重视、全员参与、战略规划和创新五个方面入手。

（1）转变传统观念

不少做微信营销的企业存在观念滞后，对微信营销的重视程度不高的问题。由于部分企业依然采用传统的营销策略，对新媒体营销存在较大的偏见，认为新媒体营销并不能产生很大的效果，因此其对新媒体营销的投入比较少，观念意识比较淡薄，这也导致了企业在进行微信营销的过程中投入不多，继而效益也非常不明显，使微信营销的真正价值不能被真正开发，这归根结底也是企业自身根深蒂固的传统观念所致。企业一定要转变传统观念。

（2）企业重视

企业要充分利用微信营销的优势，塑造企业良好的公众形象，扩大产品或服务的销售量，实现经济效益目标。很多企业特别是一些中小型企业，在利用微信开展市场营销时，往往给

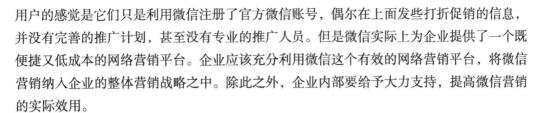

用户的感觉是它们只是利用微信注册了官方微信账号，偶尔在上面发些打折促销的信息，并没有完善的推广计划，甚至没有专业的推广人员。但是微信实际上为企业提供了一个既便捷又低成本的网络营销平台。企业应该充分利用微信这个有效的网络营销平台，将微信营销纳入企业的整体营销战略之中。除此之外，企业内部要给予大力支持，提高微信营销的实际效用。

（3）全员参与

普及微信营销价值，不仅要落实到企业领导、相关营销人员身上，还要在充分认清企业实际情况的基础上，将微信营销模式普及到每个员工身上，让整个企业对微信营销的价值都有充分的了解，以便所有员工都能参与企业的微信营销，都能为微信营销的开展贡献力量。目前，极为科学的普及微信营销的手段是构筑再教育体系，将社会流行发展元素融入再教育体系中，保证再教育体系向企业领导、营销人员、普通员工灌输开展微信营销的价值，并传授给他们微信营销的技巧及微信营销的注意事项，调动整个企业利用互联网络投入微信营销，发挥每个员工的能动性，构筑科学、互信的微信营销网络，以便使企业微信营销形象的可信度提升，获得微信使用者的真正认可。

（4）战略规划

部分企业在用微信进行营销时，还停留在营销的初级阶段，微信只是用来发广告，做免费的推送，更深层次的微信营销的潜力还没有被企业挖掘出来。企业在营销中要加强微信营销平台的推广，在微信营销中做好战略规划，注重品牌理念，对微信平台营销存在的不足进行认真分析，将庞大的用户量与数据信息作为企业微信营销的基础条件，树立全方位的整合营销观念，进而提高企业的销售水平，促进微信平台营销的可持续性发展。

（5）创新

企业微信营销推广时往往缺乏创新，缺乏连续成套的营销创新方法，这是制约微信营销长久发展的因素之一。微信营销看似简单，但做好并不容易。企业要想更加高效地在微信中宣传企业、推广产品，还需要进行更多的探索。

1.2.3　微信营销思维的 5 大误区

企业在进行微信营销时，要避免进入以下 5 大误区。

（1）盲目开始微信营销

很多企业意识到了微信营销的重要性。但在不了解微信营销本质，不熟知微信营销方法与技巧的基础上盲目开展微信营销的企业和个人也不胜枚举，最后的结果是不但花费了大量的资金成本，还浪费了人力成本和精神成本。虽然某些行业适合做微信营销，但这并不意味着行业内所有企业都适合进行微信营销。微信营销适用于能直接进行消费的终端服务行业，如餐饮、服装、旅游行业等。例如，社区周边的小饭馆虽然有固定的客户，但是由于服务对象有限，一般主要是社区周边的居民，如果加入微信营销平台，即使定期开展活动，吸引的客户也有限，甚至不能收回营销所花费的成本，这种有固定消费者的企业即使不使用微信平台，对于老客户也能准确地把握。而对于那些处在人流量大的繁华地段，或地理位置不那么优越，想招揽客户的企业，相比之下更适合做微信营销，因为除了回头客，它们更多时候面对的是陌生的新客户，在客流量大的前提下营销也会事半功倍。

（2）对微信营销结果过于乐观

微信营销在推出的短短几年中，创造出了很多"商业奇迹"和"成功案例"，这使很多企业认为只要拥有微信公众号以及一定量的粉丝就能达到同样的效果，但是如果企业对申请后的公众号不管不顾，使其变成"死号"，甚至制定过高的微信营销目标，其结果就是营销效果不理想。

（3）只注重粉丝数量而忽视粉丝质量

大多数企业在微信营销过程中只在乎粉丝的数量，并把"增粉"当成微信营销的最终目标，一切工作都以粉丝数量作为考核依据。企业认为粉丝数量越多，微信营销效果就越好。但是在营销的过程中我们就会发现粉丝数量和销售效果其实不成正比关系。

（4）微信营销只做了"营销"

微信营销之所以受到企业的欢迎，是因为它既具有即时沟通的特性，又可以通过推送文章来推销企业的产品和服务，具有一定的媒体属性。订阅号一天可以推送一次消息，并且到达率是 100%。但是企业切不可把微信当作单纯的营销工具，每天做的就是对自己的产品和服务进行介绍，这样不但不会促成交易，还会使自己的粉丝数量慢慢减少。企业应该彻底忘记"营销"，将运营公众号定位为"粉丝关系维护"。

（5）期望"小投入大产出"

微信营销的前期投入较大而且难度也较高，很多企业认为这是不划算的，产出没有回报大，这是企业进入了微信营销思维的误区。

1.3　微信营销策略

企业运营微信营销要从战略上重视微信平台的运营，聘请并培养专业运营人才，真正运营好微信平台；同时企业在选择合适的营销策略时要注重品牌形象的打造，根据市场、竞争者的动态及时调整营销策略，与消费者紧密联系，做好打"持久战"的准备。

（1）定位微信公众平台和个人号

运营者需要定位好自己在微信公众平台上的形象，想好微信公众号究竟要给粉丝提供什

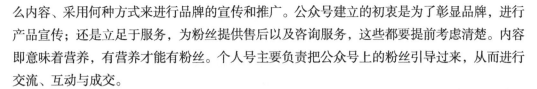

么内容、采用何种方式来进行品牌的宣传和推广。公众号建立的初衷是为了彰显品牌，进行产品宣传；还是立足于服务，为粉丝提供售后以及咨询服务，这些都要提前考虑清楚。内容即意味着营养，有营养才能有粉丝。个人号主要负责把公众号上的粉丝引导过来，从而进行交流、互动与成交。

（2）定位目标人群

企业在制定微信营销目标时，需要针对自己所要营销的内容选择合适的目标人群，这样才能最大限度地提高效率。

（3）调研目标人群

企业在定位好目标人群后，需要的是对目标人群进行调研，了解目标人群的需求，将其进行归类。具体的调研内容可以参考以下几个方面。

喜欢什么内容：目标人群喜欢什么样的内容，科技、人文、美食、旅游，还是其他方面的。

喜欢什么活动类型：目标人群喜欢什么活动，比如抽奖活动，征集活动，还是其他什么活动，等等。

喜欢什么时候接收消息：目标人群具体喜欢在什么时间段接收消息。

喜欢什么样的朋友：目标人群喜欢哪种类型的朋友，朋友喜欢什么样的活动、有哪些兴趣点。

喜欢怎样参与活动：目标人群是喜欢在线上微信端还是在线下参加活动。

了解不同的人群对什么样的产品感兴趣，什么样的产品适合什么样的人群，是非常重要的。

（4）制定营销侧重点

企业做好目标人群调研后，需要制定营销的侧重点。简而言之，就是营销需要侧重哪一类人群，需要侧重哪一类活动，需要在什么时候做内容的群发推送，这一切都需要企业做出详细的安排。

（5）设定营销策略和目标

选好侧重点之后，接下来就要设定完整的营销策略和目标了。企业应结合粉丝增长量、图文转发量、图文打开率等多维度，制定一定周期内的微信营销策略和目标，将其作为微信公众平台运营的动力和方向。

（6）划定营销运营节点

企业设定好营销策略和目标后，需要对目标进行拆分，划定各个阶段的运营目标。此外，企业还要考虑在某时间节点、关键事件、企业的关键纪念日等上做文章，争取在特定时间的节点上，做出爆发性的效果。

1.4 微信营销准则

无论个人还是企业，在利用微信开展市场营销时都应以用户服务为中心，建立专业的微信营销团队，注重微信营销内容的设计，把握好微信信息推送的频次和时间，同时注意将线上线下活动相结合，不仅要通过线上活动获得更多的粉丝，还要通过线下活动增加与粉丝的交流，提高粉丝的忠实度，使微信营销更为鲜活、真实。

有些企业及其产品或服务，可能本身就不适合做微信营销；有些则有可能运用微信来颠覆整个行业；有些可能需要巨大的资源投入；有些则可能只需要安排一个员工一部手机就搞定了。运营者一定要根据自身的特点进行清晰的定位，再选择合适的方法进行微信营销，而这就需要我们遵循微信营销的 7 大准则。

（1）未雨绸缪，运筹帷幄

在从事微信营销时，我们要做的第一步就是明确营销的需求，这也意味着我们要从增加新用户、维护好老用户、降低营销成本 3 个角度去思考。满足这 3 个条件，就是我们营销的目标方向。第二步，我们要开始对微信账号进行布局，构建池塘。想好究竟该用公众号还是个人号（朋友圈），是选服务号还是订阅号。运营者明确营销需求，构建好账号之后，接下来大部分的工作就是粉丝运营了，这也是微信营销真正的核心和持久工作——吸引粉丝、留住粉丝和转化粉丝。第三步，则是要确定总体目标和目标用户。微信营销不应该是盲目的，首先要确定目标用户，并针对目标用户确立一个总体目标，整个营销项目的实施都要以此为目标，这样才能保证营销过程的有序与稳定。

（2）善用工具，草木皆兵

工欲善其事，必先利其器。我们在做微信营销的时候，要学会熟练运用微信的各项功能。首先务必要清楚微信的各种属性及其功能，比如"附近的人"、LBS、"摇一摇"、二维码、"朋友圈"等功能。只有把这些属性及特点烂熟于心，运用起来才得心应手。例如，企业可以通过微信转发、漂流瓶、摇一摇等功能传递优惠及互动信息，建立与微信用户新的关系链；可以配合二维码、移动互联网广告实现更多新客户的关系链接。例如，二维码为微信账号传播提供了绝佳的衔接介质。企业通过平面广告、户外广告、网络、印刷品等媒介可以很方便地让二维码曝光，再结合诱因（如微信会员卡）即可比较简单地获得粉丝。这种与现有媒体捆绑的方式，可以将现有媒体的传播价值保留和延伸至微信中，以沉淀新产生的潜在客户。

（3）外部导流，粉丝为王

提到粉丝时，我们必须清楚地知道我们需要靠外部导流和微信维护与转化，才能获取更多的粉丝。我们要明白以下几点。第一，目标粉丝是谁，如何更精准地描述他们；第二，通过哪些渠道和方式可以找到他们；第三，你要知道你给用户提供什么样的内容就会吸引到什么类型的用户（即粉丝），你采用什么样的营销手段，就会吸引什么样的用户；第四，我们不能刻意去追求粉丝数量，因为我们最终的目的是和粉丝发生商业关系，促成销售。获取粉丝关注只是我们和他们建立关系的第一步，只有良好的互动才能和粉丝建立信任，从而让粉丝变客户，表1-1列举了将粉丝转化为客户的步骤及具体做法。

表 1-1

步骤	具体内容
获得关注	让用户关注，首先要解决其关注的动力何在、为什么关注你、关注账号之后他能获得什么价值的问题只有满足用户需求，解决痛点，为其提供便利，他才会关注你，变为粉丝。 所以获得关注=渠道曝光+需求痛点
拉新	有性格的内容+寻找有效渠道+有效互动
留粉	留住粉丝其实就是向他源源不断地输送价值，让他产生价值认同，与他建立情感信任的过程。留住粉丝主要要做好内容/（服务）运营、活动策划和互动三个方面
顾旧	通过"挖掘大客"和"培养忠客"，进一步挖掘客户关系的价值
转化粉丝	转化就是让粉丝产生传播或购买行为，而不是一直潜水关注。转化是一个综合的行为与过程，比如内容、活动、互动三个环节设计好都可以实现引导转化

（4）重赏之下，必有勇夫

这招你也可以理解为欲擒故纵。企业除了向客户简短地传递信息、营销活动之外，还可以来点奖励，如优惠信息、打折等。同时结合微信 LBS 功能引导消费者产生线下行动，以转化潜在客户为意向客户，比如线下线上活动结合。线上线下活动结合的意义在于面对面的交流更容易培养忠实的粉丝，产生更鲜活、更接地气的内容，这样的微信营销才会显得更真实，更有亲和力。

（5）社交分享，激励转发

社交分享的价值是拉动用户参与。简单地说就是，用户如果"分享"或"收藏"了某些产品，基本上就是对你的产品感兴趣，进而可能产生购买的欲望。对于运营者来说，微信的社交分享可以帮助用户完成从社交到采购的过程。朋友圈是微信的一个功能扩展，它集 QQ 好友、手机通信录和"附近的人"三种渠道为一体，拓宽了交友层面，以强连接为主、弱连接为辅，使虚拟社交圈与现实社交圈相融合。所以运营者要充分发挥用户分享的力量，要学会激励用户在朋友圈进行分享、转发。

（6）遍地撒网，重点捞鱼

这主要分为三个部分。第一是内部推广。这主要是向企业内部员工传达微信推广的意义及重要性，有效利用内部优势资源，激活每个人的社交关系网络，由内而外，由点及面，扩散式传播。第二是线下推广。这属于有资源的朋友可以做的事情，比如你有实体店，有资源或者有资金。方式很多，可以贴广告，在自己拥有的资源渠道里放广告位等进行宣传。第三是线上推广。线上推广的途径和平台有很多，首先是自身可利用的媒体资源，如微博、博客、QQ 群、网站等，企业可以在这些媒体平台发布信息的同时附带上微信二维码。只有品牌真正的铁杆粉丝才会在微信上主动搜索并关注其账号，对于绝大多数的消费者来说，企业的前期推广十分重要。例如，实体店铺可以在菜单的设计中添加二维码并采用会员制或者优惠的方式，鼓励到店消费的客户使用手机扫描二维码，或者可以独立制作 X 展架、海报、DM（Direct Mail Advertising）传单等材料进行宣传。

（7）取人之长，补己之短

微信营销成为主流，但不同的企业有不同的宣传手段，企业要通过了解别人的方法对自己的营销策略进行改进，而且要避免前人所犯的错误，发挥自己的长处，这样才能对微信营销进行优化。注意：没有一种运营方法、技巧可以通吃所有群体，运营者要根据自身的实际情况，设计不同的运营策略，选择不同的工具，运用不同的方法；照搬别人的方法是刻舟求剑，企业要避免。

第二章
微信营销基础

"你如何使用微信，决定了微信对你而言，它到底是什么"——微信之父张小龙

微信以其传播速度快、操作简单、功能人性化等特点，从诞生至今，发展非常迅速。微信不仅是一款免费的具备社交化、即时化、信息传递便捷化和娱乐化的应用程序，更是一个私密社交聊天工具，同时具有支付、游戏、购物、通信、知识和情感分享等功能。微信不仅具有社会价值，更具有营销价值，而这也是我们研究微信及微信营销的目的。

王易微信营销小课堂
第二讲

2.1 微信知识概论

微信，是腾讯公司继 QQ 之后在 2011 年 1 月 21 日推出的　款免费 IM（Instant Messaging，即时通信）社交软件。自微信运行以来，其功能日益完善，逐渐成为一款集即时通信、社交、娱乐与购物于一体的手机聊天软件。用户可以通过智能手机、平板电脑以及微信网页版登录微信的客户端快速发送文字、图片、视频、语音等信息完成交互式沟通。此外，微信同时提供公众平台、朋友圈、群聊、红包等功能，可以实现信息的同步分享及快速扩散。个人可以利用微信进行社交、自我表达、塑造自我等，企业则可以利用微信实现产品的营销及商业信息的广泛传播。

从通信运营模式的角度来讲，微信突破了传统通信运营模式，将发送文字、图片、语音、视频、游戏娱乐和网上支付结合在一起，并逐渐添加如公众平台、小程序、发红包、朋友圈分享、二维码、摇一摇及多人组群等功能，支持一对一、一对多以及多对多的"三位一体"通信模式，而且还在不断地进行拓展和完善。

微信还具有现在很多其他通信软件都不具备的附加功能，例如，摇一摇、朋友圈、公众平台、扫描二维码和搜索号码等。个人通过朋友圈可以实时发布个人信息，将生活中的幸福瞬间分享给朋友，还能认识一些虚拟世界的朋友，更可以添加生活当中的朋友，微信使人与人之间的交流及信息传播变得更加紧密和快速。

从传播方式的角度来讲，微信可以"语音"发布即时信息，随时随地跟人们分享第一手消息，相比其他传播方式，它不但省时、省力、省钱，而且让人倍感亲切、随意。

从营销的角度来讲，微信开发团队通过平台上的沟通记录聚合资源。企业通过沟通寻找客源；微信营销者通过沟通进行精准营销。企业可以通过微信发布广告、开设商铺等扩大企业的市场影响力，实现营销目的。

2.1.1　微信的 7 大特点

微信支持马来文、泰文、越南文等 20 多种语言文字，可在安卓、苹果、微软、塞班等多种移动平台下载安装，使用人群遍及全球 100 多个国家，微信营销能有效地拓宽企业的营销渠道。

微信用户可以通过发布文字、语音、小视频、图片、漂流瓶、位置签名、二维码以及进行多种营销形式的有机组合等形成信息的传递渠道，丰富信息的表达形式，增强即时通信使用的趣味性和多样性，实现全方位沟通和互动。那么微信究竟有哪些特点呢？下面我们来详细叙述一下。

（1）用户数据庞大且真实

微信好友的建立是基于双方的自愿，所以微信好友之间的关系更加紧密和有价值，这也正是微信平台的价值所在。微信是以我们手机通信录里面开通微信用户的朋友及家人和 QQ 软件上的好友为基础，建立起我们微信好友的数据库的，将我们生活中的人际交往方式网络化、虚拟化，以此形成效应，这样一来，微信的客户群体就在不断扩大。所以说，微信用户是一个更真实、更有价值、活跃度更高的客户群，几乎没有"僵尸粉"。

（2）微信用户黏性高

2013 年 4 月 CNNIC（China Internet Network Information Center，中国互联网络信息中心）发布的《关于网民使用微信的调查》显示，77.00%的微信好友来自自己的 QQ 好友；手机通信录中的好友与微信好友的交集达到 60.15%；而排在第三名的则是通过微信"摇一摇"查到的好友，这些好友达到 22.00%；微信公众号吸附的好友占 11.22%，根据统计数据我们可以发现，QQ 好友和通信录好友占微信好友的绝大部分，QQ 好友和通信录好友可以通过

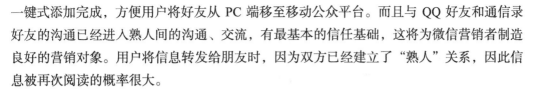

一键式添加完成，方便用户将好友从 PC 端移至移动公众平台。而且与 QQ 好友和通信录好友的沟通已经进入熟人间的沟通、交流，有最基本的信任基础，这将为微信营销者制造良好的营销对象。用户将信息转发给朋友时，因为双方已经建立了"熟人"关系，因此信息被再次阅读的概率很大。

（3）一对一互动交流

用户注册微信账号后可以添加"朋友"，双方成为好友后便可以进行一对一的文字、图片、语音等互动交流。而开启群聊功能时，大家又可以同时进行互动，而且互动交流的对象都至少是其中一方认识的好友，所以这种交流给予用户更大的安全感。

（4）点对点

点对点是微信的产品形态，其注定了用户能够通过相互对话、互动的形式将普通关系发展成强关系，从不了解发展为信任、稳定的人际关系，从而产生更大的价值。

（5）转发

通过微信朋友圈的转发，可以使更多的人了解企业的产品和服务，提高微信营销的转化率。微信是网络社交的一种，具有强大的社交链，其转发功能的存在能使企业产品宣传更加灵活、生动和快捷。一条链接有可能被转发给任何人，这个人只需点击转发，即可将该链接发送给一个群组、特定的朋友以及朋友圈，他的好友能即刻浏览到这个链接并有可能在下一秒继续转发，使信息传播迅速。

（6）群发

通过微信，企业可以实现一对多的信息发送（即群发），微信用户阅读信息后还会进一步将其向好友分享，如此可以实现信息的迅速传播。微信公众平台在进行信息推送时，则能够将其精确推送给关注此公众号的每一位用户，传播精准度极强。

（7）操作简单

微信简单实用，用户接受程度高，门槛低。从小孩到老人，不分年龄层次，大众群体都很容易学习和使用。

2.1.2　微信的 3 大功能

微信的功能，概括来说，可以分为三大类，基本功能、插件功能及其他功能。

（1）基本功能

基本功能是指微信的本体功能，包括聊天、添加好友及实时对讲功能。

（2）插件功能

插件功能是指包括 QQ 邮箱提醒、私信助手、QQ 离线助手、通信录安全助手、漂流瓶、附近的人、摇一摇、语音记事本、腾讯新闻、查看 QQ 好友、群发助手、朋友圈、视频聊天等功能（部分功能见图 2-1）。

（3）其他功能

其他功能包括以下内容。

① 朋友圈精选。"朋友圈精选"的功能相当于过滤朋友圈，所以这个功能还是颇具实用性的。点击微信上方的搜索栏—朋友圈—输入"朋友圈精选"（见图 2-2），你就可以筛选发布人和发布时间，从而更好地关注想要关注的人的动态。

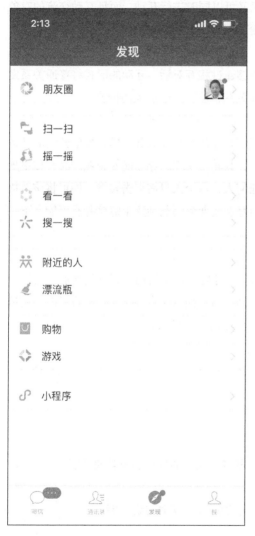

图 2-1

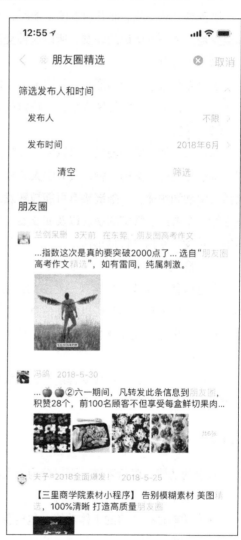

图 2-2

② 声音锁。它是方便你在退出登录或在新手机上登录微信时使用的。点击设置—账号与安全—声音锁即可帮你用声音直接登录微信。识别功能超级强大，只要说几个数字就可以了（见图2-3）。

③ 故障修复。当微信出现小故障后，"修复故障"功能你会用吗？点击微信右上角的添加朋友，在搜索栏里打上"：recover"，然后点击搜索就可以啦。当你的微信使用出现异常时，如聊天记录混乱、通信录丢失等，都可以进行修复。

④ 翻译功能。微信除了可以扫描二维码，其实也可以扫一扫封面海报、英文。特别是印刷品中出现的英文，通过微信扫描可以将其翻译成中文，这时微信起到字典的作用。

⑤ 记事本。微信还可以起到备忘录的作用。在通信录里找到自己的头像，点开跟自己聊天，就可以把文字、图片发给自己。当你想找某个信息的时候，只要搜索一下就可以了。

⑥ 城市周边管理。微信中打开钱包—城市服务，你可以办理社保、车辆服务、交通出行等业务。

⑦ 热点地图。出门旅游、逛街最怕遇到人多的情况。其实出门前只要你先打开微信，看看城市热力图就会发现哪些地方很拥挤，哪些地方比较安静。点击钱包—城市服务—拥堵查询—城市热力图即可。

图2-3

2.1.3 微信的7大社会价值

作为社交平台的微信，实现了人与人之间即时、便捷的通信，也实现了对人际关系的维系。接下来，我们重点阐述一下微信的社会价值。

（1）社交需求

微信满足了用户的社交需求，根据马斯洛需求层次理论，当人们满足了基本的生存和安全需求后便开始寻求社交需求，而微信帮助人们实现了这一需求。在这样一个有效的平台上，我们可以更高效、高频率地进行信息、思想、感情的交流互动，从而打造新的人际互动模式。这种人际关系模式一方面拓宽了人际交往的广度，另一方面增加了社会交往的可能性。

（2）自我展示及认同

微信是一个展示自己生活、了解他人生活的平台。以微信朋友圈为依托的"晒"文化使人们更方便地获取信息，缓解现实中的压力，同时也能够实现社会协作关系的建立。朋友圈是用户的情感宣泄窗口，用户生活中的部分情绪可以通过朋友圈进行发泄，同时也能够以此获得好友关注，这是个体在社会中群居本能的一种直接体现。一方面，用户通过朋友圈发表状态、抒发情感，以期得到他人的关注，另一方面，好友通过朋友圈状态互动，彼此形成情感共鸣，进而产生高度有效的情感认可。朋友圈的情感化设计成为用户体验的重要一环，这对反向增强用户的使用黏性有积极作用。不仅如此，除了用户本身，其他的好友也能通过点赞、发表评论获得群体身份的认同。

（3）提供便利

微信为生活提供便利，我们可以通过"银行卡绑定"这项功能，交话费、买电影票、预订酒店、打车等。值得一提的是，我们足不出户，靠微信就可以完成很多事。比如可以预订餐厅、网上支付并享受优惠等，这些不仅提高了时间、人力、物力等诸多方面的效用，也提高了办事效率，降低了成本。

（4）移动学习

微信的诸多功能都为用户提供了移动学习的机会。例如，公众号平台的推送，为用户提供了大量的学习内容；微信的语音功能，为用户提供了更为强大便捷的沟通方式；微信的分享功能让我们可以欣赏到朋友们关注的内容，实现资源的效用最大化。同时，对于我们感兴趣的内容，我们可以随时保存、收藏、转载等。尤其是知识付费的兴起，知识类的小程序让我们的学习更便利。

（5）大众娱乐

微信中有不少有趣的小游戏，让广大用户可以忙里偷闲、劳逸结合。例如，《天天富翁》《天天酷跑》等，都具备大众娱乐功能。重要的是，我们可以邀请好友一起玩。

（6）政务管理

微信已经成为政府发布信息、关心民众的重要手段。政务微信的开通与使用为政府的各级部门提供了一个简单便捷的互动窗口。同时，政府还通过微信建立起一个彼此相互联动的大型网络平台。百姓通过这些平台，可以查看民生信息、反映民生问题，直接进行网上咨询。

（7）外界信息的传递

人们无论是在朋友圈还是在微信群看到的私人生活以外的各种各样的链接分享，以及微信公众号的内容（含政治、经济、社会生活等各方面）推送等都在某种程度上实现了对外界信息的传递。

2.1.4　微信的6大市场营销价值

除了上述讲到的社会价值，微信还具备市场营销价值，这意味着微信有非常强大的商业营销功能与潜力。首先，其信息传播成本低廉，用户针对性强。其次，微信具有较好的互动性，能实现企业与员工、用户之间的互动。再次，微信也支持传播内容的多媒体化，兼容图片、文字、声音、动画、视频、H5 页面等多种媒体形式。凭借微信的特点和优势，个人和企业可以对其有效利用，从而为用户传递有价值的信息，提高营销的效果。接下来，我们对微信的市场营销价值进行深度分析。

（1）主动营销

微信营销克服了过去传单营销和被动营销给客户带来的反感，很多客户对广告和营销具有抵触心理，而微信的市场营销价值主要是通过建立特定的信息传播形式，并确定传播对象之后才实施推广的，在产品的推广过程中，由于受众多是对此类产品感兴趣才对公众号予以关注的，具有主动性。因此，信息接收者一般为品牌的拥护者，这种关系在产品的推广中就显得更加高效与实用。

（2）裂变效应

微信的社交分享功能使用户在朋友圈分享的内容可以向朋友圈中所有的朋友展现，用户间的相互转发形成裂变效应。微信的裂变效应是以强关系营销为基础的一种扩散式传播，当一个用户在微信号上发布信息时，他的微信朋友是能够看到的，而若该朋友选择转发，那么该朋友的朋友又能看到，这一定点扩散式转发所产生的影响不可估量。例如，当某一位朋友圈的用户接受并认可企业推送的某一条信息之后，他就会转发并进一步将其分享到自己的朋友圈，这样他的微信里的朋友们就可以看到这一信息，同样，如果他的这些朋友也认可这一信息，就也会将其转发到自己的朋友圈，让更多的朋友看到。以此类推，通过一级一级的转发分享，信息开始在短时间内裂变传播。一般来说，一条具有较大商业价值的信息，能够在较短时间内传播给不同层次的受众。

对于营销来说，只有将产品信息更加广泛地推广出去，才能够达到理想效果，驱动微信用户购买产品。比如一条信息通过人际传播的推动，通过朋友间的互相分享，信息传播速度极快，往往一条有价值的商业信息也许会在短时间内被转发几千次，完全符合广告广泛宣传的特点，一定程度上肯定会增强宣传效应，提高营销效果。

（3）品牌传播

微信营销的到达率高、曝光率高。借助智能手机的社交和位置定位等功能，企业可以通过微信将所发的每个信息都推送给手机终端用户，能够让每个拥有手机的人都能接收到信息，从而实现 100% 的到达率。微信平台可以使企业在短时间内提高知名度、关注度，为企业提供与用户进行直接沟通的渠道。例如，通过一对一的沟通，企业对用户提出的不同问题进行有针对性的解答。这种互动式沟通不仅有效地帮助用户解决了问题，也使企业短时间内在用户心目中树立了良好的形象，从而提高了企业的知名度。

（4）抢占市场份额

信息的快速传递有利于企业抢占有利市场份额。相比于宣传单、网络、海报等传统宣传手段，作为即时通信工具的微信，其营销的时效性更强，它充分针对大众的闲散时间，实现了碎片营销。因为微信满足人们随时随地使用的功能要求，方便用户利用时间，所以企业利用微信来开展促销等活动，完全符合消费者使用手机的习惯，也最大化地利用了手机用户的各种零散时间。例如，商家在市场营销活动中，利用微信来进行信息的传播，对营销活动予以配合，就能够更加成功地推广产品。再者，商家可以通过开展用户转发微信即可兑换积分、用户根据转发资料换取礼品等活动，将产品销售信息进行更为广泛的宣传，以便更多消费者获取购物信息，吸引其眼球，将产品推销出去。

（5）客户实时沟通

无论你在哪里，只要带着手机，就能够很轻松地与潜在客户进行互动。当客户使用微信平台进行咨询时，不论是人工微信客服还是微信后台的快捷回复，都能实现实时沟通，提高信息交流的互动性，这样能够更好、更及时地对客户的疑问进行解答，促进成交。同时，这种交流方式也大大缩短了商家和客户之间的距离感，让彼此之间的沟通更近了一步，更像"老朋友"之间进行沟通，减弱了浓重的商业气息，更容易获取客户的信赖。

对于微信营销方式而言，商家可以通过微信与客户在不受时间与空间的限制下进行实时沟通，节约了客户的时间，这一营销方式攻克了传统营销方式被时间、地点、设施所束缚的难题。

（6）开发新客户

微信通过绑定 QQ 号码、手机号码的方式将朋友都聚集在一个圈子中。同时，其还通过推荐"可能认识的人"来扩大朋友圈，此外，微信也可以通过"附近的人"、扫二维码、"摇一摇"、用户相互推荐等方式将陌生的人吸纳进来，商家可以凭此不断扩张粉丝，快速地开发新客户。除此之外，商家也可以通过公众号和朋友圈定期进行产品推广，挖掘自己的潜在客户。企业用一种轻松活泼的方式来推介产品，往往更能引起客户的关注。

2.1.5　微信与其他社交工具的异同

微信与其他社交工具，诸如 QQ、微博有着共同之处，也有不同之处。本节我们从各个角度来讲解微信与其他社交工具的不同。

1. 微信与 QQ

微信是腾讯公司继 QQ 以后新推出的一款手机通信软件，它综合了短信、QQ、博客、MSN 等多款软件的特点，为点对点的营销搭建了有效的平台，其潜在的商业价值也推动了微信营销的迅速发展。那么微信与 QQ 有何区别呢？

（1）用户群体不同

微信的用户主要从一线城市开始逐步蔓延到其他城市。微信的用户为社会主流人群，包括几乎所有的社会阶层，从高级白领、企业家、知识分子到公务员等。QQ 的用户主要集中在二三线城市。

（2）关系链不同

QQ 为泛关系链，包括熟人，也包括一部分不太熟的朋友；微信是熟人关系链，虽然和 QQ 有部分重合，但其实其更有选择性。具体可以体现在好友添加的方式上：微信基于手机通信录、移动场景社交产生的关系链，好友必然会产生于更为熟悉的朋友、同事、同学之间。而 QQ 的好友建立更为广泛，大家可以通过兴趣搜索成为好友。

（3）添加方式不同

微信之所以不同于 QQ 等其他网络通信应用，主要是因为微信平台的好友添加模式是属于许可式的，发出请求后，除非双方互相同意添加账号，否则是不能发送信息到对方微信上的。此外，其朋友圈的推送也只有好友才可见，也可以指定朋友圈是否可被浏览。这样很好地保护了用户的隐私，允许用户特定选择信息的公开群体。

2. 微信与微博

微信和微博同为社交平台，相同的地方在于，两者都可以用来沟通交流，并且可以在各自的平台上发布动态进行互动，而不同的是微博更加侧重于网络平台上的动态沟通，微信更加侧重于一对一的交流沟通。简单来说，与微博营销相比，微信营销更注重和用户的一对一的沟通，它更强调私密性，覆盖面广、精准度高，受到广大商家的青睐。微信营销更侧重于小圈（朋友圈）交流，不像微博营销主要看重的是媒体和传播。

当然，除此之外，两者主要的不同点还有以下几个方面。

（1）信息传播机制不同

微博是一种广传播、浅社交、松关系；而微信是一种窄传播、深社交、紧关系。微信的传播是基于用户的强关系网络建立起来的，所以微信的信息传播效率就要远远高于微博，但同时由于微信半封闭式的好友设定方式，朋友圈信息必须是好友关系才可见到，所以微信的传播速度远不及微博。在微信朋友圈的信息传播中，微信的社交属性在一定程度上规避了大众的无意义围观，信息的传播更加直接和高效，同时也实现了信息的深度传播。用户作为信息传播的主体，在朋友圈发布信息时往往会标注自己对这一事件的主观态度，更加个性和自我。

（2）到达率不同

微信的粉丝由于是通过主动扫码或输入账号的方式添加的，这就意味着他们比微博粉丝更乐于接受你所发的"广告"，而且还得到了"完全许可式"的营销优势，这使得官方微信的到达率远远高出官方微博。

（3）传播方式不同

微博的传播方式属于扩散式，并具有相对开放的平台与空间。只要进行微博注册或关注的人群，均可进行话题的讨论与各类内容的查看。并且，用户与用户之间较多为陌生人，彼此并不相识，但却能够查看到彼此所发布的信息。

微信却具有较强的私密性，并处于相对较小的空间范围。对于微博而言，用户可对其他众多用户进行关注，这导致此用户无法对所有用户发布的信息进行实时查看，具有较低的精准度。

（4）深度不同

微博侧重于"广度"，微信则是一个社会化关系网络，是为了移动而生的媒体，与用户形成点对点的双向关系，是闭合传播的，所以私密性强，在朋友之间易交流。因其自动回复+人工回复的互动特性，所以信息传递时差小，精准性和精确性极高。

微信侧重于"深度"，成了很多企业、小型店铺、个人营销其产品或传播信息的重要渠道。而且与微博相比，微信用户的通信录是比较私密的，用户与通信录中的人物关系属于强关系，即交往较为密切，可能有很多共同爱好，并且相互关注度较高。这种强关系，被很多企业，甚至个体户利用，用于其产品营销，营销转化率较强，而且营销成本较低。

（5）营销价值不同

微博的营销价值：快速宣传企业的新闻、产品、服务、文化等，形成一个固定的圈子进行互动交流。它体现在可以帮助企业迅速提升品牌的名气；推动产品和服务的更新和推广；适合作为中小型企业的低成本、低门槛的营销工具；改进客户服务等。

微信的营销价值：能多元化地传播个人及企业信息；其多维化的社交方式有利于用户扩大社交网络，使企业营销方式多样化；使个人社交、企业信息推送的时效性更强；使企业精确定位目标人群，从而实现精准营销。商家通过微信公众平台、LBS定位服务功能、粉丝转发，展示商家微官网，已经形成了一种主流的线上线下微信互动营销方式。

（6）营销侧重点不同

微博在营销的侧重点上更倾向于对商家品牌的推广，由于微博单向关注的链条是一种快速的病毒式宣传方式，内容越有吸引力，传播的范围越广，由此商家可以根据微博的这一特

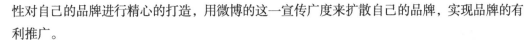

性对自己的品牌进行精心的打造，用微博的这一宣传广度来扩散自己的品牌，实现品牌的有利推广。

微信在营销上的侧重点更偏向于客服的提升和互动营销，由于微信是双向互动的，因此商家和客户能够进行更加私密的交流和沟通，不仅能拓宽客服的执行力度，更能增强客户的信赖感，能够更加直观地进行高效率的宣传，这样客服效率提高的同时，商家也将自己的品牌更加高效地宣传出去。

2.2　微信营销的模式及其渠道

作为微信营销的主要载体，微信中的朋友圈、扫一扫、摇一摇、附近的人、漂流瓶等这些发现栏里的一排选项以及公众平台等推送账号，甚至个人签名档都成为营销的一种方式。个人或企业可以利用微信的这些功能拉近与用户的距离，增加与用户的互动，开展更为丰富有趣的营销活动，不断为企业精准营销注入新鲜的元素和活力。

在这里我们要重点强调的是，微信的这些载体各具特点，个人或者企业可针对不同的营销目的选择不同的营销模式组合，不必局限于单一的营销模式。

1. LBS 营销

LBS（Location Based Services），指基于位置的服务，微信中的 LBS 功能主要体现在三个方面。第一，创建地理位置。第二，查看附近的人。第三，摇一摇。微信商家可以利用搜索附近的人这个功能在签名栏随时更新自身的状态，寻找周围的潜在客户，从而拓宽销售渠道。

（1）创建地理位置

营销方式：通过创建地理位置可以直接展示企业或者产品的名字，在发朋友圈的时候可以有效地对个人、产品、企业进行推广。

具体操作：点击所在位置，在搜索框输入想要显示的位置并搜索；搜索如果提示没有找到位置，点击创建新的位置，然后填写相关信息即可；填写完成后，待发布说说的所在位置即显示为自定义的地理位置（见图 2-4、图 2-5）。

（2）查看附近的人

用户可以通过选择"附近的人"来使用这项服务，该功能中用户的头像、名称、签名栏都互相可见，这就等于为商家提供了一个完全免费的广告位，商家完全可以将签名档这一部分设置为自己产品的宣传，做成免费的广告，实现 1000 米以内用户的精准营销（见表 2-1、图 2-6）。

表 2-1

查看附近的人	功能
地域性商家	借助这一功能营销自己的产品，免费为自己的产品进行宣传
用户	用户可以通过点击"发现"中"附近的人"一栏，搜索到附近 1000 米以内的其他用户。通过使用"附近的人"这一功能进行信息筛选看到商家发布的广告

图 2-4

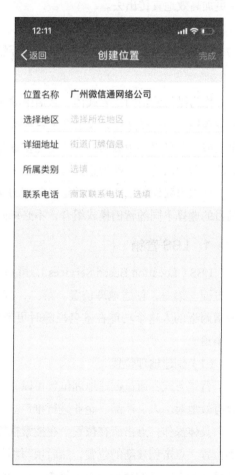

图 2-5

营销方式：具体来说，就是指营销传播主体将广告或者相关产品信息、促销活动等放进自己账号主页的签名档上，当移动客户端的用户在使用终端设备搜索"附近的人"时，就可以看到该营销传播主体所要传播的相关信息，从而达到营销推广的目的。地理位置的限制，使企业的宣传覆盖范围缩小，这种方式一般适用于便利店、餐馆类的企业采用。虽然自身有局限性，但是宣传成本低廉，俗称"草根广告式"。如饿的神、K5 便利店等就采用了微信签名档的营销方式。

图 2-6

具体操作如下。

① 个性签名：针对"签名"的营销推广需要尽量简明、清晰、准确，以便用户搜索到企业微信号时便能明确认知企业的经营内容。但其字数有限，在这 29 字的限制内，企业要充分利用这块广告位，说明自己的产品内容与优惠信息。企业通常选择在这里发布新店的开张地址、优惠活动和礼品赠送等信息，以吸引更多微信用户。

此种营销方式属于一种拉拢附近用户的广告营销策略，其特点是传播主体掌握着信息传播的主动性，传播渠道简单、快捷，目标受众精确，传播主体能够及时快速地获得信息反馈，具有良好的互动性。但是这种营销方式有一定的地域限制性。该营销方式适用于可在微信上定点定位的商家，如必胜客的外卖等。

② 个性化微信设置：商家要有与自己产品相关的文字与图片，还要精心设计自己的昵称、头像与个性签名等。当用户打开手机定位搜索"附近的人"时，个性化的昵称和签名会吸引用户，进而他就有可能打招呼查看商家的朋友圈。简单来说，就是简单的签名栏变成移动的"黄金广告位"。以这种方式吸引到的用户，成交率高，因为这是用户主动发现商家。

如何与附近的人打招呼效果最好？

商家可以通过微信与附近的人打招呼。打招呼前一定要想好恰当的打招呼方式，有吸引力的且能够给人们带来小利益的打招呼语言能够拉来许多准客户。比如，食品公司可以让"附近的人"免费领取食品小样试吃；化妆品商家可以向附近的人赠送化妆品试用装；推广健身卡的商家可以让附近的人免费享受两次有氧健身等。这种向人们赠送小物品的打招呼方式可能会得到很多回应，其中很多人还会主动加商家为好友，这就为商家实施进一步营销打下了基础。除了打招呼方式，商家还应该选择合适的打招呼时间，尽量避开人们的工作时间，周末和假期打招呼往往会得到更多的回应。

（3）摇一摇

营销方式："摇一摇"除了摇到人，还能摇歌曲和电视节目（见图 2-7），用户在观看电视节目时可以通过"摇一摇"的功能参与节目互动。"摇一摇"是微信推出的一个随机交友应用，用户通过摇手机，可以匹配到同一时段触发该功能的微信用户，这种方式有利于增加用户间的互动并增强微信黏度。

2. 漂流瓶

微信的漂流瓶从 QQ 沿袭而来。漂流瓶有两个简单功能，"扔一个"和"捡一个"（见图 2-8）。通过"扔一个"，用户可以发布语音或文字并将其投入大海中以便其他用户捞取；通过"捡一个"，用户则可以获取其他用户发出的信息并与之展开对话。这种简单互动的方式，对普通用户来说，每天只有 20 次机会。但是微信官方能够更改漂流瓶的参数，使合作商家在某一时间段内可抛出极大数量的"漂流瓶"，普通用户"捞"到瓶子的概率也会大大增加。

营销方式：在微信营销中，商家利用"漂流瓶"功能，可以实现让用户既感到新鲜神秘而又充满期待的营销目的。"漂流瓶"模式本身能够添加文字、语音小游戏等，商家将其很好地利用起来，必定会产生不错的营销效果。而这种语音的模式，也让用户感觉更加真实。但如果漂流瓶的内容只是纯粹的广告语，会引起用户的反感。

图 2-7

图 2-8

具体操作如下。

（1）扔一个：发布语音文字等待品牌被发现

用户可以选择发布语音或文字然后将其投入大海；企业可以"扔一个""漂流瓶"，等待自己的品牌被大众发现和接受。具体方法如下。

① 结合行业特点来投放漂流瓶。不同的行业、不同类型的企业，可以采用不同的漂流瓶扔法。例如，集中做本地销售或服务的行业，应该采取定向的扔法，将扔漂流瓶的范围具体设定到某个省市甚至是某条街道。

② 漂流瓶中的语音信息。企业将语音信息放在漂流瓶中，可使接受该信息的用户感觉更加亲切和自然。例如，在微信语音信息中插入一段契合企业产品特点的音乐，能够让接受者感到耳目一新，或者也可以将用户的采访记录录音放入漂流瓶，以表现产品的实际功效等。

③ 漂流瓶的回应。在漂流瓶得到对方的回应之后，营销方做出的下一步回应，将会带来销售结果的不同可能，表现出不同的销售境界。例如，对待疑问，营销方应该强调企业的资质和客户数量的广泛；对待拒绝，营销方则可以转换话题、进一步提出问题等。

（2）捡一个：捡起漂流瓶与用户展开对话

"捡一个"，就是"捞"大海中无数个用户投放的漂流瓶，但是每个用户每天只有 20 次捡漂流瓶的机会。企业捡起"漂流瓶"可以吸引用户并与其展开对话，最终促进其网站流量和营业业绩的提高。具体方法如下。

① 回复应该事先设置，便于复制使用。企业营销团队应该首先邀请相关营销专家乃至咨询心理学专家，对微信漂流瓶上最常见的那些主动信息进行有效归类，并根据这些归类设置相应的"万能回复"，从而开启话题并逐渐导向营销话题。

② 营销目的不应表现得过于明显。漂流瓶本身是在双方互不明确身份的基础上运行的，过于急迫的变现营销目的，会使对方产生一定的提防心理，或者产生难以信任和接受的情绪。

③ 推进谈话是第一位的。漂流瓶的两端纯粹是因为谈话而连接在一起的，因此，如果营销人员发现对方对产品或服务存在一定的兴趣，就应该抓住机会，推进谈话。

案 例

招商银行的"爱心漂流瓶"活动

招商银行在 2012 年举办了一场"爱心漂流瓶"活动，在活动期间，微信用户可以用"漂流瓶"的功能捡到招商银行的漂流瓶，在进行回复后，招商银行可以通过"小积分，微慈善"平台为自闭症儿童提供帮助。

分析：招商银行利用微信具有广阔的营销市场的特点，通过"漂流瓶"这种形式，提高了自己品牌的知名度，吸引大量微信用户积极参与，有利于拓展企业的潜在客户市场。但是"漂流瓶"这种形式本身具有局限性，用户每日扔捡的次数有限，使企业的宣传量受到了影响，同时漂流瓶面对各种类型的用户，如果企业不进行市场定位与市场细分，常常会造成企业宣传成本的浪费。

3. O2O 式二维码扫描

二维码营销方式：用户可以通过扫描二维码的方式获取企业信息以及对应的产品与服务，企业可以通过活动与优惠等方式发掘潜在客户群体。微信的二维码扫描功能，是连接线下企业与线上用户的重要工具。"扫一扫"功能开启了企业"O2O"模式，即线上到线下的营销模式，用户范围极其广泛。扫一扫主要有四大功能：添加好友（其中包括关注公众号）、识别产品的条形码、识别街景、识别英文实现翻译。用户只需要打开微信的"扫一扫"功能，扫描商家提供的二维码，就能获得相关优惠或折扣，就能迅速添加好友，同时接收商家推送的信息，与商家进行便捷的沟通和互动。作为现在最方便消费者添加的方式，二维码已经成为维系企业线上推广和线下活动的重要连接工具，受到了广大用户的欢迎。

（1）扫码营销

在微信的运作模式中，二维码扫描是其中的重要功能之一，企业通过二维码扫描可以实现 O2O（Online To Offline，即线上营销带动线下消费）折扣营销。企业可以充分利用二维码的特性，建立属于企业品牌的专属二维码。用户使用微信扫码功能扫描商家提供的二维码，添加商家为好友，能够自动获得一张电子会员卡，即可享受商家允诺的一系列折扣和服务。

（2）扫码支付

如今二维码支付已经随处可见，尤其是大商场都设置了这种支付方式，用户只要有手机，就可以轻松实现一扫即购。商家如果能在线推出更多的优惠券或积分扫码等活动，会进一步刺激二维码支付交易。这种在线二维码支付方式简化了支付流程，受到越来越多用户的喜欢。

二维码——深圳海岸城"开启微信会员卡"

二维码的操作方法简单，对于企业来说是一个极大的优势，用户只需将二维码图案置于微信的取景框内，就可以获得商家的相关资讯，商家为了吸引更多的用户来关注自己，往往会采取优惠折扣的方式进行让利。

2012年深圳商场海岸城推出"开启微信会员卡"活动，微信用户用微信扫描海岸城的专属二维码，就可以获得海岸城手机会员卡，并且可以享受海岸城内众多商家的产品优惠特权。

4. 微信公众平台

2012年8月23日微信公众平台诞生，微信打出"再小的个体，也有自己的品牌"的口号。公众平台包括服务号、订阅号和企业号三种。任何个人或组织均可免费申请微信公众号，获得账号后可通过后台编辑文字、图片、语音、视频等信息，并群发给订阅该账号的用户。企业可通过使用"订阅号""服务号""企业号"提供各种业务和产品服务，借助庞大的微信流量来获得更多的关注和更高的销售额。

个人和企业可以通过微信公众平台打造一个微信公众号，并实现和特定群体的文字、图片、语音的全方位沟通与互动。商家通过公众平台可以向粉丝推送品牌文化、折扣活动、产品更新等信息，并开通咨询客服等服务。同时由于微信公众平台的互动性和一对一性，可以精准地推送只针对客户的消息。比如星巴克的公众号可以根据用户发送的表情选择一段音乐进行互动，招商银行的微信公众号开通了无卡取款、智能客服和微彩票等功能，南方航空公众号则提供预订南航机票、了解最新活动和里程促销信息等一站式商旅服务。

1号店"我画你猜"微信营销活动

1号店"我画你猜"微信营销活动是利用公众号每天推送一个图画给用户，而用户猜中后在微信上回复就可能中奖。微信公众平台也可以进行市场细分，企业可以通过后台数据信息，对用户进行分组，这种分组模式有很多种，比较常见的是按照地域分组，这可以减少企业的工作量，节省工作成本，进而实现点对点精准营销。1号店在微信公众平台举行"我画你猜"的活动，这首先是以用户关注该企业的公众号为前提，所以1号店面对的是对本企业有兴趣的相关群体，在这一基础之上，开展趣味性活动，能激起用户的更多关注。

5. 朋友圈

朋友圈因其私密性和亲密度而常常被作为一种营销手段，个体微商可以在朋友圈发布动态传播自己的产品信息。朋友圈营销，主要指个体通过在朋友圈发布产品的图片和介绍吸引朋友购买产品，进行产品的销售，凭借信誉和人脉，不断地扩大市场、占有市场，进而实现经济效益。在朋友圈采用文字、图片、表情和链接等形式为产品进行宣传，再加上微信好友基本上都是熟悉的人，靠的就是口口相传，即口碑营销。因为是在相互熟识的朋友圈范围内，用户更能够对朋友圈内的信息产生认同感和共鸣，所以，企业利用朋友圈进行营销活动，更能够取得用户的信任，从而扩大受众面，达到营销的效果。

（1）利用微信朋友圈进行营销

朋友圈是微信营销的一个重要平台，微信营销最主要的方式之一就是利用朋友圈进行宣传和营销。我们会通过朋友圈发布一些平时的生活点滴和有趣的事。商家可以通过发放优惠券等手段来鼓励消费者将自己的购买心得或品牌体验分享到朋友圈，借此开展微信营销。商家的产品或品牌信息也可通过这种微信分享方式得以推广和传播，实现口碑营销，如果内容新颖、方式创新，还有可能产生病毒营销的效果。

（2）朋友圈分享

微信朋友圈分享具有方便、快速的特点，而且具有连锁效应，不仅支持图片的分享，也支持网页链接分享。商家现在用得最多的一种销售方法，就是将客户优惠和产品分享相结合，设定分享时间限制，将分享次数的多少、分享程度的深浅和分享范围的广泛与否作为客户享受优惠的凭据，客户将分享照片和证明材料发给商家，就可以迅速、实际地看见和体会到优惠。

6. 微信群

微信群是微信的一个重要功能，是一个能够供多人同时聊天交流的公众平台。它支持用户在创建群以后，邀请朋友或有共同兴趣爱好的人到一个群里面聊天。微信群可以跨平台沟通、显示实时输入状态，用户可以免费发送语音图片，只耗用少量的流量，与传统的短信沟通方式相比，更灵活快捷、智能，且节省资费。

微信群的主要功能如下。

① 聊天：支持发送语音短信、视频、图片（包括表情）和文字，是一种聊天软件，支持多人群聊。

② 添加好友：微信群支持群主或成员直接添加或邀请好友进群，同时，有意愿进群的人也可以通过二维码分享进群。

③ 实时对讲机：用户可以通过语音聊天室和一群人语音对讲，但与在群里发语音不同的是，这个聊天室的消息几乎是实时的，并且不会留下任何记录，在手机屏幕关闭的情况下仍可进行实时聊天。

④ 文件快速查找：聊天记录刷新太快，群成员想要查找照片、文件等素材时可以选择翻聊天记录，也可以点击右上角功能键，选择"查找聊天内容"按钮即可快速查找需要的照片和文件。

微信群营销，即一些微信用户利用熟人关系组建微信群，利用社群关系进行有针对性的微信宣传及销售。

7. 开放平台

微信开放平台作为第三方移动程序提供接口，使用户可将第三方程序的内容发布给好友或分享至朋友圈，第三方内容借助微信平台获得更广泛的传播，从而形成了一种主流的线上线下微信互动营销方式。用户借助于微信开放平台能够使用第三方应用软件，且在操作中平台能够支持在微信附件栏中放置商标，用户在使用第三方软件时可进行信息资源的共享。例如，美丽说用户群体能够将自己在美丽说中的内容分享到微信中，由此达到持续的营销效果。

2.3　微信营销的重要内容

本节我们主要从微信的功能、应用及微信衍生出来的商业形态三个方面进行剖析，从而让大家更好地掌握微信营销的重要内容。

2.3.1　功能类：微信认证、微信指数、微信广告

1. 微信认证

微信认证，是指微信官方对账号运营者身份、主体资料及授权确认之后给予的认证，其审核流程较为严格，一旦确认认证账号存在虚假信息，微信将取消其认证。在辨认公众号身份时，用户要认准微信公众号的认证标志。微信公众号认证之后，其使用者应对传播的受众负责，这也是对自身的形象负责（范例见图 2-9）。

2. 微信指数

在微信搜索框搜索微信指数，然后点击进入即可（见图 2-10）。

图 2-9

图 2-10

与百度指数、新浪微博微指数类似，"微信指数"能够实时查询微信热词，甚至个人影响力指数（见图 2-11）。

微信开放微信指数有什么用呢？简单来说，微信指数有以下三方面的作用。

① 捕捉热词，看懂趋势。微信指数整合了微信上的搜索和浏览行为数据，基于对海量数据的分析，可以形成当日、7 日、30 日及 90 日的"关键词"动态指数变化情况，方便用户看到某个词语在一段时间内的热度趋势和最新指数动态。

图 2-11

　　② 监测舆情，形成研究结果。大家通过微信指数可以进行社会舆情的监测，能实时了解互联网用户当前最为关注的社会问题、热点事件、舆论焦点等，方便政府、企业对舆情进行研究，从而形成有效的舆情应对方案。

　　③ 洞察用户兴趣，助力精准营销。根据微信指数提供的关键词的热度变化，企业可以间接获取用户的兴趣点及变化情况，比如日常消费、娱乐、出行等，从而为品牌企业的精准营销和投放提供决策依据，也能对企业的品牌投放效果形成有效监测、跟踪和反馈。

3. 微信广告

微信广告利用庞大的数据库为企业主实现广告的精准推送，帮助其提高效益、降低成本。在朋友圈，我们会发现时不时有一些广告推送。企业只需要向腾讯支付一定的广告费，便可以根据其广告针对的目标客户特征进行广告推送。

（1）微信公众号广告

微信公众号广告，指借助微信平台向用户发布的关于产品或服务的信息。微信公众号广告具有天然的社交属性，用户可以通过手机进行评论、转发、分享等，广告在这样的过程中非常自然地融入到了微信用户的关系链中，而且触达率较高。所以，越来越多的品牌会选择建立自己的微信公众号或者借助有名的微信公众号投放广告。微信公众号的广告表现形式主要有软文广告、Banner 广告、视频广告、互动广告、原文链接、文章赞赏和二维码推广等。

（2）腾讯新闻插件广告

微信在用户下载注册账号之后会推送腾讯新闻插件，这一插件在为用户推送新闻的同时，也在新闻的页面底端实时发送一些相关的广告，在广告的右侧明显注明"推广"字样，目前用户对这一推广方式的接受程度较高，反感的投诉相对较少，具有良好的广告效果。

（3）朋友圈信息流广告

微信朋友圈广告是基于微信公众号体系，以类似于用户发布的原创内容的形式展现，包含广告主名称、推广标签、详情链接、广告图片或视频、互动区域这五个部分。早在 2015 年 1 月微信朋友圈便开始推送广告。一部分用户在朋友圈收到了"微信团队"推送的测试广告。该广告文案为"广告是生活的一部分"，并配以图片及链接。微信首批上线的广告包括宝马中国、vivo 智能手机和可口可乐。

微信朋友圈的广告借助微信巨大的用户基数，广告效益可观。就宝马提供的反馈数据可知，宝马在微信朋友圈投放的广告上线 17 小时，直接的曝光总量接近 4600 万，共获用户点赞及评论数量接近 700 万次，宝马公众号的粉丝数量增长了 20 万。vivo 在微信广告中的曝光量接近 1.55 亿，用户点赞及评论数量多达 720 万次。相比传统媒体广告，广告效果提升了一个量级。

2.3.2 应用类：小程序、微信支付、微信购物

1. 小程序

2017 年 1 月 9 日，张小龙在 2017 微信公开课 Pro 上发布的小程序正式上线。小程序是

一种不需要下载、安装即可使用的应用，它实现了触手可及的梦想，用户扫一扫或者搜一下就能打开应用，也实现了用完即走的理念。它无须安装、触手可及、无须卸载、用完即走的特点，比现在所有的 App 都更加灵活。

2. 微信支付

2015 年 6 月 24 日，微信团队表示认证企业号可以申请开通微信支付功能。微信也有支付功能，这让营销转化为实际产品交易变得更加容易，同时也便于企业的资金快速回流。微信支付功能是微信生态圈建设的一个重要环节，主要包括公众号支付、App 支付、扫码支付和刷卡支付 4 种，而微信结合这 4 种支付方式，也推出了现金红包、代金券、立减优惠和企业付款这 4 种促销手段。

微信支付的开通让装有微信 App 的智能手机变成了一个集多种功能于一体的便携式钱包，人们不再随身携带大量的现金，只需要通过微信支付功能就可以满足购买的需求，这对用户的日常生活产生了更加深刻的影响，商家也可以通过微信支付功能与老客户建立长久的联系，还可以拓展新客户，建立长久的运营体系，将自己的生意做大做强。

3. 微信购物

微信购物是指用户利用微信这一网络媒体平台实现产品交易的购物模式。其主要有两种方式。一种是通过微信认证的公众号来进行交易，即微店交易。商家通过注册微信公众号进行产品或者服务的推广营销。这部分商家需要在微信公众平台上进行认证。另一种微信购物方式是私下的朋友圈交易。这种方式下，商家可以选择注册微店，在自己朋友圈发消息进行宣传，也可以选择不注册微店，直接在朋友圈中推广宣传。这是一种熟人交易，带有很强的私密性。

2.3.3　微信衍生的商业形态类：微信电商、微商

1. 微信电商

随着移动互联网的蓬勃发展，其日渐成为大众生活、购物的平台，而依托微店、微信群、朋友圈等载体，腾讯通过微信庞大的客户群迅速介入移动电商领域。目前，微信电商商家入驻数量和交易数量呈现指数级增长，其营销模式也展现出新的趋势，朝着 C2C、B2C、F2C 模式演进，并随着商务实践的发展不断优化。

（1）以 C2C（个人与个人之间的电商）为主的个体微商

C2C 是个人（消费者）与个人（消费者）之间的电商模式，也是微商的主流模式。微信用户通过朋友圈来推送产品以及相关信息，使好友都能够看到，做到了一对一的营销，用户

通过评论或微信聊天直接与商家进行沟通，更加便捷。

（2）以 B2C（商家对个人消费者的电商）为主的品牌微商和 O2O 模式

B2C 就是 business to consumer，是商家对个人的营销模式，入驻微信平台的京东等传统线下品牌商家都是此种类型。C2C 到 B2C 是电商发展的一般规律，比如淘宝平台最初的运营模式是 C2C，当这一模式发展到一定程度时，B2C（天猫）就应运而生，客户的购买风向和意识也逐渐从优惠便宜转向讲究品质和品牌，微商也同样如此，朋友圈卖货只是微信电子商务迈出的第一步。其二是，2014 年京东在微信平台开启一级入口，将名称定位为"购物"。微信与京东合作进一步完善了微信的体系，其移动端的优势也得到证明，2014 年年底京东就有超过 15% 的成交量来自移动端。B2C 有商家作为保障，使用户更为放心，具有较大的发展前景。三是微信公众号营销，也称"微信小店"营销，是有实体店铺并在工商部门登记注册的商家，提交工商营业执照等相关材料，经微信平台认证，开设微信公众号并开通微信支付接口且缴纳 2 万元押金成立微信店铺后进行的一系列营销。四是微店 App 营销，指商家下载微店 App，在线注册即可出售产品，甚至可以将原有的淘宝店铺搬家至微店，这些商家通常无实体店、无营业执照、无信用担保，也无须认证和缴纳保证金。

（3）以 F2C（厂家到消费者的电商）分销平台

传统的产品流通路径是：工厂—总代理—分代理—批发商—零售商—消费者，由于环节太多层层加价，产品到达消费者手里往往价格居高不下。通常这个中间环节的销售成本占到 60%～80%。比如一个产品，工厂出厂价为 10 元，经过中间商层层加价后，到消费者那里就可能变成 50 元。而 F2C 模式就是产品从工厂直接到消费者手中，消费者拿到出厂价格。这样消费者不但能以较低的价格买到产品，而且还可以对产品质量进行评判。F2C 绕开传统的中间销售环节，为消费者提供了最具性价比的产品，对传统的供应链格局具有颠覆性的作用。当前，采用 F2C 模式的商家越来越多，比如宝洁、GUCCI 香氛、国窖等。

2. 微商

微商是指以个人为单位、利用微信等社交工具作为载体渠道，将传统方式与互联网相结合，展开销售活动以实现销售目标的行为组织或个人。伴随着微信朋友圈功能的产生，微商由"海外代购"开始，到服装、护肤品、保健品等逐渐在朋友圈流行开来。大家纷纷借助朋友圈发布产品进行熟人交易，微商一时间流行起来，刷一刷朋友圈、聊一聊微信就可以进行买卖，消费者获得更加随意而便捷的购物体验，商家的销售途径与形式也更加丰富。微信营销较传统的在淘宝网、当当网等网络上的营销有很多优势，其无门槛、低成本、零风险的优点使得人人都可以经商、人人都能成为创业者，这在一定程度上解决了就业难的问题。

微信的成功是微商产生的前提，微信作为现阶段最为普及的互联网入口，极大地缩小了互联网商业的入门门槛，使建立在社交关系上的微商应运而生。它以低成本、易操作、信息到达率高等特性迅速吸引了众多人加入。微商的行业特点是工作时间灵活、操作步骤简单、门槛低、投入低，受到年轻人的喜欢。

2.4　微信营销与运营的核心板块

微信营销无论是对企业还是个人都有重要意义，因此要做好微信营销，必须牢牢把握微信营销与运营的核心板块，主要包括三大方面，分别是个人微信营销与运营、微信公众平台营销与运营及企业微信营销与运营。

2.4.1　个人微信营销与运营

个人微信营销具有直接跟用户交流的特点，并且大家可以通过头像、朋友圈等途径，更好地了解彼此。个人号有互动聊天、语音、视频功能，公众号只能由粉丝发起互动聊天、点赞、评论等。

除此之外，个人进行微信营销与运营有以下几个好处。

① 个人微信号管理起来相对简单一些，每天只要写上 30~40 字有价值的内容，就可以很好地与客户进行互动、交流，并不会打扰客户的生活。

② 个人微信号可以快速展示自己的产品。客户有需要就可以直接跟你联系，并购买产品。

③ 一对一的沟通能快速建立信任。个人微信号能实现一对一的快速沟通，并产生一定的信任感。只要客户对商家产生了信任感，成交就不是一件太难的事情。

④ 个人可以随时进行产品促销。通过个人微信号进行产品促销会更简单。拍一张新产品的照片分享到自己的朋友圈里就可以，不用像公众号一样写文章、排版等。

个人微信营销与运营的优势如下。

（1）申请方便

一个人，一部智能手机，用 QQ 号或手机号注册一个个人微信号就可以了。

（2）沟通更加快捷

个人号主要是基于人与人之间的一对一在线沟通交流，即时通信功能强大。

（3）使用方便

个人号的功能很强大，如朋友圈、语音提醒、通信录安全助手、QQ 邮箱提醒、私信助

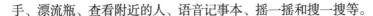

手、漂流瓶、查看附近的人、语音记事本、摇一摇和搜一搜等。

相比公众号的功能，个人号操作起来更方便快捷。

（4）打造个人品牌

个人号可以一对一沟通，并可以通过朋友圈不断宣传自己，让别人能认识你，了解你的为人、品味、职业等，利用朋友圈打造自己的品牌。个人品牌的形成不是说你精通了某一个领域就是专家，你要能够把自己掌握的东西通过某种方式传递给大家，这需要沟通能力和自我表现力。

① 自己为自己做信任背书。

朋友圈好友是我们的直接客户，因为相互关注彼此产生信任，有助于订单的成交。

② 朋友圈好友为我们做信任背书。

朋友圈好友与我们的直接客户是强关系，在客户需要采购产品时，我们的朋友圈好友为我们引荐直接采购人，并为我们做信任背书，大家终因信任而成交。

③ 客户为我们做信任背书。

客户的朋友圈有大量同一行业的好友，这些同一行业的好友成为我们目标客户的概率比较大，如果我们能够让已经成交的客户为我们做信任背书，那么我们将有机会获得客户朋友圈内的大量优质客户资源。

2.4.2　微信公众平台营销与运营

微信公众平台的营销与运营，分为个人公众号与企业公众号的营销与运营。微信公众号，就是用户在微信公众平台上申请应用的账号，该号码可以连接 QQ，故可以实现粉丝引流。微信公众号还可以借助微信平台的强大功能发送图片、语音、文字形式的信息，因此为商家和客户进行互动和沟通提供了便捷的条件。微信公众号从 2012 年 8 月推出至今，注册的用户已经超过百万。

微信公众号给商家带来的便利主要有以下几点。

（1）及时沟通

微信推广开来以后，许多淘宝商家马上扩大了经营阵地。他们说淘宝就好比银行的自动提款机，用户和你完成交易后，就再也没有关系了。但是微信不一样，商家可以通过它来调查用户对产品的满意度，并针对用户提出的疑问做详细的解答和悉心指导，这是许多商家选择用微信来做营销的原因。

此外，微信还有方便快捷的优点，这正符合用户至上的原则。

大家可以回想一下，以往商家是如何与用户互动的。电话回访、问卷调查等，这些方法都劳神费力，有时候一些用户换了手机号码，还可能会联系不上。使用微信公众号，商家就不必担心这些问题了。商家可以把自己的用户聚集在公众号之下，为其提供细致周到的服务。

（2）扩展营销渠道

以往人们去商城购物，往往会看到巨大的商业海报。但是如果海报不醒目，别人就关注不到。现在有了微信公众号，商家就再也不用担心海报被消费者忽略了，因为许多产品就直接呈现在用户的手机屏幕上。正是因为这个原因，许多商家利用微信公众号开展了大量的商业活动。

多则惑。大量的无效信息也给用户带来了一些困扰。为了避免过多的信息给用户带来干扰，腾讯不得不开始限制商家发送信息的数量。在这种情况下，商家推送信息就必须注重价值含量和吸引力，以便赢得用户的好感和信任。一旦很多用户认可了你的产品，他们就会帮助你挖掘潜在客户，扩展营销渠道。

（3）兼顾新老客户

商家之所以关注微信公众号，主要原因就是上面有很多客户。如果这些客户中有很多人都购买它的产品，必然会增加商家的营业收入。

对公众平台的运营来讲，优质的内容是吸引粉丝用户的最有利武器，粉丝不会因为你是官方微信而长期关注你，他们最初关注你，多数是因为在朋友圈看到关于你的优质文章，仅有少部分单纯是因为相信官方才进行的关注，如果内容不好，这少部分粉丝会离你而去。粉丝不是忠实的"臣民"，而是交互的"伙伴"。换言之，如果公众号的内容是一味的复制、粘贴，那么这个公众号距离做不下去也不远了。除去腾讯官方对于原创内容的保护，单从粉丝的角度来看，他们看到低质量的、复制的内容，也会慢慢经历一个不喜欢、厌烦、取消关注的过程。

2.4.3　企业微信营销与运营

微信营销的各种形式对企业营销影响力的提高与影响范围的扩大有十分重要的作用，因此在现代企业营销模式中，微信营销的纳入势在必行。众所周知，微信营销因其成本低、入门简单、操作简单、效果显著等特点给企业发展带来了前所未有的机遇，并受到了企业的喜爱。企业做微信营销不仅有利于其对客户需求的满足，更有利于其实现营销的最终目的——完成交易。企业微信营销与运营主要包括以下内容。

（1）内容运营

微信营销中大多数企业采用的营销形式为内容营销，即发布一些相对有逻辑性并且可以让人在短时间内记住的内容。因此企业首先需要从运营的内容中找到容易让人记住的元素，如首图、正文开头部分、正文结尾部分等，然而一篇文章的"保鲜度"一般是3天，3天之后用户就会被新的文字信息所吸引，因此企业要善于对图片、文字、视频、语音、小型游戏、

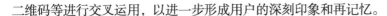

二维码等进行交叉运用，以进一步形成用户的深刻印象和再记忆。

（2）用户运营

在企业公众号运营期间，用户运营从用户关注微信公众号之后开始，由于微信信息闭环流通的特性，用户运营更加倾向于关系化，更加贴近于用户的生活习惯和个人体验，语言沟通交流也更加社交化。因此，企业在对用户进行分组运营时，可以先将用户从种子用户、活跃用户和潜在用户层面进行分类，这样在后期进行用户分组运营的时候，就可以有针对性地进行运营活动。做好用户分类可以保证微信企业公众号的持续活跃度。

企业要注重顾旧纳新：发展新客户十分不易，因为许多客户都有固定的供货商。在这种情况下，商家就要采取多种营销方法来打动客户的心，例如，在微信上推送许多人都感兴趣的信息。有家酒店就申请了一个微信公众号，名字叫"美酒香肉"。其推送的视频模仿了《舌尖上的中国》这个节目，因此吸引了一批新客户。除了这个办法，商家还可以通过优惠、抽奖等活动来招徕新客户。

当然，有了新客户，也不能忘了老客户。新客户会货比三家，具有不稳定性，而老客户则会经常购买你的产品，他们才是商家发展壮大的根基。为了方便商家维系同老客户的关系，腾讯将公众号划分为服务号和订阅号两种，服务号就是方便商家通过微信为老客户提供服务的。

（3）活动运营

微信营销中的活动运营需要和运营目标进行关联，通过转介绍等方式扩大知名度、增加用户黏性或扩大企业的市场份额。企业增加用户黏性往往是采用更多的方式将线上与线下结合起来，如利用线上的签到、红包、有偿投稿、游戏及线下的物流派送等。

商家利用微信公众号开展营销活动，要遵循以下两大原则：第一，要及时回答老客户的疑问，同时还要给他们提供相应的解决方案；第二，自主研发微信公众号的新功能，让老客户能够自行解决问题。例如，招商银行的老客户只要登录它的公众号，就可以完成还款、余额查询、手机充值等操作。不断完善公众号的服务功能，必须会增加老客户对自己的好感，这对提高复购率是很重要的。此外，微信中的推广渠道多为官网、联合平台、社交媒体和朋友圈。尤其朋友圈主要集中在朋友的关系网上，其传播能力和影响力高效并且有用，容易建立起推广宣传的首要节点。企业也可刺激用户通过集赞、截图等方式进行宣传推广，这种来自于用户方的主动分享，有利于增强转发内容的说服力。此外，联合平台和社交媒体，通过自媒体或者相似的沟通平台，互相推送，也能够获得较高的到达率。

2.5 微信营销常用工具

熟练运用各种营销运营工具，可以让我们在做微信营销时更加得心应手。

2.5.1 流量入口工具

微信是社交传播最便捷的渠道。自媒体时代，人人皆为内容的生产者。每个人都可以通过社交媒体来发声。随着各大平台都以开放的步伐迈进，一时间争夺优质内容的门户、垂直媒体蜂拥而至，如今日头条、微博自媒体、搜狐自媒体、百度百家、网易客户端等，尽管这些门户媒体都有超大的流量，但因为操作和用户体验都没有微信简便，所以微信仍占据社交传播的头把交椅。

线上的流量入口，按照信息传播媒介可分为视频入口、音频入口、文字入口、二维码入口、LBS 入口等，常见的有以下这些。

（1）视频入口

视频入口有腾讯视频、搜狐视频、百度视频、优酷、爱奇艺、土豆、快手、一直播、映客、YY 等。

（2）音频入口

音频入口有喜马拉雅、蜻蜓 FM、微博 FM、豆瓣 FM、酷我听书、懒汉听书、千聊等。

（3）文字入口

文字入口有开心网、天涯社区、大洋论坛、百度贴吧、豆瓣网、猫扑、人人网、Chinaren 社区、凤凰论坛、搜狐社区、京华论坛、新浪论坛、网易论坛等；新浪、搜狐博客；空间、好友、漂流瓶、邮件、QQ 群、QQ 说说、朋友圈、微信群、公众号、摇一摇、扫一扫等。

除了产品的目标群体之外，你还要知道你的产品可以为目标群体解决哪些问题，有没有触及他们的需求痛点，只有明确了这些信息，你才能找到自己产品或服务的真正目标群体及流量入口，从而更好地进行引流吸粉的工作。

2.5.2 作图工具

我们可以通过相关的软件对图片进行处理，如美拍等，但拍摄图片时一定要注意，图片务必清晰，背景务必干净，图片最好是正方形，这样容易完整显示。图片素材的获取渠道一般有两种，一是通过自己拍摄的方式获取，二是依靠百度、搜狗、昵图网等平台，在这些平台上挑选现成的图片，找出最符合内容的图片。

朋友圈展示的图片，是朋友圈营销非常重要的一个环节，只有更好的图片才更容易打动人心。我们发的每一条朋友圈，除了本身的文字内容外，图片一定要运用得当，每一个客户，在浏览朋友圈时，首先不是看字，而是先看图，被图打动后，才会继续看字。你的图片就是一支广告，是你获取客户的重要方式。为了让我们发布的图片有一定的观感，不至于直接影响朋友圈的互动率，我们可以使用一些美图工具，如美图秀秀、玩图、黄油相机、in、小 Q

画笔、简拼、圈点、9Cut、天天 P 图等制图 App，这些工具均简单好操作。通过这些 App，你还能完成添加文字的操作！

（1）美图秀秀

主要特点：人像美容，美化图片，打码！简单、易用，装机必备！

美图秀秀最大的特点就是简单、易用。经过多年的更新改进，美图秀秀拥有了众多基础的照片美化功能和滤镜功能。

（2）玩图

主要特点：智能表情贴纸、杂志风格拼图，高端大气上档次！

玩图基础功能强大，而且还有画中画、拼立得等创新功能。它有上百款贴纸，有可爱、女神、街拍、森女、清新等超多风格可供选择。它还有智能表情贴纸，可自动识别人脸；高端大气的杂志风格拼图，多达 100 多种模板。另外还有海量的在线素材可供下载，包括画中画、光影、相框、拼图背景等，并且它支持一键分享到新浪微博、腾讯微博、人人网 3 大社区。

（3）黄油相机

主要特点：拍照加字应用，将照片拍出创意！文艺清新范儿必备！

与一些夸张的滤镜 App 相比，黄油显得文艺了许多，这种文艺很清新自然，一点儿也不会让人觉得刻意和矫情。用户选择好需要修饰的照片后，可以对照片先进行简单的修饰，因为之后需要添加文字，所以最好给照片添加个边框，还可以进行虚化和锐化的简单处理。

（4）in

主要特点：其独特的大头功能，可以随时随地把自己和朋友的照片变萌。in 采用图片组合拼图模式，十组分类，六张拼图，充分利用展示空间，还原现实生活场景。其分类图库中双列瀑布流的浏览方式简洁明了。用户一次可发九张照片，且照片被其他用户保存时会自动添加个人主页水印，也不用担心被盗图。

（5）小 Q 画笔

主要特点：一款圈点、标注工具，描个圆圈、做个注释、画个箭头，标出精彩之处。截图标注就靠它！

小 Q 画笔就是一个轻便、能快速编辑截图的标注工具。手机截图之后，小 Q 画笔自动提取最新的截图。小 Q 画笔主要定位是对截图做标注，因此没有美化、特效等功能，而是专注提供箭头标记、文字说明、打马赛克。用户将图片编辑完毕，直接点击分享按钮，就可以一键发到朋友圈、QQ 空间了。

（6）简拼

主要特点：一款充满小清新文艺风格的拼图软件，让文字和照片融为一体；简约拼图，主打文艺留白，提升个人风格。其强大的文字编辑功能，使照片更加独一无二，并且便于保存和直接冲印。

（7）圈点

圈点是一个为照片和图片添加标注的软件，支持多种标注工具，包括箭头、文本、矩形、圆角矩形、椭圆、行、书签、荧光笔等，还能做简单的图片剪裁、尺寸修改工作，图片来源可以是屏幕截图、浏览图片或从剪贴板粘贴过来的，它标注好的图片可以另存为图片。

（8）9Cut

9Cut 是一款可以把照片裁切成 9 块以方便上传到微信朋友圈的应用软件。用它你就能够在朋友圈发布夺人眼球的震撼大图。

（9）天天 P 图

天天 P 图是腾讯优图团队继魅拍、水印相机之后再度重磅推出的一款全能美图神器，基于团队自研的世界第一的人脸检测技术和国内一流的五官定位、图像处理技术。其推出了自然美妆、魔法抠图、疯狂变妆、星光镜、光斑虚化、智能景深等多项创新功能。

2.5.3 视频工具

文字和图片都是静态的，人们又希望利用碎片化时间了解更多信息，而能在短时间内传递更多信息的无疑是视频，这就给手机端视频的播放提供了空间。视频要求清晰、连贯、短小、精辟，不宜冗长，能把自己想宣传的信息进行较好的展示即可。下面我们给大家介绍几种常用的视频工具。

（1）美拍

美拍是美图秀秀出品的短视频社区，其颠覆性的短视频新玩法，让普通视频一秒变身唯美韩剧、清新 MV、怀旧电影。用它可以在照片上加表情和语音！美拍推出的"10 秒也能拍大片"，可以通过各种 MV 特效对普通视频进行包装，呈现出不同的"大片"效果。美拍凭借高清唯美的画质，迅速成为备受追捧的短视频应用。美拍的火爆，主要是因为其抓住了女性爱美的痛点，同时搭载微博、融入社交元素，并通过话题营销推广自己。

（2）小影

它有多种拍摄镜头，如画中画镜头、特效镜头、搞怪镜头、音乐镜头；多种视频模式，如 8 秒、10 秒、宽屏，更适合多平台传播；可快速制作精美相册 MV；可进行视频剪切、拼接、快/慢调速、复制、配音配乐；可添加滤镜、字幕等；更有视频美化素材中心。

（3）爱剪辑

爱剪辑是国内首款全能免费视频剪辑软件，它有给视频加字幕、调色、加相框等齐全的剪辑功能，且其诸多创新功能和影院级的特效，使它成为迄今最易用、强大的视频剪辑软件之一。

（4）小咖秀

小咖秀是一款自带逗比（网络用语，形容某个人很逗，有点犯二犯傻，有点可爱）功能的视频拍摄应用，用户可以配合小咖秀提供的音频字幕像唱 KTV 一样创作搞怪视频，同时小咖秀还支持视频同步分享。

（5）激萌相机

激萌相机是一款手机拍照处理软件，由脸萌团队出品。用 Faceu 激萌特效相机拍照，手机会自动识别人脸，并在人脸上叠加具有动态的贴图和道具，从而创造出卖萌搞笑效果的照片。Faceu 激萌相机堪称自拍神器，除了可以卖萌之外，Faceu 还自带美颜功能，是自拍和视频聊天必备的拍照软件！

（6）VUE

VUE 是一款视频制作应用，通过添加滤镜、贴纸、剪辑等操作，可以创造出一段只属于你的视频杰作。

（7）其他

除此之外，还有西瓜视频、火山小视频、抖音等。

2.5.4　活动工具

微营销展示应用包括：多图文、微网站、相册、贺卡、LBS 信息、企业 App、邀请函、微名片、分享管理。

微营销推广互动应用包括：红包、互动墙、微传单、投票、分组群发、微信 Wi-Fi、微信打印、微信会议、问卷、留言板、微论坛、万能表单、调研。

微电商应用包括：在线支付设置、平台支付对账、微信团购系统、微信商城系统、商城分佣管理、微商圈、渠道二维码、微众筹、砍价、竞拍、团购、店铺、限时购、微秒杀。

微会议现场场景包括：签到、摇一摇、微信墙、现场活动。

微活动应用包括：幸运大转盘、优惠券、刮刮卡、幸运水果机、砸金蛋、答题王、走鹊桥、掐死小情侣、中秋吃月饼、拆礼盒、一战到底、微信红包、转发有礼、微秀贺卡、卡娃贺卡、音乐贺卡、新年年签、全民经纪人、人气冲榜、分享达人。

问卷调查常用工具如下。

- 表单大师
- 问卷网
- 麦客
- 金数据

- 腾讯问卷

常用的 H5 制作软件（微场景编辑）如下。

- 易企秀
- 初页
- 兔展
- MAKA（场景）
- 秀多多
- live
- 有图
- 卡妞微秀
- 易企微

2.5.5　图文排版工具

常用的图文排版工具如下。

- 秀米
- 易点编辑器
- 135 微信编辑器
- 微信在线编辑器
- 排版 365 微信编辑器
- 微信圈圈排版助手
- 96 微信编辑
- 有图免费排版工具
- 微信编辑器
- 微信图文排版
- 91 微信图文排版
- 点点客排版

第三章
微信个人号的营销与运营

"在这里，你可以了解朋友们的生活。"——腾讯官方对于微信朋友圈的定义

微信个人号，其实就是个人的微信号。微信个人号相当于一个微信里的百度百科，它不断地展示着你的魅力，让别人知道你是谁，你是做什么的，你能教会粉丝做什么。个人号能加 5000 好友，如果加满，你的一条朋友圈就能保证有 5000 个人看（如果对方没有屏蔽你），这曝光率比做广告都高。所以做好个人号的营销与运营至关重要。

王易微信营销小课堂
第三讲

微信个人号的价值在不断地增大，因为个人号离客户最近，最容易和客户建立关系。个人号就是一个最小经营单位，经营好一个个人号就能经营好 N 个个人号。一个个人号=一个人=一个社群领袖=一家店，一个个人号就能实现引流、转化、复购、转介绍的商业闭环。

除此之外，个人号直接和粉丝"生活"在同一个朋友圈，可以更直接地了解和分析粉丝，比如粉丝的性别、年龄、爱好，其是高等消费还是低等消费等，有了这些标签，可以更容易划定精准人群，更好地推送我们的产品和服务给他们，从而使转化率更高。

做个人号的运营要明白，个人号的价值来源于：你、你的朋友及你和他们之间的关系，那么我们要经营好个人号就应该解决这三个问题（见表 3-1）。

表 3-1

你是谁	个人号的身份策划，这个个人号就是一个人格化的品牌，是与消费者沟通及建立关系的既有真实身份又有艺术加工的角色
你的朋友是谁	个人号的朋友们是哪些人，决定这个个人号能吸引哪些人，你的好朋友们最好也是某些领域有影响的人，新来的人因为都想成为你的好朋友那样的人，所以才会主动来找你
你与他们的关系如何	你与好朋友的关系是需要经营的，最重要的经营就是互动，互动会让关系不断地加强

3.1 个人号形象打造技巧

个人号是展示我们价值最有效的方法，当我们通过个人号不断地展示我们的价值，不断地展示我们的成长时，肯定会有一个行为，或一个动作，引起对方的共鸣，这个时候，就能在某一个时间、某一个地点，激活某一类人群，对我们产生认可。

个人号的形象打造通常包括微信昵称、头像、个性签名、朋友圈封面等要素。做好这几点，除了能让别人快速地记住你之外，还能对你产生信任。

3.1.1 微信昵称：好的名字会说话

【目的】记住你、知道你是做什么的

【要求】简单明了、好听、容易记忆（最好有唯一性）

我们都知道一个好的名字不仅能方便传播，还可以提高知名度。好的名字，就是要让别人一看你的微信，就能知道你是做什么的。通常我们在起名字的时候要遵循简单、真实、好记的原则。取名大忌：生僻字、非主流、前面加图标、经常改名、名字里加电话号码。一般情况下切忌取生僻字，在这里，我们再次提醒：微信昵称一旦确定最好不要再修改，否则你之前的积累就都没有了。

微信昵称的创建需要注意：一是昵称与职业相匹配；二是建议使用自己的名字，不需要添加任何修饰。我们可以采用职业和名字交融的昵称格式，如北大王老师。

微信昵称可以和产品相结合。销售方进行朋友圈产品信息推送的时间可能不是购买者产生实际需求的时间，若销售方微信昵称难以记忆，当购买者有实际需求准备购买时却很难准确找到销售方，此时，销售方很有可能错失良机。如果销售方将微信昵称改为和产品相关的名字，则极大地提高了购买者的搜索体验。比如一个叫李明的人在微信朋友圈销售大米，则其微信昵称可改为米商李明。

建议你采用你所从事的行业的名称或者你的名字，不建议用英文名，也不要用一些复杂的字或者以 A 开头，有些名字当中还带有符号、花朵、高跟鞋、口红等，甚至还有人用 AAAA 开头。别人看到这样的名字，一般都不会有好感。

3.1.2 好头像：一看就喜欢上你

【**目的**】在微信这个社交平台里，让你的微信头像为自己代言；客户成为粉丝且能够记住我们的最重要的标识就是微信头像。

设置好的头像的优势：

① 信任感：真实的人物形象会让客户明白自己与之交易的人是谁；

② 诱惑感：一个有气质、可爱、有个人魅力的人，加好友时，更容易被通过。

【**要求**】让看到自己微信头像的人，产生好感，特别是潜在客户；让看到自己微信头像的人，能够快速记住；大气、阳光积极、正能量；不要用大家都在用的头像，最好是独一无二的微信头像；不能频繁改动（修改后一定要群发小伙伴，告知大家你改头像啦）。

你的头像就是你的招牌，是你的门面，这点是非常重要的。头像是你个人形象的第一次视觉展示。因此，我们在设置头像时，建议用本人的真实照片。最好是带着笑脸的，微笑的照片具有喜悦的感染力，人家会更愿意与你交流谈心继而建立信任感。设置头像要谨记以下3条原则。

① 营销型微信的头像一定是本人的真实照片；

② 头像一定要和所做的职业相关（最好有学校或机构的背景）；

③ 可以修饰但不要过度。

 小 技 巧

头像最忌：不相关、性别不分、低俗、暴力。头像技巧：尽量用自己的照片（清晰、正式、好看、协调）或者用动漫人物。千万不要直接拿产品的图片来做头像，这样会把人吓跑的。还有的用一些风景、卡通、非主流、小孩、动物的图片做头像，这样也是不可取的，你一定要明白我们是要去做营销的，不是随便玩玩。所以设置头像时一定要用跟你的产品或跟你本人相关联的照片。

3.1.3 个性签名：体现你的个性

【**目的**】建立信任

【**要求**】签名就是为了让好友简单明了地了解你，同时加深对你的印象。你要告诉他你是做什么的，你能给他带来什么好处。你还可以表达你的个性、情感、你擅长什么，等等。一切能够体现你的，你都可以展示。个性签名是我们一个重要的标签。签名内容的好坏影响看的人是否会对你产生兴趣或对你发的内容有需求。那么个性鲜明的签名应该怎么设计呢？

① 要讲清楚自己是干什么的；

② 要讲清楚自己的特长和优势；

③ 最好融入数字；

④ 可加入提示信息，多使用领袖词汇。

总结：个性签名能够反映你所从事的职业和你的思维状态，可以彰显个人魅力以及个性。所以要选择具有正能量、引人入胜的语句或你的座右铭、积极向上的励志语录作为签名，这样更能吸引人关注。

3.1.4　朋友圈封面：黄金广告位

我们在被陌生人添加为好友时大多都有一个共同的反应，就是打开对方的朋友圈看一看。当我们怀着好奇心点开此人的朋友圈时，首先映入眼帘的就是"朋友圈封面"。对于这样一块如此宝贵的"广告位"，我们一定不能白白浪费。

【目的】增加信任度。可以让人觉得你更专业，更有实力和更有亲和力。

【要求】

① 专业：展示品牌的标识或与产品相关的元素；

② 尺寸：微信朋友圈封面的尺寸为480（高）×300（宽）像素。

朋友圈封面是你朋友圈里最醒目的位置，也是最大、最黄金的位置。这个位置是所有人打开朋友圈第一时间就看到的，相当于网站的首页广告位。朋友圈封面一定要好好设计，要大气，这个位置可以当成你的广告位，要做得漂亮，能够吸引人。让别人看到就有一种信赖感，觉得找你买东西会很放心。

朋友圈封面作为微商广告界面的"最大屏幕"，每一个翻看朋友圈的人都会看到它。因此，必须有精致的内容。切忌在这里放卡通、风景和自拍等。

3.1.5　聊天背景设置：价值百万的广告位

【目的】聊天的截屏图片美观、统一，具体要突出以下三点：

① 让客户感觉你更专业；

② 让客户感觉你更有实力；

③ 让客户感觉你更强大。

【要求】

① 截屏图片体现品牌的标志及口号；

② 截屏图片要有好的视觉感官，不要过于炫彩夺目，否则会让别人的眼睛不舒服。

3.2　个人号加粉篇

"好的开始是成功的一半"，吸粉（吸引粉丝的简称）的最终目标是为了实现销售，然而吸粉的过程目标却往往会被大家忽略——吸粉的过程目标是为了更好地锁住粉丝。你最终可以通过吸粉锁住多少钢粉（网络词汇，很忠心的粉丝），取决于你吸引粉丝的数量与质量，这决定了你最终实现销售转化的成绩。

下面我们主要从个人号加粉的方法、加粉技巧及推广技巧、裂变涨粉几个方面进行阐述。

3.2.1　个人号加粉方法论

微信营销的基础是有粉丝，要做好新营销环境下的微信营销，务必要吸引足够多的粉丝，这是关键。引流吸粉的五个原则如下。

（1）吸粉的目的

说到吸粉的目的，很多人会说谁不知道吸粉的目的就是卖东西、卖服务、招代理，归根到底不就是为了销售！话虽如此，但是从开始吸粉到实现销售，中间却有很长的路要走。

吸粉的过程是一个循环往复永无止境的闭合微营销系统，它是一项常态化工作。

（2）吸粉的对象

引流吸粉的对象是你潜在的消费者，就是可能购买你的产品或服务的人。我们在引流吸粉时，一定要注意结合自身的产品和服务，以明确定位潜在消费者人群究竟是哪些。

我们要明白，不同的目标群体有各自不同的特点，消费产品的人并不一定是出钱购买产品的人，出钱购买产品的人也并不一定是产品的直接消费者。

（3）吸粉的地点

你的目标粉丝平时都在哪些区域出没，是线上还是线下？清楚了吸粉的目标群体是哪些，下一步需要了解的事情就是找到你的目标群体的活跃区域。

（4）吸粉到哪里

引流吸粉是为了销售，要实现这一步，就需要把粉丝吸引到卖东西的场所。

一般来说，引流的目的场所分为两种：一是在引流的入口本身就可以建立交流平台，二是将粉丝吸引到已经建立好的圈子、社群，如微信公众平台、微信朋友圈、微信群、企业App等。

（5）粉丝怎么留

吸引来了目标粉丝后，如果粉丝发现你的圈子对他没有帮助就会选择离开，这就会使我们之前的努力变为泡影。所以引进粉丝仅仅是微信运营的第一步，长期留住粉丝才是经营的重点。

下面我们给大家分享一个引流公式，通过这个引流公式，你可以在引流过程中，知道哪些是核心，哪些是重点：

> 引流=产品（基础）+展现（核心）+转化（重点）+客户管理（延展）

① 产品：产品是基础，没有产品，就连宣传的方向都没有，首先，我们要确认我们的产品和服务是什么，再确定我们的目标客户在哪里，例如，我们的产品主要针对母婴，那么宝妈就是我们的目标群体，这就是我们的重点宣传方向。

② 展现：展现是引流的重要核心，客户喜欢什么，我们就要提供什么，最大限度地满足客户需求。客户喜欢温柔，你就走温柔路线，客户喜欢高科技，你就提供高科技产品。此外，还要分析客户年龄、性别、爱好等特点，根据这些，我们进行标准化展现。

③ 转化：找到客户后，我们就要进行购买力转化，这时候就要考验我们的专业程度了，你需要去一对一地与客户进行沟通，你越专业，转化率越高，你要根据不同的人选择不同的方式，做出准确的引导，最后获得成交，成交是引流的最终目的，无法成交，引流效果再好，对我们而言也是毫无意义的。

④ 客户管理：成交是销售的开始，并非结束，因为我们需要客户持续不断地购买我们的产品，变成我们的忠诚客户。一旦成为我们的忠诚客户，他们就会通过口碑宣传给我们带来更多的新客户，所以，成交之后，我们要进行定期回访，节假日期间给老客户一些福利也是很必要的，这样更有利于增强客户的忠诚度。

引流要有逻辑清晰的思路，然后在不同环节进行完善，越有条理，越是清晰，环环相扣，引流才会顺通许多，快捷许多。

除此之外，我们还要利用手中现有的资源进行引流，每个人的微信都有一定数量的好友，可以进一步开发和扩展。

3.2.2 个人号加粉技巧

只有好友数量保持在一定的基数，我们才能进入下一步的运营。在加好友的过程中，我们需要知道一个微信规则：微信个人号最多可以有5000好友，每天可以主动加好友20名，被动加好友 500 名。即使你发出去的好友请求再多，每天也只能够收到固定数量的响应，其他的请求都会被微信屏蔽。我们在加好友的时候，可以事先编好请求文本，针对不同的好友发送不同的请求。下面我们具体介绍一下加好友的几个技巧。

（1）好友导入

导入通信录好友、QQ 好友。可能出现的情况是验证码发送成功，但对方却收不到。

 小 技 巧

加入目标客户 QQ 群，在群里说话，先加为 QQ 好友，再将 QQ 好友转化为微信好友。

（2）摇一摇

摇一摇加好友的方式曾经"风光一时"，但现在已渐渐被人们遗忘，因为摇来摇去真的好累，而且收效甚微，如果作为运营来说，可以忽略不计。

（3）附近的人

打开微信搜索附近好友，微信会根据你个人号的情况为你匹配附近的好友，趣味相投或志同道合的人彼此之间加好友的通过率会更高。

（4）微信群

你可以自己建群，也可以进入好友的群，或者在网上查找群加入。虽然受微信每天加 20 名好友的限制，但是，你可以让别人主动加你。在群里做个活跃分子，经常参加群互动，把个人微信号的二维码或者微信号码发布到群里，就可以方便群友们加你为好友，日上限 500。

（5）朋友推荐

如果你有比较不错的好友，可以请他帮你做个推荐，在他的朋友圈里发布你的微信二维码和微信号，让他的朋友主动来加你，效果非常好。因为微信本身就是一个熟人圈，有熟人的推荐，好友的数量上升得会比较快。

（6）其他社交媒体

QQ、微博、博客这些都是比较好的载体，你可以选择在这些地方留下你的微信号码，如果你有比较知名的专栏或者自媒体号，那好友的数量上升的速度会更快。通过在社交媒体上发帖，让别人主动加你为好友的方式如下：发帖的同时标注上自己的微信号和微信二维码（数量不能评估，要根据推广质量判断），要注意帖子一定要有权威性、诱惑力、价值力和紧迫感，最关键是抓住目标群体的痛点。加粉法则：让你的精准客户主动加你，而不是你加他，重粉丝质量，而不是数量。

（7）利用聚会快速添加好友

每个人都有或多或少的聚会邀请，如果你已经决心要利用微信朋友圈来做营销，那么你就应当主动参加一些活动，比如自驾游、会议、爬山、商业活动、朋友聚会等，在参加这些活动时你可以将参加的其他人都添加为好友，如果确实参加的人太多，那就发起群聊，通过面对面建群的方式，先把这些参与者锁定到一个群，在群里争取给大家留下深刻印象，以便以后逐个加好友。

（8）微信红包

通过微信红包加好友，效果非常明显。基本的玩法就是让更多的人在他朋友圈说你在发红包，加你微信就能领取。当然，这种方法一定要讲究诚信，言出必行，这样加你的人对你的信任感会倍增。

3.2.3　个人号推广技巧

1. 线上全网推广

（1）合作互推微信号

该方法由微博上的玩法衍生而成，是较好、较快的方法之一。其效果甚至比微博互推的效果好。你可以在有了 1000 粉丝后开始找人合作互推，每次效果好的话都会获得上百的粉丝。但需要切记的是，微信互推需谨慎，一旦被举报，有可能被封号。因此，同一个合作伙伴的互推次数不宜过多。

（2）微博大号推广

有很多草根微博大号靠这种方式都非常快地获得了很多粉丝。做微博大号推广时，你可以利用自己的资源跟别人互换。但是对于没有资源的新手，只能找一些微博大号给钱进行推广了。你注意发现，就会看到一些有组织、有纪律的微博大号，都会和自己一派的微博进行互推。

（3）其他线上推广

这种类型的推广就无须多介绍了，无非是在人人、豆瓣、贴吧、空间等处进行推广。

但这类推广也需要注意技巧，比如在贴吧上，你可以将二维码做成签名图片，这样几乎你的每一次评论都是一次宣传推广，且不容易被删。

（4）基于 LBS 的推广

这是比较简单的方法，就是设置好个性签名。然后查看附近的人，你就可以被别人看到，如果你的签名吸引了别人，就有可能获得关注。

线上全网推广包括通过微博、官网、博客、QQ 群、论坛、社交网站等渠道进行的推广。

2. 各种 App 推广

（1）陌陌 App 推广

注册账号：注册男生账号、女生账号若干。

加入群组：每个账号加 10 个群，群规模 50 人以上的话要关注附近留言。

动态互动：每天发布一条个人动态，谈论生活并上传个人照片，向其他账号打招呼。

捆绑微博：捆绑新浪、腾讯微博、邮箱等相关内容。

添加关注：每天加满关注 300 人，累计总人数可达到 1 万～2 万。

（2）遇见 App 推广

账号真实：及时更新照片、捆绑微博等，使账号具有真实性。

加入圈子：只加入人数在 1 万人以上的圈子。

动态互动：每 30 分钟刷新一次附近的人，给对方最近上传的照片点赞，打招呼并且每天连续认领金币。

添加关注：每天加满关注 300 人，累计总人数可达到 1 万～2 万。

（3）易信 App 推广

注册账号：用手机号开通易信，设置好头像和签名。

加入群组：通过初期的易信群交换人脉拉好友，拓展群数。

导出通信录：准备一批精准的客户手机号码，使用豌豆荚、91 助手、QQ 同步助手将其导入手机，添加已经开通了易信的客户为好友。

邀请开通：使用易信的免费短信功能邀请客户开通易信；通过群发免费易信短信进行推广。

（4）微米 App 推广

注册账号：用新浪微博账号开通微米，设置好头像和签名。

加入群组：通过搜索附近的群组、关键词来查找精准客户。

推广要点：进群组勿先发广告，可在群页面发布动态，与群成员混熟，发布软文自己创建群组，并进行群组定点推广。

群组推广：搜索附近的群组，点击图标进入页面评论动态，通过查看群成员页面直接与群友单独聊天进行推广。

3.2.4 个人号裂变涨粉

方法 1：用红包在微信群里裂变

比起通过好友推荐迅速涨粉，更靠谱的方法就是运用微信群了，在群里，你可以先发个红包试试水（一方面验证一下群活跃度，另一方面开始做初步的引流测试），比如设置微信红包1角分10个、五角分20个这种，然后在红包备注里写上"拉我进群私发大红包"。

建议：用这种方式快速加粉时，不仅是群多就行，为了达到更好的引流效果，要尽可能地将一个群的价值运营到极致，这样才能做到投入小、回报高。

方法2：朋友圈裂变

通过朋友圈获得初始种子用户的方式跟通过群裂变的方式有相似之处，操作方法就是，把文案和图片准备好，让别人按照你的要求发朋友圈并且要公开可见权限，然后你给他一个红包奖励（见图3-1）。

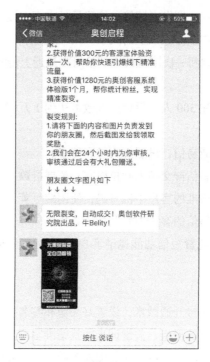

图 3-1

这里需要注意的是：有的人投机取巧，发朋友圈只对你可见，所以在别人发朋友圈之后，你可以跟他说，两分钟后截图给你，你就发红包给他。第一批人发出朋友圈后，基本上很快就会有人来加你，然后你再用同样的红包奖励方式，让他发朋友圈就行了，以此在朋友圈进行裂变。

方法3：换群

换群的类型不受限，一般聊天群、行业群备受青睐。群类型包括但不限于项目群、聊天群、投资群、总裁群、超市群、日化群、烘焙群、餐饮群、食品群、汽车群、美容群、母婴群、酒水群、淘客群、微商群、亲子群、教育群、宝妈群等。

方法 4：互推

充分利用自媒体及大咖资源，进行个人二维码的推荐。在这里要注意写好个人介绍。因为推荐人的效果比推荐产品的效果好。

3.3 个人号运营篇

个人号运营主要包括微信标签技巧、群发助手、互动技巧。

3.3.1 微信标签技巧

通过标签归类不同的好友，把朋友和客户分开，这样在群发消息时、发朋友圈时都可以使用标签进行筛选，很方便。

微信是一个很好的动态 CRM 工具，如果你想通过朋友圈成交，你必须学会利用微信标签给客户做信息备注，从而进行分组。微信个人号信息备注主要分为五块：备注名，标签，电话号码，描述，以及添加名片或相关图片（见图 3-2）。我们要抓住每一次与客户接触的机会（私聊、看朋友圈、发朋友圈、购买等），不断丰富客户信息，从而帮助我们更清晰地构建客户画像，以此来指导并改进营销工作。

（1）备注名

尽可能备注成真实姓名/习惯称呼+印象最深刻的关键词（职业、人群、社会地位等）。

（2）标签

标签一般分为：购买分类、来源分类、购物方式、沟通次数、人群标签、用户等级标签等。

（3）电话号码

建议将手机号码和收货地址信息放进"描述"里，这样便于客户私聊复购的时候，直接和对方沟通。

（4）描述

此处尽可能包含客户各种各样的信息，从而构建更清晰的客户画像。描述维度可分为用户客观信息和用户感性信息。其中，客观信息包括年龄、生日、性别、电话、发货地址、家乡、职业、收入、婚姻情况、家庭构成、教育背景等；感性信息包括消费习惯、购买频次、性格特征、兴趣爱好、品牌偏好、利益诉求等。

（5）添加名片或相关图片

这里可以添加一些与之相关的图片信息，以便后期更全面地了解对方。

3.3.2 群发助手

使用群发助手，可以在较短时间内将信息既快又广泛地同时发给目标群体。

群发的具体步骤为：进入微信首页，点击右下方的"我"，点击"设置"，进入设置选项，在设置中选择"通用"选项，在通用中进入"功能"选项，在功能中选择"群发助手"（见图3-3），点击"开始群发"，在最下方选择"新建群发"，然后选择要群发的好友的微信号。

注意：切忌群发单纯的广告信息，以感恩活动或节日祝福问候为佳！

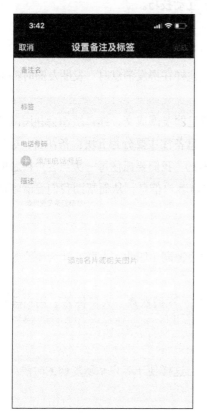

图 3-2

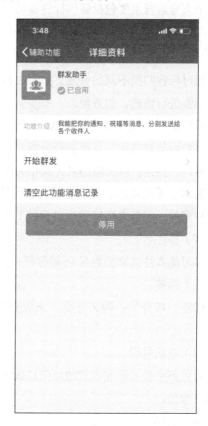

图 3-3

3.3.3 互动技巧

所谓的互动，那一定是你来我往的，双向。就好比过年你拿着礼品去亲戚家拜年，隔几天亲戚又来你家拜年一个道理。如果粉丝经常关心你或经常为你点赞，那么你也应当多互动，多关心粉丝，多给他们点赞评论，做到礼尚往来。在微信朋友圈中，运用比较广的"点赞"活动、送红包活动等，可吸引大批关注，是比较愉快的互动体验的过程。

（1）礼尚往来

每天进行 50 个点赞、30 条走心的评论。

（2）你不理他，他不理你

每天与 10 个粉丝真诚交流，擅交朋友。

（3）每天在 3 个 100 人以上的群里冒泡，"混群"聊天

人与人之间社交需要一个第三方平台，"混群"，能较快地在好友之间建立信任。

（4）福利

偶尔做一些有奖励性质的互动，比如发表一个动态，然后在动态里说明第 8 个、第 18 个、第 28 个……点赞的人可以有红包等。采用集赞、评论送礼品、有奖问答的方式时，一般有礼品或红包的朋友圈文案都很有诱惑和吸引力，游戏规则越简单越好，越傻瓜越好，比如宝宝生日求赞或者照片求评论等。总之就是找个理由发红包或奖品。

实战案例

【红包达人打造法则，让业绩至少提升 50%】①生活中遇到开心的事及时在朋友圈分享出来，点赞送红包；②每周或每两周举办一次点赞活动；③建立红包达人形象，激活朋友圈，破冰互动，构建高强度信任关系。

（5）朋友圈测试

测试的主要类别有：心理测试、IQ 题、猜图、悬疑题、脑筋急转弯、算术题、星座测试、猜谜语、小调查等。

实战案例

考考你！哈佛毕业生都答错了这道题…… 1=4；2=8；3=24；4=?

像这类的互动文案，都是利用了人性的弱点，如好胜心、智商优越感等。人们控制不住就会主动参与进来。

在百度、搜狗、360 搜索趣味数学、趣味测试、心理测试图等关键词就可以找到这些题目。

（6）发布用户关心的话题

通过调研和观察找到用户喜欢的话题及感兴趣的内容，然后将其发布到朋友圈，这个方

法是提升朋友圈互动率最关键的一点。一般你可以通过一些最近发生的热门话题来进行。比如之前比较火的林××跟×××公开恋爱关系这个事情。你就可以在朋友圈发一句：林××和×××恋爱了吗？朋友们，这事是真的吗？这时你会发现，会有很多人去你的动态下评论，然后你给他们回复，这样是不是就完成了一次良好的互动？

（7）其他技巧

① 提问式互动：提一些大家可以互动、参与的问题。如笔者之前发了一条这样的朋友圈：微信内存占满了，如何清空，求支招！当时有100多人参与进来出谋划策，人都有一种帮助了别人自己心里也开心的心理。在这个过程中，你就会跟他实现良好的互动关系。

② 神秘式互动：最好是互动双方具有共同好友，然后发一些具有神秘感的、让人好奇想知道的内容。抓住用户好奇心理。例如，今晚八点我在朋友圈公布一个秘密，敬请期待。

③ 咨询求助：生活中我们或许会遇到自己无法解决的问题，这个时候就可以请教一下万能的朋友圈，增加跟朋友的互动。例如，我们可以抓住用户好学的心理，在朋友圈发布以下信息：一个手机号也能注册多个微信号？想知道怎么做到的吗？有兴趣的找我私聊。这时一定会有人过来请教你。这样是不是就会越来越增加你与粉丝沟通交流的机会？

④ 主动邀请别人给建议：你遇到一个问题，需要征求大家的意见或建议，或需要大家的帮助——通常发这种消息都以疑问的方式结束。如在朋友圈发布："我计划十一去旅行，大家觉得哪里好玩呢？"或者写一句"大周末的没有人一起玩耍怎么破！！？？"这样就和大家互动起来了。

朋友圈增加互动的一些小方法：文案故意留漏洞、测试、猜图、征集意见、分享新鲜事、红包集赞、付邮领小礼品等。

3.4 个人号朋友圈打造篇

朋友圈是个人号的重点运营部分。微信朋友圈是基于现实关系建立的一个虚拟的社交圈。微信用户可以利用微信不同交友的功能建立不同的网络关系，为商家提供一个广阔的客源。微信朋友圈的关系来源主要是基于QQ通信录和电话通信录，所以微信朋友圈其实是一个熟人圈子。微信的广泛应用，使朋友圈里诞生了大量的微商，熟人经济也应运而生。从营

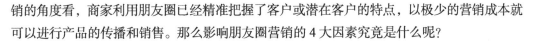

销的角度看，商家利用朋友圈已经精准把握了客户或潜在客户的特点，以极少的营销成本就可以进行产品的传播和销售。那么影响朋友圈营销的4大因素究竟是什么呢？

（1）发布者身份

微信朋友圈的商户主要有个人和企业两种，一般来说，企业的知名度要高于个人。对于企业用户来说，证实其真实性最有效的方式就是申请微信公众号，通过微信客户端来进行身份的认证，包括营业执照等。事实证明，拥有微信服务号或订阅号的企业商户更容易赢得消费者的信赖；对于个人商户来说，用户则倾向于信赖熟人甚至朋友，日常生活中的所见所知更能使个体商户在较短的时间内获得消费者的信任。

（2）转发者身份

在微信朋友圈营销的过程中，信息的转发是一种基础营销方式。而转发者的身份极大地影响了营销的效率及结果，主要体现在以下3个方面：转发者的权威性、转发者与微信好友关系的强度、转发者的粉丝量。

顾名思义，转发者的权威性影响到信息的可信度，其身份的可信度越高，所发布的信息也就越能获得消费者的信任，则信息被转发的次数也就越多，如一些明星、商界名人等进行微信营销，会获得更多消费者的支持；转发者与微信好友的关系强度，也可以说是信任程度，当转发者与微信好友的关系强度越强，双方在日常生活中的交际越深，转发者的营销信息就越有可能被阅读并转发；转发者的粉丝量是决定其营销信息被转发次数的至关重要的因素，一个微信用户拥有的微信好友越多，其发布的信息所传播的范围就会越广，阅读信息的人就会越多。

（3）信息内容

微信朋友圈的营销信息内容最好与当下的热点话题相结合，引起消费者的关注，让热点话题有代入感，融入消费者日常所关心的事物中去，从另外一个角度贴近消费者。一般来说，消费者进行网络购物的最大担忧就是信息描述与实物不符。同样，在微信朋友圈营销过程中，其营销的信息内容与产品的契合度越高，受到的关注就会越多，可信赖度也会随之提升，从而更能赢得消费者的购买欲望。

（4）信息推送的时段与频率

虽然微信朋友圈有强大的用户群转发与推广，但实际上微信朋友圈的营销是受时间限制的纵向营销方式，它既无法将营销信息置顶，也无法选择营销信息所投放的位置。这就需要营销者恰当地进行时间上的选择，在恰当的时间推送信息，例如，中午午饭后是消费者午饭之余的休息时间，大多数人会选择在这一时间浏览手机，而这时推送的营销信息更容易被消费者看到。相反，如果在凌晨甚至凌晨之后推送信息，则信息不仅被点击量不高，而且很快就会被早上的新信息所替代。

了解了影响朋友圈营销的4大因素，我们就可以更好地进行朋友圈的营销推广活动。接下来，我们来详细介绍一下朋友圈营销。

3.4.1 朋友圈营销概述

朋友圈营销模式在近年来获得了很大的发展，越来越多的微商在朋友圈推销产品，其中以面膜、护肤品等消费类产品为最常见的通过朋友圈营销的产品。微信朋友圈以微信为载体，突破了时间和空间的限制，为人们建立和维持社会关系提供了一个虚拟的场所。商家可以通过微信朋友圈互相传播信息，使营销信息得到更为广泛的传播。微信朋友圈的传播优势和其构建的庞大的社会网络关系可以为商家带来更多的潜在消费者，无疑使其成为互联网时代非常具有竞争力的线上平台。商家应充分了解消费者的行为特征，以消费者的体验需求为导向，发挥微信朋友圈的最大营销价值。

我们知道微信朋友圈是基于"熟人"和"强关系"的，其信息的到达率更高，信任度更强，能够实现更好的营销效果。朋友圈营销最关键的是准确识别用户需求和动机，发挥用户自主传播的力量，形成口碑营销或病毒营销的效果。对于朋友圈营销来说，最核心的两点就是分享和推荐，它能够促进用户的购买意愿，对营销具有重要的意义。

朋友圈作为微信的一个重要社交功能，其支持用户发表文字、图片、小视频，并将文章、音乐、视频等分享到朋友圈。除此之外，对于朋友圈的分享和评论，只有自己的好友才能看到。朋友圈还支持拉黑功能、指定特定人看朋友圈，这在某种程度上保护了微信使用者的隐私权，更迎合了用户的需求。

利用微信朋友圈进行营销，是众多企业的选择。如今，产品口碑对企业十分重要。利用朋友圈的熟人效应进行口碑营销，不仅能快速提升品牌知名度，还能提高品牌忠诚度。朋友圈营销主要有以下优势。

（1）低成本传播

微信的下载及整个使用过程不需要用户支付任何费用，商家可以在朋友圈任意选择信息的传播方式，或图文并存，或视频和链接形式等。微信朋友圈这个虚拟的社交平台既能给商家带来潜在客户，也有效降低了营销的宣传成本和商家开发客户的成本。同时，购买产品或服务的客户满意度提高后，极易形成口碑效应，并成为产品或服务的传播者，从而减少商家的营销成本。

（2）沟通的即时性

移动终端的便利性增加了信息传播的高效性。智能手机携带的便捷性，使用户可以随时随地发送和接收微信朋友圈的动态信息，这给商家带来极大的营销便利。

（3）信息的到达率、曝光率比较高

营销效果很大程度上取决于信息的到达率和曝光率。只要用户将信息发布在朋友圈，信息

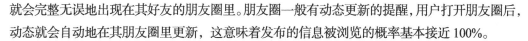

就会完整无误地出现在其好友的朋友圈里。朋友圈一般有动态更新的提醒，用户打开朋友圈后，动态就会自动地在其朋友圈里更新，这意味着发布的信息被浏览的概率基本接近100%。

（4）高精准度传播

微信朋友圈将人们的现实关系搬到手机上，从而实现了现实与虚拟世界的"无缝连接"。商家发布信息后，潜在的消费者会主动进行互动，商家掌握潜在的消费者后，可以与其点对点地有效互动、直接进行买卖交流。

（5）半私密性的互动

微信朋友圈用户发布信息，可以选择朋友可见范围。在同一个可见范围层级内也就是三者都为好友的情况下，三者可以看见他人发布及互动的内容，而仅仅只有两者之间互为好友时，第三方看不到其他人与同一个好友的互动信息。例如，用户A与用户甲、乙、丙、丁互为好友，则A可以分别与四位好友相互接收且评论对方在朋友圈中分享的信息。假如其中用户甲、乙、丙三者也互为好友，但与用户丁不互为好友，则用户丁无法收到用户甲、乙、丙对用户A的评论内容。这种半私密互动的特点保证了客源的独占性和信息的独占性，避免其他信息对用户产生不良干扰。

3.4.2　发圈内容

朋友圈的发布一定要体现价值，我们打造朋友圈的目的就是销售产品，但是销售产品的同时给予客户附加服务也是非常重要的，这也是让客户持续关注你的一个较大影响因素，你需要围绕你的产品为客户提供更多的专业型知识，让客户觉得你不仅是在销售产品，而更多的是提供服务、普及知识，这样会让客户对你的信任更进一步。

1. 定位

所谓定位，就是给自己的朋友圈定个基调。朋友圈营销，一定要有目的地围绕某个中心进行。其次，要对自己的用户定位，你的用户群体是谁？要确定你的用户群体是高消费群体还是低消费群体，消费群体在哪个年龄阶段。再次是对内容定位，要想好怎么发布相关的内容去满足用户，实际上就是树立好自己的形象，让人对你的感觉一目了然。需要强调的一点是，你的微信一定不能只是干巴巴地发图，而是要根据你所擅长的方面，打造人格化的微信标签。例如，你擅长搭配，就可以在朋友圈中经常发各种搭配小技巧的信息；你擅长写东西，就可以在朋友圈里发些你的诗、你很用心生活的场景图文等；你喜欢读书，就可以在朋友圈发关于读书的思考、今日好书等；你也可以从专业的角度，发关于皮鞋分类、养护、流行资讯等相关的信息。无论选择哪种，最终的目的都是打造一个真实、温暖、人性化、人情化的微信个人号。

2. 发什么

简单来说，我们朋友圈的内容分为专业类和动态类两种。本质上说，朋友圈是一个看生活动态的地方，不是一个看工作的地方。做到以下"三有"的朋友圈会更加吸引人。

① 有趣：在工作、生活、爱好方面，如何与客户找共同兴趣爱好？

② 有种：营销也是有姿态的，如何更有高度？

③ 有料：言之有物，言之走心。

具体的朋友圈的发布内容，可以参考以下几项。

（1）产品反馈

发布产品信息时，一定不要局限于产品介绍，我们还需要突出产品能给用户带来的效果，最好将它融入一个故事中，微信中的故事甚至可以以100字文案的形式发布到朋友圈中。

（2）生活

发生活，是为了展现我们个人，你必须让大家了解你的为人、你的真实状态，这样他们才会信任你。你老是发广告信息，没有表达自己的信息跟生活动态，别人怎么了解你？怎么信任你？如果你的朋友圈就是一台刷广告的机器，没有血没有肉，那肯定没有人愿意关注的，打个比方：你看电视，你会愿意把电视剧看完还是愿意把广告看完啊？每个人都喜欢有价值的东西，而且微信本身就是用来交朋友的，你的朋友圈每天都不发你自己的生活，一点都不真实，那么会有人和你交朋友吗？如果你一味发广告，和广告机又有什么区别呢？所以发圈要接地气，让人知道你是一个活生生的、有血有肉的人，最好是有一些自我特色：要么漂亮，要么热心，要么博学，要么积极正能量！所以我们要随时随地养成习惯，把自己的学习收获、跟牛人的交流、出席的场地等一些照片给记录下来，以便展示我们的成长。

（3）分享价值

如果你是做产品的，先要找到你的目标客户群体，然后进入这个群体之中，先不要去推广你的产品，先找到这些客户群体的一些共同所需点，然后针对这些所需点找到合适的解决方法，并把这些方法无私地奉献给他们。这样你就能在他们的心中留下一个良好的印象，后期你也要持续分享一些实用的价值，如果这些价值超过了他们的预期，那么这为你后续的成交也埋下了很大的伏笔，只有你得到大家的认可，你的产品才有机会得到他们的认可。所以先分享你的价值。即使你不做产品，多分享你的价值，得到别人的认可，也能交到很多朋友。不要以为你知道的东西少得可怜，其实有很多你懂得的东西，别人是不懂的。

（4）有趣的事

人人都喜欢看有趣的事，我们在生活中遇到有趣的事情，或我们看到搞笑电视、段子、笑话，都可以把它整理一下到朋友圈进行发布，这时候就会有很多人的注意力被我们吸引。

（5）励志鸡汤

我们可以把看到的心灵鸡汤，用我们自己的话总结出来，提炼出来，然后写一些我们自己感悟出来的新内容，把它用第一人称的形式、通俗易懂的形式，表现出来。当我们把这些心灵鸡汤，转变成我们自己观点的时候，就能引发朋友圈里好友的思考。

（6）社会热点

大家都知道应该怎么找社会热点，可以在百度的风云榜、微博等信息里看到最新的热点，尤其是微博，它有一个实时热点，这个热点基本上是每 10 分钟更新一次，我们把一些好的热点，发到我们的朋友圈，会增加别人对自己的崇拜感，别人会觉得你很厉害，任何最新的事情，你都了如指掌。

（7）分享专业知识

没有人愿意买那个连产品都介绍不清楚的人的产品，对于产品，你的专业知识一定要超过你的客户。在朋友圈中，建议大家毫无保留地分享你的专业知识，也许你的这些专业知识能帮助他们解决一些实际的问题，即使解决不了，你的朋友们也会在心中感受到你对你的产品的专业。

3. 发布数量

每天发布 6～9 条动态最佳，注意分时间段更新。内容方面，产品信息要控制在一半以内，尽量以软性广告的方式发送，另一半是与你的生活相关的信息，切记不要刷屏。

4. 图片数量

图片数量有讲究。配图的数量大家应该是清楚的，尽量为 1、2、3、4、6、9 张这样，配出来美观，可视化强。比如一天要发 5 条朋友圈，我们可以 3 张的发一条，6 张的发一条，1 张的发一条……避免一天发的都是同一组数量的朋友圈。如果我们一天发的 5 条朋友圈，全部都是 6 张图片组合，那么不利于保持发朋友圈图片的活跃性。

5. 字数精练

朋友圈推送的微信内容，字数最好在 140 字以内，微电商时代，人们都是用碎片化的时间来浏览收集信息，字数太多，容易让好友失去看内容的兴趣，再好的内容也会大打折扣。一般情况下，140 个字就能把一个产品说清楚，如果确实觉得内容少了，你可以将其发到与微信关联的 QQ 空间或者博客上，超过 140 个字，内容会被折叠，很多人就看不完，效果会大打折扣。

3.4.3 发圈时间

朋友圈的发布时间最好具有一定的随机性，太有规律就不够生活化。但是可以固定区间，例如，早上 8 点到 10 点，晚上 8 点到 10 点。此外，发的内容也不能太有规律。同一时间发多条朋友圈会让人感觉很不好。

什么时间发：即发圈时段分析。对于商家在朋友圈里发布信息的频次，并不是次数越多越好，而是商家需要对朋友圈行为进行调查，充分了解用户刷朋友圈的习惯和高峰时间段，以进行信息最有效的曝光。

（1）7 点到 9 点：禁发广告

这期间很多人还没有上班，会选择看朋友圈；但如果一大早起来就被广告刷屏，谁心里都会不爽。这个时间段，可以发一条朋友不知道的新闻趣事，比如当天的实事、八卦、天气、正能量的话语等。

（2）9 点到 11 点半

这个时间段大家在工作或者处理家务中，一般看朋友圈会比较少。这时你可以掺杂 1～2 条自己的生活动态，如看电影、聚会、旅游、购物等。要让别人知道你是一个有生活品味的人，是有生活质感、对生活有要求的人！

（3）11:40 到 13:10 中饭午休时间

忙碌了一上午，到吃中午饭和午休的时间了，这时 70% 的人会习惯性地打开微信朋友圈，看看朋友圈动态，这个时间段，你需要发一些娱乐搞笑的内容。

（4）下午 15:00 到 15:30 下午茶时间

从人体生理学的角度来说，这个时间段的人处于精神疲乏的状态，一般都会选择喝点水或咖啡提提神，看看新闻或聊聊天，而这个时间段习惯打开微信看朋友圈动态的一类人，则希望可以看到一些有价值的内容！

（5）17:00 到 18:00 下班时间

可以说这个时间段是白天朋友圈最活跃的时间段，最好将"你"的最新动态展示到你的朋友圈，让别人知道你就是你，不是机器，也不是广告专业户。例如，你可以发布：三年没见的老同学，从美国飞回来，晚上到哪吃饭呢？

（6）19:30 到 20:30 晚高峰

这个时间段也是最高峰、最活跃的时间段，几乎很多朋友都是在这个时间段上微信，这时是发布朋友圈的绝佳时机。

（7）21:00 到 23:00

作为晚高峰，这个时间段，建议以发互动广告为主，可以做一些小的互动活动，比如加好友给红包，回答问题给奖品，点赞等，这样既宣传了自己，又测试了哪些是真正关注你的人。

转发文章到朋友圈的技巧

我们将文章分享到朋友圈的时候，可以偶尔来一次互动式的文案，但评论和点赞可能别人一个都看不到（他们只能看到互加过好友的点赞和评论），怎么办？请你在回复某个人的评论时，不要@他，而是直接在你的文章下回复，这样其他人就都能看到。

朋友圈转发文章的时候，要增加自己的评论或者摘录文章中的观点。这相当于给文章做背书，可以让朋友更加信任或者产生好奇，会增加点击率，特别是你希望很多人看这篇文章的时候，比如你转发的是你自己的文章。这样做还有一个好处，就是别人在朋友圈转发你的文章时，可以直接复制你的文字描述。

3.5　微信群运营篇

微信群的出现带来了新的"群"社交群体传播和组织传播方式。微信群作为一个网络虚拟社群，就如同一个小型"舆论场"，不同意见在此交汇聚集、不同的成员在此讨论，在群内拥有话语权的人，拥有自身的追随者、响应者，其一发声就会有人附和回应，不至于"冷群"或无人理会。

微信群是变化的人与人之间的关系，可以"被加入、可选择、随时退、随时进"，一个成功的微信群要能达成共鸣。一般的用户建微信群的人数上限是 500 人，你可以建 M 个群和你的好友进行交流。如何建立微信群呢？

A. 点击微信界面右上角的魔法棒图标，然后点"发起聊天"。

B. 勾选你想要添加到群里的好友，然后单击"确定"，你就建立好自己的"微信群"了!

C. "微信群"创建成功!你可以群发语音或文字图片了!

D. "微信群"管理：点击聊天界面右上角的按钮，如果选择"-"，然后点成员头像左上角的"-"就可以删人了；或者单击"+"，可以添加群成员。

E. 改"微信群聊"名称：点击聊天界面右上角的按钮，选择"群聊名称"后，输入新的群名称，然后保存就好了!

以上只是简单地建立一个微信群，那么，我们如何玩转微信群呢？

（1）微信群定位

我们要明确定位构建中可以做什么。在社群运营过程中，可以使用推广宣传、创意互动、众筹或众创、销售产品、兴趣或情感互动等方式。那么，什么样的微信群才是"好社群"呢（见表3-2）？

表 3-2

社群有清晰的定位	这个群是做什么的？
社群有明确的方向	这个群以后怎么发展？
加入社群有准入门槛	这个群都是什么样的人？
社群可为群友提供价值	这个群可以为我带来什么？
社群有创建者和管理者	这个群谁建立？谁来管理？
社群有清晰严格的群规	这个群里什么可做什么不可做？
社群定期组织线下活动	这个群的群成员互相了解多少？
社群规划有利益共同体	这个群成员是否会一起做点什么事？

（2）群规

无规矩不成方圆。我们要告诉进群的群友，进群聊天要遵守群规，但是很多微信群就是因为没有正式的群规以及严格的文字说明，导致进群门槛没有一个很好的"度"，进群后发广告者、私下拉人者、只"潜水"抢红包者比比皆是。严格的群规说明很重要，建议群规中有以下几点：进群前需私下和群主进行沟通（自报家门）；设置新人红包（凭此可以过滤掉一批低质量的用户，好的群自然而然有人会发红包加入，红包不是目的，只是过滤用户入群的一种手段，金额可以随意）；进行微信上的口头协议，看过群规方可入群。

群规设置如下（用群规来对群员进行规定，这是给群中人设的最低底线，以保证群的质量）。

① 群成员进群先介绍一下自己，以便别人认识你，从而让别人了解你是否对其他人有价值。

② 禁广告：因为群定位问题，所以广告是一定要掐掉的，不然会影响群的质量，进群的人如果见到群里都是广告，也不一定有自己想要的东西，就可能会认为自己进了垃圾群。然后就不太愿意在群中活跃，甚至会退出，所以禁广告是为了维护群的质量和活跃度，至于你如何处罚发广告的人，则由你自己决定，该警告就警告，该踢就踢。

③ 禁止发其他群的二维码或者群号：这个群规的目的就不用多说，大家都知道，是为了防止群中人员的流失，不让人都跑到别的群。人没了，活跃度就会下降，甚至最后群可能会面临解散的局面。

④ 进群后要定期冒泡：这点要注意了，很多人在群里没有考虑到设置定期冒泡的规定，

这样即使后期吸收了再多人，活跃度还是有可能会下降。要求定期冒泡的目的是为了培养群成员的发言习惯，提高群的活跃度。

⑤ 禁止发一些类似传销的东西：这个规定可以反映群的质量，如果有些人发了，有高手就会觉得这个群里的人不靠谱，都是忽悠人的，就会对这个群没有了感情，从而不屑在里面说话，那么群的活跃度就会下降。

（3）群公告及其他

群公告的作用类似于产品使用说明，是新人了解群的第一步。所以我们应该在群公告中突显群的氛围，标明要求新群友做的事情，比如进群自我介绍+提出一个疑问。

群资料管理的具体项目如下。

① 群人员备注：不仅要备注姓名称号，还要备注行业等信息，以便别人能在群中知道某人是谁，做什么的，从而发现他的个人价值。

② 群文件管理：由于行业性质，一些人的文章或者项目资料、数据、音频图片等都有可能在群中发布，这些都需要进行管理。

③ 群聊天记录：一般人有时只注意管理群中文件，而忽视群中同样有价值的东西——群聊天记录。

④ 群主转让：微信群中有这项功能，听名字就知道，是用来转让群主的。除非是在买卖群中进行群主转让，或者换管理员，把群交给自己放心的人帮忙管理，不然的话建议大家慎用。

⑤ 踢人拉人：踢人不用说了，那是群主管理员才有的权利。拉人的话，在群管理中有一个群聊邀请确认。如果群主开了邀请确认，那么群二维码就会停用，别人无法扫码进群，任何人都需群主邀请确认才能进群，这确保了群主身为一把手的集权，而进群的人则通过群主的把关，群成员的质量更加有保证。

⑥ 群二维码：每次更新的二维码有效上限为 7 天，上限之后可重新进入群资料中再次获取，存在上限依旧是 7 天，以此类推……群中二维码的有效条件是群中人数不超过 100 人，超过之后则由群内人员邀请才能进入。

⑦ @所有人：这是大家都熟知的操作方法了，只要是@了某个人，那么被@的那个人就会在他的微信群列表中看见提示，不过正常情况下群员只能一个一个地进行@，如果是群主，则有@所有人的功能，就是进入群公告发文。

（4）管理员

一个微信群除了群主之外，管理员的作用也不可小觑，就好比一个企业，群主是 CEO，那么管理员就是分管各部门的直接领导人，群主是一个微信群的核心人物是肯定的，但是群主一个人去运营群根本不太现实，那么当群主不在线上时，管理员就是群的决策者、维护者。好的管理员很难找到，因为需要和群主产生精神的共鸣，彼此有很多的相似之处，有很多的共同话题（在某一领域）。通常，一个群有多位管理员，每位管理员都有各自的分工，例如，有的负责新人进群的指导工作，有的负责定期分享运营知识干货，有的负责运营招聘求职需求的整理发布和对接工作，有的负责审核群友发布的广告帖是否有质量问题等。

（5）群维护

第一，震撼的欢迎仪式。

① 欢迎模板：热烈欢迎×××加入××群。这里的×××可以做一个修饰，要体现这个新人吸引人的点或者她的专属长处，比如知名微商女神——刘三姐（曾操作一个品牌从零到千万），时尚搭配达人——张诗语（北大微商创业家社交形象设计师）等，因为每个人都希望自己能够认识更多比自己厉害的朋友。作为群主，你要主动引导新人做好个人介绍，并引导其他群友进行一大波扑面而来的欢迎，这样会让人觉得群非常热情。一开始建的群，需要教育，教育大家一起跟随，从而养成一个习惯。

② 除了欢迎，我们还要给新进入的人对群做一个简单的介绍，介绍群的宗旨、群的规则。如果有可能最好写一篇"××群新人必知必读"。

前面两个步骤，很多群是没有做的，所以建好群之后大家不知道干什么，我们刚建好群的时候，就是要不断重复我们群的主题（特别是在拉人进群的时候）。

③ 将群主题、基本群规做成模板收藏，有3～5人进入就发一遍，让那些刚进群的人一目了然。

例如：欢迎你加入本群（注明群名称），本群皆为###；请点击设置关闭群消息和震动提示，以免吵聋你的耳朵、耗干你的电池、看瞎你的眼睛！

【本群宗旨】

制造有价值的移动互联网知识、资讯，拓展有价值的人脉资源；由于本群人数众多……

【本群禁止】

① 讨论与群宗旨无关、无价值的话题，让生命在微群绽放！

② 禁止发"消耗流量"的图片、语音和大表情，禁止刷屏！

③ 群活动：围绕群宗旨的主题分享、培训、项目操作、线下沙龙……

请将以上内容收藏，有5人进群后就发一次！你我携手，共建有价值的微群！

第二，提供价值。

人们进入一个群，不外乎几个需求：学习东西；掌握新的资讯；拓展人脉；寻找一些新的项目或者机会。我们提供的价值，可以从人们的需求开始。

① 群成员自我介绍；

② 群成员推广；

③ 自我介绍模板 ：姓名+性别+年龄+常驻城市+行业+有什么+需要什么。 这是最基本的介绍，一定要有模板，这样找项目的人和要拓展人脉的人，一看就知道了。

④ 帮助群成员拓展人脉。你可以先从那些活跃的、比较支持群的人开始，把他们的名片发到群里，或者组织大家在自己朋友圈里相互推荐。例如，告诉大家 24 小时之内群里成员都可以相互加好友。这样就能满足人们拓展人脉的需求。

第三，不定期修改群名称。

对于一个新群，或者说接待群，你可以不定期地修改一下群的名称。让群成员觉得群名称怎么又换了？是不是有什么新动作了？从而持续保持群成员对群的关注度。

第四，定时清人。

清理人的话术：今天晚上 20:00 本群将调整一部分长期潜水不说话的小伙伴，在的请打1。这个只是一个主张，这样可以活跃你的群。你如果在群里说，今天要搞个活动，先调整一部分人之后再开始进行，这样会很有意思，你会看到很多人在群里签到。

第五，组织活动。

活动分为线上和线下活动。线上活动可以是组织大家互推，或者组织大家做话题分享。如果有货的人不会分享，你就组织找一个主持人、会发问的人。采用访谈的形式进行。线下活动一般能产生很多话题，可以组织地方沙龙或者论坛，或者其他大家可以一起做的事情。

第六，社群迭代。

迭代就是升级、更新。如果你的群一直不温不火的，不够活跃，就重新建立一个群，告诉大家，你准备在一个新的群里做个活动，比如发红包之类的。真正关注这个群的人，他会跟着你走，当然，做群迭代时，你一定要给大家时间查看，最好@一遍群里所有成员。

第七，宣布群解散。

解散群的时候要告诉大家，本群已经完成使命以及什么时候开始解散。

总结，群维护要持续让群产生动力和新鲜感，还需要赋以群一个又一个的任务，即前面提到的建群需要以 "目标任务" 为导向。在每一个任务驱动之下，虚拟的群组织才可能履行自身的组织职能，带动群轴往前发展。此时，群的创建人还需要加大推广和宣传投入，刺激并鼓励核心团队参与进来，完成一个又一个的任务指标。

3.6　个人号变现篇

对个人号运营者来说，个人号的变现涉及两个重要的方面，一个是个人号变现方式，另一个是个人号成交流程。简单来说，个人号的变现，一种是广告变现，另一种是卖货变现。

3.6.1　个人号变现方式

经过前期的努力，微信个人号的好友数量已经达到了5000，那么，我们究竟该怎么做才能够实现终极目标——赢利呢？

（1）地方广告

微信广告受到很多商家的重视，在地方，餐饮、孕婴、培训、婚庆、装修、建材、旅游、招聘、二手买卖等很多行业的商家都会成为你的客户，你可以按照具体发布的广告内容和数量收取广告费用。如果没有客户找你，你可以主动去找他们，说明你手上的资源，很多人会开心买单。

（2）卖产品

朋友圈卖产品的情况屡见不鲜，如果你拥有庞大的好友数量，那么选择不错的产品，多多少少都会有收益。此外，你还可以多选择几款产品去投放，注意，不要刷屏，否则，好友可能会急剧减少，你还得重新补充。

（3）卖号

卖白号是其中之一，所谓的白号就是注册了但是未使用的号码，因为个人需求不同，有些个人号主会通过养号来维护一大批微信号，而因为有某些需求，有些人可能就需要大量的白号，彼此就会产生交易。

（4）同城信息服务广告

做同城的信息服务广告，也可以称之为城市信息联盟。比如一些同城的租房、招聘、二手产品买卖等。还比如一个本地同城专门推荐人脉的，那人号称是人脉姐，微信有3000+好友，然后她每天的内容就是在朋友圈给别人推荐各种人脉。

（5）社群获利

当你拥有一个有忠实粉丝的社群之后，你可以通过线下活动盈利。比如同城交友社群，你可以举办一些活动，然后通过AA收款，对每个人收取一定数额的费用，将其作为聚会的资金。这类的群做成熟了以后，可以去和商家合作，定期带着你的群友们去一些聚会场所消费，一般这种情况下，商家都会给组织者一些回扣和返点，这可以一边玩一边挣钱呢。

（6）微信群流量卖产品

通过微信群去卖产品其实也是一个很好的变现方式，但是前提是你要维护好群，做一个有质量的群而不是广告群、拉人头的群。

群里卖产品要基于口碑和价值输出，在获取了群成员的信任之后，你再给大家推荐一些靠谱的产品是非常容易的，即便你没有产品，也可以去寻求一些靠谱的商家合作，然后拿到比外面更多的优惠，这也算是给群员的福利。比如一个母婴群，群主经常和大家分享一些母婴知识，那么当某天他找到一款比较靠谱的食材或者用品的时候，就可以先去进行一场有价值的分享，然后抛出一些所推产品能解决的问题，这样一切就水到渠成，既不会很生硬地卖产品让群成员反感，也给他们推荐了好的产品，长此以往，形成口碑效应后，群成员或许会越来越期待你的分享推荐呢。

3.6.2　个人号成交流程

打造高成交系统的关键，就是从客户角度来看购买行为的产生，即购买行为的产生=需求+知道你的存在。为了更好地学会朋友圈成交，我们必须学会设计一套成交流程。不少人渴望一步成交，但其实所有的成交都需要铺垫。在成交前，我们需要大流量，所谓的流量就是推广、引流、加粉、吸粉等。接下来，我们就需要寻找精准粉丝，也就是通过对客户的分析聚焦你的客户群体，不要什么客户都想抓，这样可能什么都抓不到。你的微信好友都是你的精准客户，也就是说，都是对你产品感兴趣的，如果你的产品单价不高，成交会很容易，你要多跟客户沟通，抓住他们最关心的问题，然后给他讲好处，讲感觉。

客户在跟你成交之前，是不了解你的，对你有很多怀疑，怕这怕那，甚至都不知道你能帮他做什么。所以，你需要设计一个成交流程，这个流程包括信任培育、对你的产品先体验、提出你的成交主张、零风险承诺，最后方能成交。好的成交流程，是客户从口子上进来后，就像坐一个滑滑梯，一步一步滑向最终成交，一切都是自动的过程。我们要从客户的心理角度设计一个没有障碍的成交流程，让客户觉得跟我们成交没有任何风险。

例如，如果你卖减肥计划套餐，你不要一上来就跟客户说，来买减肥套餐吧！那样客户肯定拔腿就跑。你需要先送客户一套关于减肥方法的资料，先帮助客户解决减肥的疑惑，再让他来听你的公开课。在公开课中你把你的减肥理念、减肥成功者的方法告诉他，让他进一步了解你，并相信这个方案计划确实能帮助他减肥成功。只有通过公开课让他更进一步了解你这个人，使他明白跟你买减肥套餐没有任何风险，最后他才能舒舒服服地选择向你购买产品。

很多微信销售、微商，在做微信营销的时候，不知道从哪里入手，下面，我们具体介绍一下步骤。

（1）客户培育

微信成交，信任是关键，无信任不成交，成交之前要做信任培育。那么，如何做呢？

秘诀一：互动

成交之前，要先跟潜在客户互动，互动方式多种多样，你可以先送他电子书，帮他解决问题，给他介绍相关有用的信息，或者让客户帮你忙。一般客户互动 4 步以上，成交就很容易，如果互动 6 步以上，客户就可能主动找你成交。

秘诀二：贡献价值

很多客户在成交之前都不了解你，也不了解你的产品。所以，刚开始时可能需要你帮助他先解决一些小问题，把你的产品的一部分先给他分享，这叫贡献价值。

如果你的产品是实体的，那么可以做几个试用装，让对方先免费试用。

如果你的产品是知识性的，那更好办，把你课程中的一部分内容拿出来，以公开课的形式让对方先听，如果对方听了觉得很不错，会主动找你成交。

所以，营销本身就是分享价值的过程，要让对方了解你，让对方先受益，觉得你能帮助他，他才会选择你。

（2）活动设计

微信好友数量不等于你的流量，每天你有多少好友点赞是不够的，还要能与他们产生互动。无互动不营销。可以在微信里做一些活动，比如点赞送福利，限时评论有礼品送，限量购买福利，或者互动性的小游戏，猜对有奖等。

（3）体验设计

设计好活动产品的体验装，效果体验一定要显效快，要找自己的尖刀产品。如果所选择的体验产品需要多次使用才能显效，那么不建议使用。用户对产品有一个美好的体验，效果显著，对产品才有好感哦！对产品有好感，对你也就有好感了。产品就是人品。

（4）发货提醒设计

活动做完了，给用户发货时一定要告知其单号。提醒用户已经发货了，注意查收。看起来很不起眼的一个提醒却可以让用户感觉被重视。你重视你的用户，你的用户才会重视你。情感上的交流很重要哦！

（5）收货提醒设计

收货提醒就是方便用户安排好时间。发完货也不能闲着。一定要告知用户你的产品的使用方法。很多产品使用方法不当会影响使用效果和用户体验。要告知用户我们的产品和其他同类产品的差异和优势，正确描述使用效果，提醒其收货。时刻保持和用户的联系，只有多沟通才能了解用户，解决用户需求。

（6）引导用户说出使用后的感受

很多用户的感受是需要引导的。感受表达不出来很正常，因为用户第一次使用产品，对产品还不是很了解。这个时候你要多去引导用户，询问其是否喜欢该产品，使用过程中有什么感受，使用之后有什么感受。良性的沟通才能达到完美的效果。千万不要为了要客户的评论而去沟通，要多去挖掘用户的需求。当然，如果有用户感受，你也就恰好有一个用户见证去宣传。同时，你也可以引导用户将感受分享出去，用户的主动宣传是对产品最大的认可。

（7）激励购买优惠政策

如果你给用户提供一些优惠政策，那么会更容易激励他们购买产品。比如说用户觉得这个产品用着感觉不错，而产品的零售价是 78 元，你就可以建议用户买 3 个给其 150 元的价格！只有多给予用户优惠政策，多想着去给他们省钱，他们才会源源不断地来找你。

（8）激励加盟政策

用户的习惯需要培养，当其形成习惯时，你可以把你的加盟政策分享给他！只有用户转介绍，你的团队才会越来越大。只有更高品质的服务才能留得住用户，服务好每一个用户才是每个销售人员所要做的事情。

微信朋友圈相比其他社交网站要更加可靠一些，大多数人会因为熟人的推荐而选择购买商家的产品，并由于产品的高品质或商家的优惠活动而再向其他朋友推荐。

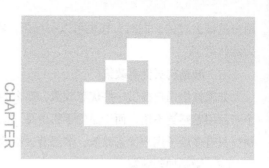

CHAPTER

第四章
微信公众号的营销与运营

　　微信公众平台因其操作便捷性、人际交流的高时效性、内容推送的丰富性以及消息推送的精确性受到广大用户的喜爱。首先，企业无法在微信公众平台上主动添加好友，只能被用户关注，这样就确保了公众号粉丝的质量。其次，企业通过微信公众平台可以对用户进行分组，并且通过"超级二维码"特性（在二维码中可加入广告投放渠道等信息），准确获知用户群体的属性，从而让营销和服务保证个性化的同时更加精准，为企业实现精准营销提供基础。最后，通过公众平台，企业可以吸纳更多的目标用户，深度传播更多的企业文化及品牌信息，为用户带来更精准的互动体验。因此，无论个人还是企业，只有充分抓住公众号运营，充分为每一位用户服务，让自身的产品和品牌深入用户的内心，获得用户的青睐，才能进一步打开广阔的市场。

王易微信营销小课堂
第四讲

4.1　微信公众平台的营销价值及盈利模式

　　微信公众号是开发者或商家在微信公众平台上申请的应用账号，该账号与 QQ 账号互通，通过公众号，商家可在微信平台上实现和特定群体的文字、图片、语音、视频的全方位沟通、互动，从而形成了一种主流的线上线下互动营销方式。微信公众号营销不仅是营销利器，更是商家提升竞争力的制胜法宝。微信公众平台集合了信息群发、关键词回复、被添加回复、用户消息回复、开发者模式等特色功能，方便企业给客户提供服务及资讯，同时还为企业接入了微信支付功能，提供用户身份识别、微信地址共享、支付结算、客户关系维护、售后维

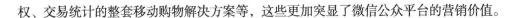

权、交易统计的整套移动购物解决方案等，这些更加突显了微信公众平台的营销价值。

4.1.1 微信公众平台的营销价值

自 2012 年 8 月 23 日微信公众号上线以来，越来越多的个人、企业通过开通公众号与目标受众搭建了沟通互动的平台，以实现消息的快速推送和品牌的广泛分享。他们通过微信公众平台的推广，树立个人或者企业的形象，建立产品的销售通道，实现一对一营销。

此外，微信公众平台凭借其受众数量多、一对一互动、个性化服务、二次开发等特点，被企业、政府和服务机构等广泛采用。微信公众号的快速发展为企业树立品牌形象、推送产品和服务信息开辟了一个高效、低廉的传播途径。那么，微信公众平台，究竟有什么营销价值呢？

（1）精准营销

微信公众号营销不像传统营销媒体那样更注重品牌，微信公众号营销更能精准地吸引、锁定自己的用户群体，注重用户的体验。其通过为用户提供便捷化的服务，进行一对一的沟通，让用户在"试使用"的过程中与商家建立起"朋友"关系，拉近商家与用户的距离，建立双方信任感，随后在推广过程中让用户积极参与商家的活动，通过有奖转发、积分抢答等留住用户，又通过扩散转发量，吸引用户的朋友，这样的吸引比单独的广告宣传更有效果。

微信公众号可以通过地域控制、行为偏好等多种方式来对用户进行分类，然后针对用户的不同分类及用户的不同特点推送不同的信息，这样，传递到用户客户端的信息就会更加精准，从而达到更有效的营销效果。

（2）信息到达率达到 100%

微信公众平台的传播方式是一对多的传播，即直接将消息推送到用户的手机终端，因此到达率几乎是 100%。

（3）企业与用户双向互动

在微信公众平台中，用户可以像与好友沟通一样与企业微信公众号进行互动沟通。企业通过微信公众号可以即时向用户推送信息，迅速更新，用户可以将自己的意愿和想法通过微信公众平台与企业交流。同时，微信公众平台还可以与第三方平台合作，推出一些互动游戏，比如刮刮卡、大转盘等有奖活动，在提高用户参与度的同时将企业想要传递的信息以用户能够接受的方式传递给他们，这不仅增加了微信公众平台的趣味性，而且有助于平台粉丝量的保持。

（4）营销成本低

在过去传统的营销模式中，客户离开企业或门店后，要想再联系到客户，就只能通过电话和短信的方式。这种方法成本高，效率低，而且客户是被动接收这些信息，容易引起客户的反感。现在我们把客户添加到微信公众平台上，并与之建立联系，持续沟通，长期下来不仅能够节省大量的广告费用，还能与客户建立长期的合作关系，从而培养忠诚客户。我们可以向客户不定期推送信息，加深客户对企业的品牌认知。而且客户可以选择自己感兴趣的内容进行浏览，不存在被动接收的情况，也就不会产生反感情绪。

（5）营销人性化

微信公众号的存在，是为了更好地服务用户，而不是为了骚扰用户。因此，公众号的设置更加人性化，例如，是否接收某个微信公众号的信息，主动权掌握在用户手中。用户随时都可以取消对那些打扰了自己或是自己不感兴趣的公众号的关注。而且，用户还可以自由地选择想了解的内容，例如，回复某个关键词，就能收到微信公众号发来的相关信息。

（6）去中心化

微信公众平台是一个去中心化的平台。在这个平台上，没有焦点，所有人都平等地参与其中，每个人都可以发布自己的信息，每个人都可以构建起一个属于自己的"圈子"。当人们对明星、对焦点人物的关注与仰望变成了微信里的直接互动之后，去中心化也就成了一种必然的趋势。无论是企业、媒体、政府机构还是个人，无论品牌大小、知名度大小，大家都可以在同一个平台上展现自己。只要你有独特的价值，你就会被关注，就可以获得无数粉丝。在这个平台上，营销成为一件人人可以为之、只要用心就能做好的事情。

4.1.2　微信公众平台的 8 大盈利模式

对微信公众平台而言，好的公众号能够聚集大量的用户群体，从而具有强大的号召力或者影响力，因此，无论对个人还是企业来说，其都可以将潜在的消费市场资源转化为盈利资源。很多个人或者企业都开通微信公众平台，试图通过各种营销模式实现盈利。众所周知，公众号从根本上讲是靠流量盈利的，但在流量的基础上有两个不同的盈利方向。其一是流量变现，其二是深度变现。所谓流量变现是指在盈利过程中主要通过推送内容的阅读量来吸引广告商投入宣传费用。而深度变现是指公众号在盈利过程中，利用互联网的长尾效应，培养一批深度认同公众号观点的订阅者，并对订阅者进行深度挖掘，通过为用户提供增值服务来实现盈利。例如，罗辑思维，其对外宣称的订阅量仅有 200 万，却通过深度挖掘用户实现盈利。

那么，微信公众号有哪些盈利模式呢？

（1）广告模式

这是个人自媒体最直接的变现方式。自媒体在微信公众号进行内容发布和广告投放，其具体方式有以下几种：一是以图片的形式将广告放在文章的头、中或底部；二是利用微信公众号的"查看原文"链接，直接将点击指向广告网页；三是少数微信公众号有软文或是植入广告的操作模式。具体变现途径有四种，第一种是发布软文，第二种是开通公众号流量主，第三种是知识变现，第四种是导粉。

发布软文主要是当公众号的粉丝达到可观的数量时，其运营者便会在平台上出售广告位，接收广告内容投放。这类广告不需要像广点通（现更名为"腾讯社交广告"）那样硬性要求达到上万粉丝才能开通。只要有相应的粉丝，而客户愿意选择这样的投放，就可以发布软文。值得注意的是，公众号往往会将广告的内容包装得不像广告，其本质也就是"软文"。

开通公众号流量主是指当广告主通过广点通在拥有优质流量的公众号上投放广告时，广告按点击计费，收益全归公众号所有。通过这个平台，一个拥有百万级真实粉丝的公众号，一个月最高可获超 10 万元的广告分成。

知识变现主要是通过公众号的粉丝进行知识的购买，从而实现变现。

导粉则是指大量企业、个人通过各种手段"囤积"粉丝，单方面追求粉丝数量，以期创造公众号的知名度与影响力，进而将其粉丝售卖变现。这里主要是指通过公众号将粉丝导流给个人微信号，从而实现与粉丝的互动。

（2）电商模式

微信公众号的电商模式主要分为三种：微商城模式、广告嵌入模式以及菜单模式。

微商城模式是指将公众号定位为传递知识与观点，在拥有大量的粉丝人群后，通过微商城进行产品的销售。像一些读书类型的公众号，所销售的产品可分为两大类：图书及周边产品。具体操作是直接通过高密度、高强度的书籍推荐，或直接分享原创作者的优质文章，从而引导粉丝对该图书或其他产品进行购买。例如，"理想国"拥有巨大的粉丝数量，在此基础上，其推出"理想家"会员计划，会员可享受特定的图书、视频节目以及学术原创系列课堂等线上服务以及一些线下讲座、旅行等活动服务。此外，还有一些出版社尝试跨界经营，销售红酒、礼盒、戏剧门票、口罩等。

广告嵌入模式是指产品和服务展示伴随广告嵌入一起发生、难分彼此。广告嵌入微信公众平台是将读者引入其销售的产品和服务的方式和途径，商家通过公众平台用文字和图片来描绘、推荐其产品和服务。"罗辑思维"的广告嵌入是在用户回复关键词后弹出来的内容顶部出现一个指引性的链接，用户点开后会看到一篇主文，主文后的附文会有详细的产品介绍，产品一周更新一次，更新时在罗振宇 60s 的语音中也会有所介绍，产品包括深度性的特版书籍和高端的商务用品；"她刊"的广告嵌入相对较少，也更加隐蔽，其偶尔附在主文的后面，与主文内容紧密关联；"古典书城"每天推送 8 篇文章，广告一般在末篇或者首篇，产品一般会在标题（文字内容和图片）中体现，主要包括传统文化书籍，精美精致、渗透着"工匠精神"的木梳、手帐、食品等；"菜菜美食日记"的广告嵌入表现为两种：一种是嵌入主文的图片、视频和文字中，文中出现的大部分物品都是营销产品的范围；二是主动或根据客户反映，在主文后的附文中详细介绍产品，产品主要包括厨房用具、小吃、食材等。

菜单模式是指通过微信公众号的菜单开发实现产品的销售。例如，"罗辑思维"平台页面下方的三个图标中，两个与产品销售有关：一个是 App 相关的网页，另一个是商城，展现了其所售卖的所有产品，书籍描述注重思想性，商务用品则突显其品质和身份象征。

（3）内容付费模式

直接向用户收费也是一种常见的盈利模式。一些公众号在平台上建立会员制，比如南派三叔的会员就有四档。会员权益主要有两项：阅读新作品和参与会员讨论。此外，一些专业领域的公众号会向用户收取专业咨询费，比如律师行业会收取法务咨询费。

（4）线下活动模式

这种模式对于细分领域或垂直行业更适用。它是指公众号通过线下组织群体聚会、培训、旅游等活动取得盈利。像一些旅行类的公众号，其受众群体定位为青年人，运营者本身就是青年旅行爱好者，在分享自身的旅行心得后，作者都会以推荐形式在文末组织一场同区域青年的线下团游，这种方式更容易受到用户的追捧。此外，公众号也可以跟实体商家合作，用户在商家处消费，公众号再从中分成，这种盈利模式通常可达到三方共赢。例如，"吴晓波频道"和爱奇艺视频合作，推出微信杂志《M 周刊》，在全国成立"吴晓波书友会"，并入驻有赞微商城进行课程、会员身份等的销售，与粉丝进行良好互动等。

（5）打赏模式

自 2015 年起，为刺激原创作者们的热情，扶持优质内容，微信官方开始逐步向一些拥有持续原创能力的媒体机构和个体发放"原创"标识。多数获此标识的公众号，可以同时打开"赞赏"功能，接受人们的"打赏"。这一模式更适用于坚持原创热情、不愿意进行营销而达到盈利目的的公众号。

（6）众筹

在众多公众号中，真正能实现盈利的多数都是依存于原创内容。换言之，原创内容更容易给人们信任感，人们更愿意去为这份信任买单。在原创内容的基础上，相较于打赏模式，众筹模式将盈利由被动变为主动。

众筹是指在网络平台上将提案者与赞助者联结起来，在公众平台上发起提案者的筹资项目，吸引线上线下参与者的资助。这种资助可能是以资金的形式也可能是其他形式。

打赏模式是众筹模式的基础，只是出发点不一样，所以呈现的结果也不一样。打赏是出于对公众号稳定运营的维持，不以盈利为目的，时效性弱；而众筹则是为了完成发起者提出的某一共同的项目，最终参与者会获得发起者承诺的相应回报，或者是资金，或者是服务，所以时效性较强。同时，在筹资期间，借助公众号每天实时播报筹资情况，不仅可以吸引更

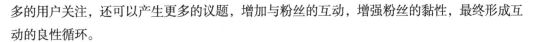

多的用户关注，还可以产生更多的议题，增加与粉丝的互动，增强粉丝的黏性，最终形成互动的良性循环。

（7）社群营销模式

社群，是一群有着共同兴趣爱好和相同价值观的群体。社群营销模式就是以社群用户为中心，展开一系列网状营销策略。例如，触电会通过公众号进行会员的招募。

（8）其他盈利模式

一般来说，公众号的盈利对象往往是其平台的用户。有些公众号的定位是增值服务提供商，而这些增值服务提供商的盈利对象却是平台的运营者。其盈利模式也有多种，比如代运营，通过为某些品牌商家账号提供代运营服务及帮助其解决营销问题获得相对应的报酬。

4.1.3 公众号运营模式

要想将公众号运营好，没有良好的运营模式无异于痴人说梦，而这种好的运营模式应该是系统的、规范的。同时，不同类型的公众号又有着不同的运营方法和特点，但不论何种类型的公众号，都不能脱离基本的运营模式，而基本的运营模式离不开以下几个环节。

（1）策划

策划是运营一个微信公众号的前提，没有策划的微信平台是不可能有内容并且受到关注的。一个微信公众平台从申请成功到信息的发布以及吸引关注都离不开好的创意与策划，这种策划并不只是简单地对发布内容进行构思和设计，更包括与该公众号相关的方方面面。举例来说，包括公众号的基本定位设定、公众号的推送时间与频率、公众号的面向受众、公众号的发展方向、通过这一公众号所期望达到的目的等。

（2）技术

微信平台运营的技术要求主要有：微信后台的基本操作，利用第三方软件的帮助对微信推送内容进行精美编辑，对绘图、制图软件、H5 的熟练掌握等。

（3）采编

采编工作包括对图片、视频、音乐等多方面的编辑整理，只有这样才能充分利用微信平台的功能优势，使其发挥出不同于寻常媒介的能力。

（4）运营

运营工作包括微信平台的基础维护、后台数据的定期整理与分析、新功能的开发应用，这三方面的工作缺一不可。

① 微信平台的基础维护。基础维护是指对内容的发布及互动等相关的保障工作。第一，是做好工作人员的安顿和保障，让具有独立运营能力的人来从事相关的运营工作，确保内容

的高质量稳定，提高工作效率。第二，是保障推送信息的质量和时效性。保持推送的频率，又不至于让平台粉丝感到厌烦，要把握好这个度。

② 后台数据的定期整理与分析。后台数据的定期整理与分析是指对浏览量、访客留言、点赞数量、关注人数等数据进行整理和分析，这对于微信平台的良好发展十分重要。

③ 新功能的开发应用。当微信开发团队推出新的开发模块时，及时申请新功能才能让自己的公众号保持常新常变。

4.2　玩转微信公众平台

玩转微信公众平台，是指对微信公众号的基本功能模块，例如，如何注册微信公众号、如何设置关键词回复、如何设置菜单栏、如何群发消息、如何创建多图文的消息、如何添加素材、如何使用公众号的统计功能等非常了解。

4.2.1　微信公众号注册

微信公众平台账号分为三类：订阅号、服务号和企业号（企业号即企业微信，为方便区分，以下均称为企业号）。近期新推出了一种新的开发能力：小程序。无论公众号的类型是什么，其主要的价值是让企业提升服务意识，为用户提供更好的服务。接下来，我们来了解一下微信公众平台的申请步骤。

（1）找到公众平台页面

方法一：百度搜索微信公众平台，单击其官网进入，如图 4-1 所示。

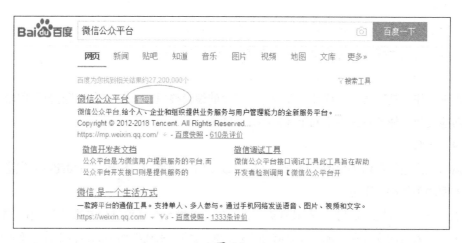

图 4-1

方法二：直接输入微信的官方网址进入。

（2）单击"立即注册"开始注册

打开图 4-2 所示的页面，单击页面右上角的"立即注册"进行注册。

图 4-2

（3）选择注册的账号类型

在这里可以选择订阅号、服务号、小程序及企业号（见图 4-3）。

图 4-3

（4）填写基本信息

填写基本信息，具体如图 4-4 所示。

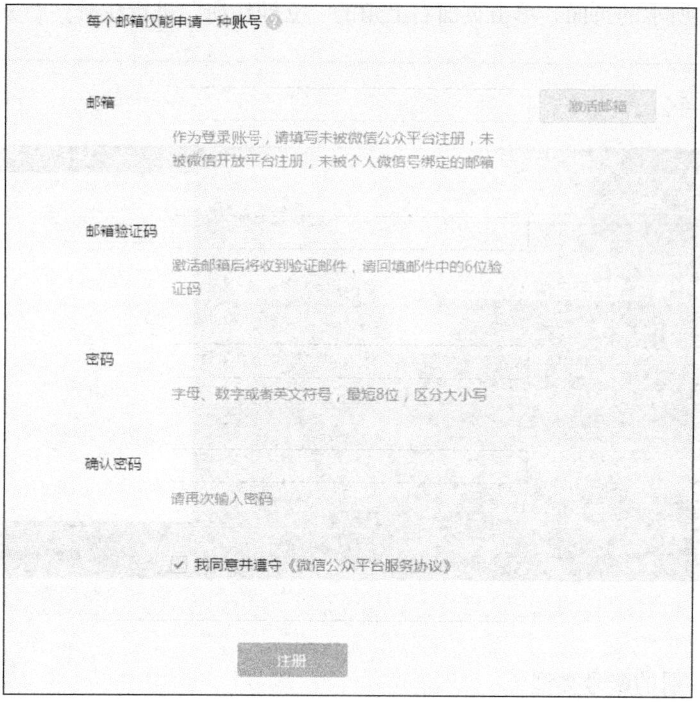

图 4-4

注意事项如下。

① 每个邮箱仅能申请一种账号（见图 4-5 和图 4-6）。

图 4-5

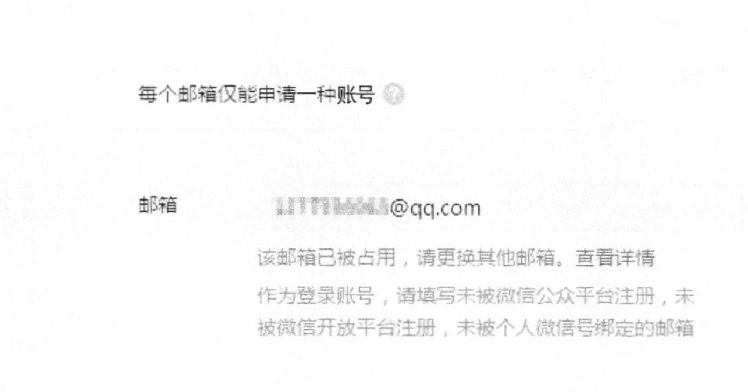

每个邮箱仅能申请一种账号

邮箱   ⬛⬛⬛⬛⬛⬛⬛@qq.com

该邮箱已被占用，请更换其他邮箱。查看详情

作为登录账号，请填写未被微信公众平台注册，未
被微信开放平台注册，未被个人微信号绑定的邮箱

图 4-6

② 作为登录账号，请填写未被微信公众平台注册，未被微信开放平台注册，未被个人微信号绑定的邮箱。

③ 密码可以是字母、数字或者英文符号，最短 8 位，区分大小写。

（5）邮箱验证码

打开邮箱，收到验证码后，输入邮箱验证码（见图 4-7）。

图 4-7

（6）选择类型

选择注册地，直接点击然后单击"确认"即可。

（7）选择账号类型

请选择账号类型，一旦成功建立账号，类型不可更改（见图4-8）。

图 4-8

当你选择某一类型单击"选择并继续"时，会弹出"选择公众号类型之后不可更改，是否继续操作"的提醒，如图4-9所示。

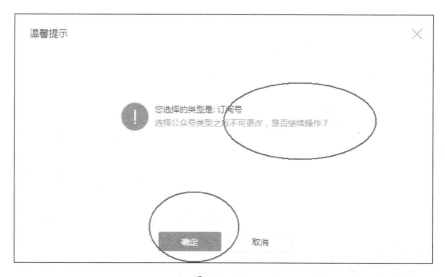

图 4-9

（8）用户信息登记

确定类型后就可以进行"用户信息登记"了，如图4-10所示。

注意：个人可注册2个账号，个体工商户、企业、其他组织可注册5个账号，政府和媒体可注册50个账号。

请确认你的微信公众号主体类型是属于政府、企业、其他组织还是个人，并请按照对应的类别进行信息登记。

图 4-10

微信公众平台注册如何选择账号主体类型

大家可以参考《组织机构代码证》上的机构类型，来选择微信公众平台注册的主体类型。

表 4-1 所示为常见说明。

表 4-1

注册选择类型	组织机构类型
个体工商户	个体户、个体工商户、个体经营
企业类型	个人独资企业、企业法人、企业非法人、非公司制企业法人、全民所有制、农民专业合作社、企业分支机构、合伙企业、其他企业
媒体类型	事业单位媒体、其他媒体、电视广播、报纸、杂志、网络媒体等
其他组织	免费类型（基金会、政府机构驻华代表处）
	社会团体（社会团体法人、社会团体分支、代表机构、其他社会团体、群众团体）
	民办非企业、学校、医院等
	其他组织 （宗教活动场所、农村村民委员会、城市居民委员会、自定义区、其他未列明的组织机构）
	事业单位（事业单位法人、事业单位分支、派出机构、部队医院、国家权力机关法人、其他事业单位）
政府单位	政府机关（国家行政机关法人、民主党派、政协组织、人民解放军、武警部队、其他机关）

温馨提示：

① 若组织机构代码证上"机构类型"为企业法人、企业非法人，请勿选择"其他组织类型"进行登记；

② 若"个体工商户"无"对公账号"，请选择"微信认证"完成注册并认证公众号；

③ 微信认证选择认证类型时，请参考以上注册类型，并根据"组织机构代码证"上显示的机构类型进行选择。

（9）公众号信息

在确定公众号类型并填写完信息之后，就到了公众号的最后一个环节——公众号信息的填写，如图 4-11 所示。

在填写完账号名称、功能介绍、运营地区之后，单击"完成"就可以提交审核，审核通过之后就可以使用了。

注意：

① 避免该名称与已有公众号名称重复；

② 目前公众号中没有改名功能，只有在微信认证中有一次提交改名的机会。

图 4-11

4.2.2　公众号取名技巧

一个好的公众号名称往往能够直接体现出账号的价值、服务、内容、行业等信息，让需要的用户快速搜索到。有时别人甚至没看过你的文章，单就因为对账号的名称好奇而关注你的公众号。但是，一个过于文艺甚至一味追求另类的账号名称，则很难让人把文章内容与账号联想到一块儿，久而久之就会对公众号失去兴趣。

用户在接触一个新的公众号时，倾向于通过其名称来判断此公众号对自己是否有用。因此，公众号的名称充当了公众号门面的角色，所以，起一个准确且有趣的公众号名称是确保公众号后续良好发展的重要前提。

公众号的名称是用户搜索公众号以及推送信息时看到的关键信息，所以名称必须是用户认可度高的词汇。例如，CHANEL 的公众号名称是香奈儿 CHANEL。另外，也可以开通两个公众号，分别以英文名称和中文名称各运营一个公众号。

公众号的名称应尽量体现以下特点。

（1）人格化

人们对一个微信公众号的阅读，实际上就是对一个人的阅读，从中看到的是传播者的思想和品质。一个真正的品牌就像一个人，有着自己独特的形象和内涵。任何一种媒体，不管是传统媒体，还是自媒体，塑造的都是一个品牌，同样具有人格化的特征。

（2）趣味化

商家可以给自己起一个卖萌（网络用语，指故意做可爱状，打动别人）的微信昵称，比如康宝莱的微信公众号是"小康康"，这样的名称采用卖萌营销的策略，更加接地气的昵称使客户与企业走得更近。

目前有不少微信公众号基本以企业、品牌名为名称，容易造成一种刻板的印象，给用户带来的感觉就是很官方，激发不了用户关注公众号的兴趣。

公众号取名的常见方法如下。

（1）直呼其名法

直呼其名法即直接以企业名称或者服务、产品名称作为微信公众号的名称，比如"广发银行""雅戈尔""七匹狼"。

（2）功能实用法

功能实用法即将公众号的用途和服务通过名称展现出来，比如"美食工坊"，用途就是推介美食；"网络营销助手"，用途就是提供网络营销资讯。

（3）形象取名法

形象取名法是将企业形象化或者将服务产品形象化的一种方法，即把具体的事物或者抽象的事物通过拟人、比喻等手法形象化地表达出来。

（4）垂直行业领域取名法

通常的取名方式就是行业名加用途，比如"微法律""豆瓣同城""百度电影"等。

（5）提问式取名法

提问式取名法以提问的方式取名，引起用户的兴趣，比如"今晚看啥"。

（6）另类取名法

另类取名一般都是奔着新鲜、好玩、有趣的方向去的，只要是这些，你都可以考虑，比如"冷笑话精选"。

（7）百科取名法

百科这个范围比较广，也为人熟悉，所以不少公众号取名总围绕着它进行，比如"时尚生活小百科"等。

（8）其他取名法

其他取名法即从生活、地区等一些身边比较熟悉的角度着手。也可以参考百度指数，根据人们对某个事情或者问题的关注度来进行公众号的取名。

微信公众号取名是一门很深的学问，每个企业在策划账号名称的时候都要根据实际情况

来考虑，而且关键在于有趣、实用，且跟企业有关联。

以上就是微信公众号中最常见的几种取名方法，然而公众号取名也是有忌讳的。

（1）切勿使用生疏、冷僻词汇

微信属于封闭的模式，用户除了通过分享和网站推荐以及线下推广关注公众平台外，还喜欢通过搜索关注公众号，如果你的词汇过于生疏、冷僻，那很少会有人能搜索到，也很少会有人记得住。比如益然夕拾、竿闯盎窖 isdn、微雨拂葭、栝萎根等。除非你已经做成品牌，或者是你的内容非常精彩、转发率非常高，否则是很难被用户搜索关注到的。

（2）切勿使用宽泛词汇

切勿使用大量的群体词汇做名字，宽泛的词汇不但让你的平台显得不够专业，还无法准确锁定客户。例如，你将"美食"作为地方饮食类公众号的名字，显然没有以"西安美食"为名称要好。

（3）切忌名不副实

名不副实的公众号的特点就是文章内容与名称不相符合，比如一个叫汽车资讯的公众号却经常发娱乐资讯、搞笑幽默的内容，一个叫萌娃成长的公众号却发些职场鸡汤与数码科技类的文章。

对于公众号的描述最好结合百度指数，查找搜索度较高的词汇，要符合网友的搜索习惯。比如你的客户群体是上海的美食客，取名"美食"显然不仅针对人群过于宽泛，在整个美食的微信公众号排名中也很难脱颖而出，即便订阅你的公众号的用户也未必是你的目标对象。而选用"上海美食"则不仅锁定了客户群体，也缩小了竞争对手数量，可谓一举两得。

4.2.3　微信号取名技巧

公众号的名字下面会有一个微信号（见图4-12），那么这个微信号取名时需要注意哪些呢？

（1）简单好记

微信号是唯一的，也就是说如果你喜欢的号被他人抢注了，你一点办法也没有。微信号通常以企业网址、企业名称、品牌名、QQ 号等为人熟知的英文字母或好记的数字为佳。提醒一下，注册公众微信宜早不宜迟，好的微信号被人抢注你就追悔莫及了。

（2）不能太短或者太长

例如，一家上海的普通鲁菜餐厅，一定不能起名"美味"或者"鲁菜美味"这样的名字，这样的名字，第一没有特点，第二太过于宽泛没有针对性，对于微信的搜索引擎来说，这样的名字，关键词排名一定会靠后。名字也不能起得太长，最佳的名字长度为6~8 个汉字。

4.2.4　微信公众号图标设置技巧

好看的图标（Logo）很容易将人吸引过来，但是公众号的 Logo 界面显示区域只有一厘米的大小，这就要求 Logo 清晰、醒目、易识别。

大家在设置图标时可以参考以下几点建议。

（1）巧用商标

商家所用图标如能表达出自己的经营范围或经营特点，就是一个好的图标（见图 4-13）。一些商家的商标本身就经过了精心设计，醒目美观，因此可以直接将商标用作图标。例如，乔丹服饰的商标就很醒目，许多人都认识那个带有乔丹经典动作的商标，商家就可以将其直接作为公众号的图标。

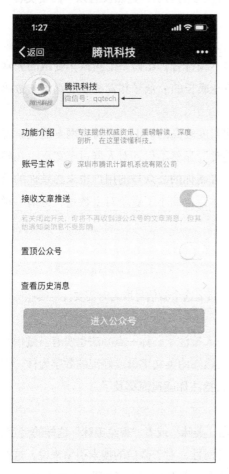

图 4-12

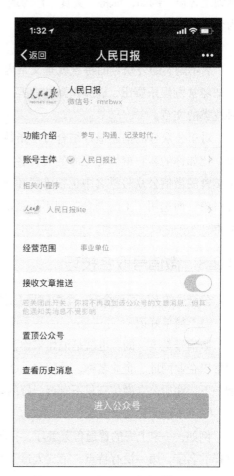

图 4-13

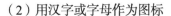

（2）用汉字或字母作为图标

汉字具有丰富的文化内涵，商家可以用特定的汉字作为图标，以吸引人们的注意。一位国学老师的公众号的图标，是用篆书书写的"大象无形"，看上去就很有文化底蕴，而且与其身份相得益彰。还有人用自己名字的大写字母作为图标，这也是很容易被人记住的一个方法。

（3）用简单图案作为图标

图案虽简单，但是表达的内涵却不少，如果能够将其与自己的经营联系起来，也是很不错的图标方案。例如，百度的图案很简单，但是里面包含的信息量极大，而且图案和百度这个名字也很相符。

（4）图标禁忌

在微信中，总有人为了吸引眼球而采用一些庸俗或低劣的图标。例如，有些人用性感美女的海报作为图标。这可能会让人觉得该公众号的主人道德素质不高，从而取消关注该公众号。

4.2.5　公众号的功能介绍描述技巧

每一个公众号里面，都会有一项是关于本公众号的介绍，也即"功能介绍"（见图4-14），用户对该公众号的功能介绍都会比较重视。在填写公众号的功能介绍时，通常要求其描述具体详细。

关于功能介绍的描述应该遵循两大原则：

① 吸引力；

② 辨识度。

此外，微信公众号的功能介绍应尽可能追求"一句话"原则，即受众可以用一句话表达该公众号的主要内容。

通常公众号的功能介绍，主要有三种表现形式。

第一，直接说明型，即直接说明公众号是用来做什么的。

第二，主体重复型。该类公众号并未对自身的功能进行介绍，而只是将账号主体或主办单位进行重复说明，如北京大学对外汉语教育学院的公众号，其功能介绍一栏只是填写了该学院的中英文名称。

第三，口号目标型。如孔子学院总部的公众号的功能介绍直接表示"欢迎来到孔子学院"。

总体而言，个人类公众号对功能介绍比较重视，描述具体详细，而一些高校类公众号则对此着墨不多。但新用户关注某公众号时，一般也会注意其功能定位，因此我们不可小觑公众号的功能介绍。

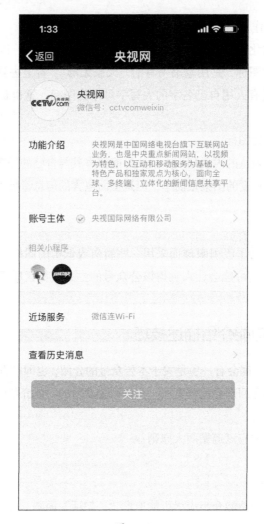

图 4-14

4.2.6 公众号搜索排名技巧

对于微信公众号的搜索，一般分为两种，一种是微信公众号的品牌名搜索，另一种是文章的搜索，主要就是一些大众词的搜索。在公众号的搜索这里，大家应该重点关注以下两方面的内容。

（1）连公众号的品牌名都搜索不到

有的新注册的公众号，注册下来了，然后你马上就登录自己的微信搜索该公众号的名称，可是搜索不到，其实这个也很好解释：因为你的资料不全。而且刚注册下来，还没有被微信的搜索引擎收录。所以，你要做的就是尽可能地完善你的资料。

微信公众号注册下来后，你第一步应该做的是设置自己的图标（也即头像）、微信号、功能介绍，同时最好绑定和自己微信公众号同名的微博（如果有的话）。

如果顺利的话，当天你就可以在微信搜索栏搜索到自己的公众号（搜索自己公众号的名字）；慢的，半个月之内也可以搜索到（新注册的公众号，权重比较小，被搜索引擎收录可能慢一点）（见图4-15）。

图 4-15

（2）公众号搜索排名规则

对于微信文章的搜索，用户大多数用的都是大众词，所谓大众词，就是相对于品牌词来说比较大众化的词，比如"女装、减肥、网站建设"等，这些词谁都可以用，只要在前边加个修饰（或者不加），就可以将其作为自己的公众号名称。但是如果你的微信公众号或者微信文章的标题属于大众词的话，那搜索排名的规则就不是这么简单的关键词匹配来排序了。这个就跟 SEO 网站里面的 title 标签作用一样，肯定是完全匹配优先，短语匹配或者广泛匹配的排名会比较差。

专　　栏

影响微信公众号排名的因素

下面我们就为大家列出影响微信公众号排名的 7 大因素。

（1）关键词匹配

一般来说，匹配越好排名也就越高，所以，你的微信公众号名称最好包含关键词，而且关键词在名称里的位置越靠前越好。

（2）微信认证

认证的公众号比不认证的公众号权重高，认证的服务号比认证的订阅号权重高。

（3）粉丝活跃度、阅读量和阅读率的高低

不仅是粉丝数，粉丝活跃度、阅读量和阅读率也会影响到公众号的权重，所以大家在运营公众号时，不但要注意增加粉丝数，还要多创作质量高的文章，多和粉丝互动，这些数据也往往反映了公众号的质量，微信肯定是要扶持有高质量内容的公众号。同样情况下，粉丝互动非常好的公众号排名也会更靠前。

（4）注册时间

根据经验，笔者认为注册时间早的公众号要比注册时间晚的公众号排名靠前。

（5）粉丝增量

粉丝增长越快公众号的权重越高，在微信里，没有数字游戏，只有实实在在的影响力。

（6）功能介绍

功能介绍中如果含有关键词，公众号也会更容易被搜索到，虽然对热门词影响较小，但是如果是冷门词，还是会有一定的影响。

（7）推送频率

推送频率高的公众号权重也高，公众号原本就是要推送内容的，如果长期不推送、无互

动，必然会被以僵尸号处理，所以大家一定要制定好微信公众号的运营策略。

以上所列的每个影响公众号排名的因素都是相辅相成的，做好其中的一个，可能也会影响到其他因素，所以，在微信公众号的运营过程中，公众号排名或许也会被列入 KPI 指标。

4.2.7　微信公众号的功能

微信公众号的功能主要有以下几种。

（1）首页

首页会显示用户的新消息和新订阅人数的提醒（见图 4-16）。下方的图表会显示账号订阅人数和消息数的每日变化情况。

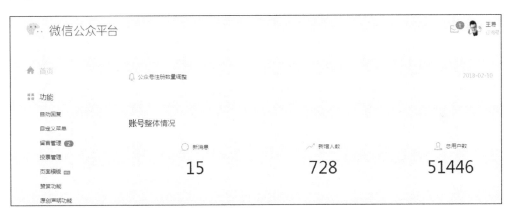

图 4-16

（2）设置

账号用户可以设置账号的名称、头像、地区、介绍等信息。然后账号自动生成特有的二维码。

（3）实时消息

订阅用户发送的消息，可以及时传达到账号上，以便账号用户及时回复，增加与粉丝的互动，账号用户也可以设置关键词自动回复。总之，实时消息有利于账号用户即时与粉丝对话，点对点地进行营销推广。

（4）群发消息

商家可以通过账号向所有已经关注该账号的粉丝群发消息，消息可以以软文、图片、语音、视频等多种形式呈现给"群发对象"，商家也可以通过选择不同分组来实现更精准的消息推送。

（5）高级功能

微信公众号有两种高级功能设置，一种是"编辑模式"，运营主体通过该功能可以自行设置关键词自定义回复。另一种是"开发模式"，运营主体利用该功能进行用户咨询分析，通过分析用户的关注点来向用户进行定制化的消息回复。

此外，关于公众号管理类的内容主要有以下几种。

（1）消息管理

消息管理是公众号最重要的部分，这里直接反映公众号的活跃度。在此界面里，运营主体能看到用户发送过来的实时消息，可以在此与之互动（见图 4-17）。这里可以看到最近五天、今天、昨天、前天的消息，还有星标消息。

图 4-17

（2）用户管理

用户管理界面会显示订阅平台的人数，运营主体通过新建分组，可以对用户进行不同类型的分组管理（见图 4-18）。这样在群发消息时，有利于精准推送。

图 4-18

黑名单：如果用户处于黑名单内，公众号将不接收此订阅用户发送的消息。但是订阅用户仍然可以接收公众号的消息。

新建标签：运营主体可以根据需要设置不同的标签。

（3）素材管理

需要编辑的图片、语音、视频等都可以放到素材库里，以便备用（见图4-19）。

图 4-19

4.2.8 微信公众平台管理方法

根据微信公众平台的使用主体，我们可以将公众号分为三大类别。

（1）个人使用类

个人注册公众号，可以在公众号上发自己的经历、心情、写的文章之类的，形成自己的一个生活圈子。

（2）团体组织使用类

现在很多团体组织利用公众号来宣传自己，他们充分利用公众平台的功能：①群发消息；②被动回复消息；③客服消息；④模板消息来扩大自己的涉及面以及影响力。

（3）企业使用类

企业使用公众号的用途主要有以下几个。

① 用来提供售前与售后的服务，使客户更好地了解产品。增强客户服务体验，提高客户美誉度和满意度。

② 用来和客户进行实时的沟通互动，从而增加客户的满意度，提高客户的均单价和购买频次，并且让客户彼此讨论交流，分享消费心得。同时商家也可以开展品牌活动、促销活动，以此深化品牌推广效果和口碑效果。通过推送产品信息，提高宣传广度。

③ 把公众号当作内部联通工具使用。微信公众号也可以实现商家与商家之间的沟通，大家互相了解，彼此学习，从而达到互利共赢。

④ 增粉，在微信公众号里，商家借助视频、语音、文字等方式来宣传推广产品，吸引更多的用户。

有关微信平台的管理不能一概而论，不同形式的公众号有着不尽相同的管理模式，但总体来看大约可以分为以下几种。

（1）以企事业单位为代表的官方公众号的管理

以学校、机关等企事业单位为代表的官方公众号在微信公众号中占有很大的比例，这类公众号都有一个相同的特点，即以服务号作为自身定位，因此在管理上可以从基础事业单位的管理模式中寻找经验。有宣传能力或相关经验的员工通过学习后即可上岗完成工作，由于此类公众号的工作量不大，运营工作可由几人甚至一人来完成，而这类公众号对于创意等要求不高，因此管理时可循普通事业单位的员工管理模式。

（2）以营利性企业为代表的公众号的管理

以营利为目的的微信公众号的工作要求远高于服务型公众号，只有公众号的内容足够吸引人的眼球，才能得到更多的浏览量，进而达到营利的目的。这样的公众号所需要的就不仅是能够完成固定频率工作的员工，而是需要一个优秀的团队。对于企业而言，只要做好团队领头人的管理工作，就完成了整体工作的一半，这个团队要包含采编、技术、策划、运营的人才，更需要一个能统筹全局并且了解微信公众平台全部工作的负责人。对于这种团队的管理，可以遵循私人企业或外资企业对于广告部门的管理模式。

（3）个人自媒体公众号的管理

这类公众号最大的特点是个性的体现，这类公众号的管理就不再是对员工的管理，而是一种自我管理，但是当此类公众号发展至一定程度后必然会形成团队进而形成营利，这时这类公众号就开始逐渐转变为第二类公众号，管理模式也自然应该进行转变。

专　栏

微信公众号的三种类型介绍及其选择技巧

微信公众号有订阅号、服务号、企业号三种类型，它们在功能及特点上有诸多区别。

（1）订阅号

订阅号面向媒体、企业、个人提供信息，具有信息发布与传播的能力，主要为用户传递资讯。你可以简单地把订阅号理解为一份微型的报纸、杂志，因为它的功能类似报纸、杂志，即提供新闻信息或娱乐趣事。对企业而言，企业订阅号主要为用户提供信息和资讯服务，推送企业信息、发展动态，进行企业文化、品牌的宣传推广，借此提高品牌的知名度、美誉度和影响力。订阅号在展示企业文化方面，主要通过软文的形式进行间接传递。

订阅号适合于个人、媒体、企业、政府或其他组织注册使用。

订阅号的特点如下。

① 每天（24 小时内）可以发送 1 条群发消息。

② 在订阅用户（粉丝）的通信录中，订阅号将被放入订阅号文件夹中。

③ 发给订阅用户（粉丝）的消息，将会显示在对方的"订阅号"文件夹中。用户点击两次才可以打开。

④ 订阅号在获得微信认证后也可以申请自定义菜单。

（2）服务号

服务号主要面向企业和组织，提供强大的业务服务与用户管理能力，主要偏向服务类交互（功能类似 12315、114、银行，提供绑定信息，服务交互）。企业可通过微信获取用户的基本信息、位置，服务号可根据企业需求提供多级菜单服务，帮助企业迅速建立基于微信的公众服务平台。服务号通常既注重企业的营销推广，又提供便捷的用户服务功能，营销、服务功能有机融合、渗透，真正实现了新媒体平台上企业与用户的直接对话。

服务号适合于媒体、企业、政府及其他组织。

服务号的特点如下。

① 1 个月（30 天）内仅可以发送 4 条群发消息。

② 发给订阅用户（粉丝）的消息，会显示在一级页面（对方的聊天列表）中。

③ 服务号会出现在订阅用户（粉丝）的通信录中。通信录中有一个服务号的文件夹，点开可以查看所有服务号。

④ 服务号可申请自定义菜单。

（3）企业号

企业号主要是为了实现企业内部的高效沟通，它具有实现企业内部沟通与内部协同管理的能力，可以帮助企业实现业务及管理的互联网化，可以高效地帮助政府、企业及组织构建自己独有的生态系统，随时随地地连接员工、上下游合作伙伴及内部系统和应用。

只有企业内部用户才能关注该企业号，企业号发送的信息数量几乎不受限制。

在企业文化建设方面，企业号可作为企业向内部员工传递企业动态、组织召集员工活动、培训、考核等工作的便捷平台，非常利于增强企业员工的归属感，形成员工与企业的良性互动，提高整体凝聚力。同时，企业号可有效简化管理流程，提高信息沟通的效率，对企业文化的创建与优化发展具有重要意义。以九阳公司为例，九阳公司将内部员工、客服人员、维修工程师、经销商以及销售门店的导购员都整合到其企业号中，并用微信红包激励直接服务用户的导购员，全面提升了服务的品质和对员工的激励、管理能力。企业号适合企业客户注册。

（4）订阅号或服务号选择小技巧

订阅号是我们最常见的微信公众号，具有最基本的功能，发文次数不受限制；而企业号是在订阅号的基础上专门为企业实现品牌推广、消息发布而设立的，是为了方便客户与员工；微信公众平台上的订阅号与服务号其实与传统媒体的报纸、杂志并无二致，用户只需扫描二维码或搜索微信公众平台其名称，添加关注即可阅读里面的文章。

微信官方给出的账号类型选择建议有：如果想简单地发送消息，达到宣传效果，建议选择订阅号；如果想进行产品销售，进行产品售卖，建议申请服务号；如果想用来管理企业内部员工、团队，对内使用，可申请企业号；订阅号通过微信认证资质审核后有一次升级为服务号的机会，升级成功后类型不可再变；服务号不可变更成订阅号。

从运营主体上区分服务号与订阅号的话，具体如表4-2所示。

表4-2

	运营主体	侧重点
服务号	主要是企业、媒体、政府等组织机构	偏向于为用户提供服务
订阅号	除组织外，还包括个人	偏向于为用户提供信息与资讯

服务号、订阅号，两种类型的公众号营销方法不尽相同。服务号每个月可发送4条消息给订阅用户，虽然次数不多，但推送的消息会直接显示在微信的首页，及时提醒用户，提高消息曝光率；运营主体可以申请自定义菜单，通过开发自定义菜单为订阅用户提供更好的便捷服务。订阅号每天都可以推送1条消息，但是消息会被放入订阅用户的订阅号文件夹中；订阅号也可以开发自定义菜单，只是无法像服务号一样获得高级接口中的所有接口权限，但还是有较好的营销效果。

虽然微信公众平台有三种不同类型的账号，但是目前使用最多的是服务号和订阅号。每种账号都有自己的适用范围和功能，所以企业在搭建公众号时要根据账号的类型投入不同的资源。订阅号的核心工作内容是日常的内容运营和运营数据分析，通常是企业自己运营，主要投入在内容策划及编辑团队方面，主要是为用户提供信息和资讯。而服务号则是为用户提供服务的账号。企业要正确认识微信公众平台不同账号营销的作用，根据自己的现状和要求选择适合自己的账号类型，搭建自己的公众号平台。

4.2.9　微信公众号首次关注欢迎语的设置

微信公众号的欢迎语是该公众号与用户的第一次交流，直接就给出了第一印象。欢迎语写得好，在用户脑海中会留下深刻印象，写得差，用户不知你为何物。所以写好欢迎语，对一个成熟的微信公众号来说至关重要。

那么微信公众号的首次关注欢迎语应该怎么写呢?

(1)注重礼貌用语

当用户关注你的公众号后,你应当第一时间礼貌地和用户打招呼,或者对其表示感谢,这能很好地获得用户的好感。而且,礼貌用语应始终贯穿于整段欢迎语中,不只是为了客气,而是让用户有被尊重的感觉,更重要的是让用户觉得他面对的是一个人,而不是冷冰冰的机器。很显然用户如果产生这样的好感,必然会对公众号产生兴趣。

(2)凸显账号的定位及作用

这一点其实和公众号的功能介绍相似,用最简洁的文字告诉新关注的用户,这个公众号是干什么的,定位是什么,介绍公众号有什么作用,关注之后他会得到什么。把这些说清楚,用户将很快了解该公众号,对其保持持续关注。

(3)帮助用户解决问题

要想自己的微信公众号越来越有价值,一定要帮助用户解决他们急需解决的问题。可以在欢迎语里设置一段话,比如"如果您有什么问题,可以××××××"。这么做的目的是,当用户有问题需要解决的时候,我们主动提供方法,引导用户更快地处理问题。

(4)告诉用户下一步可以做什么

每一位用户关注我们的公众号后,我们都必须告诉他接下来可以做什么,这个很重要。用户进入微信公众号,他一定想了解更多信息或有价值的东西,这时我们就要明确地告诉用户,通过什么方式,可以获得更多信息。

(5)合理利用关键词自动回复功能

用户回复一个数字或关键词就能查看公众号特设的内容,这一功能是很多公众号都在用的,这可以很快地就让新用户行动起来,并快速地了解公众号,减少了很多步骤。比如对于公众号里一些特色的文章或目录或产品,用户就可以直接回复关键词查看。

案 例

那些优秀的公众号欢迎语

(1)e袋洗

e袋洗的关注欢迎语是一条图文信息(见图4-20),头条(即第一条)是近期的优惠活动,周六免费洗衣并且还送iPhone6,如此优惠力度,足以吸引新用户下单体验。

第二条是招聘送衣服的兼职人员，年收入 10 万元则是吸引新用户加入 e 袋洗的噱头。

第三条向新用户介绍了 e 袋洗的服务内容和注意事项，让新用户对 e 袋洗有初步了解。

第四条指导用户如何下单，引导用户消费。总之，e 袋洗的欢迎语，条理清晰，实用性极强。

（2）杜蕾斯

杜蕾斯一直以玩噱头、胆子大闻名，运营团队更是重视和用户的互动体验。欢迎语中（见图 4-21），引导用户向杜杜提问羞羞问题，这解决了很多新用户的需求，加深了新用户和杜杜的互动。

富有探索精神的新用户，回复"姿势"，杜杜还可以当场教学，这样的体验，足以让新用户大呼过瘾。不愧是杜蕾斯，又贴心又大胆。

图 4-20

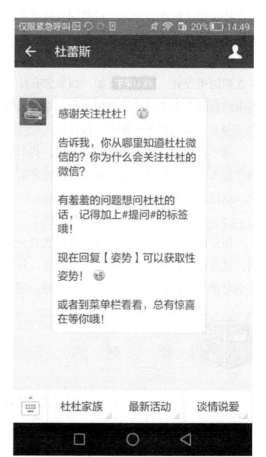

图 4-21

（3）7天连锁酒店（铂涛会旗下品牌之一）

7天连锁酒店，全国连锁酒店知名品牌，其欢迎语内容如下（见图4-22）。

第一条，住酒店领牛奶（真的好贴心）。

第二条，签到5天可以抽奖（增加用户黏性）。

第三条，领代金券（刺激用户下单消费）。

第四条，新会员还能获取77元法宝（激励新用户用优惠价格完成首次体验）。

页面简洁且全是优惠，你看到后，不会心动吗？

（4）飞碟说

飞碟说，原创型自媒体，以视频化科普解说为主。飞碟说的欢迎语（见图 4-23），让新用户对其所有节目一目了然，用户可以选择自己喜欢的点击播放。简洁明了，非常实用。

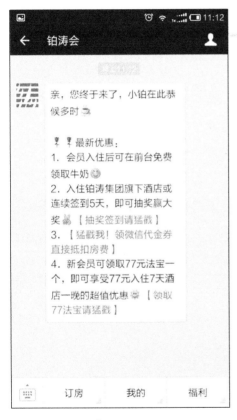

图 4-22

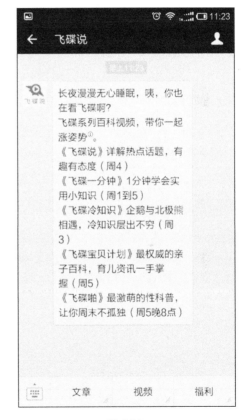

图 4-23

---

① 网络用语，"长知识"的谐音，意喻让人长长见识了，开眼界了。

（5）罗辑思维

罗辑思维的欢迎语（见图4-24）首先向用户介绍了自己的基本内容，每天一条语音一篇文章。

新用户回复"语音"，即可马上听到罗胖（即罗振宇）的语音，完成第一次体验。

（6）BLUES

BLUES的欢迎语没有任何废话，介绍完自己的履历，上来就是干货（见图4-25）。回复目录看文章，回复数字看文章，回复关键词还是看文章。

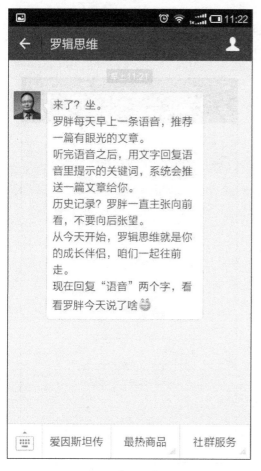

图 4-24

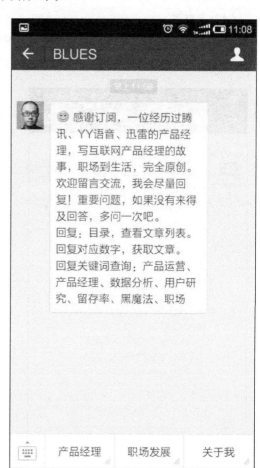

图 4-25

（7）创意文字坊

创意文字坊的欢迎语和它每天发的文章一样个性十足（见图 4-26）。首先几句话向新用户介绍了此号是发文案的。接着还向用户表明了自己的立场，"我不打算迎合您的三观，但我保证提供有趣的阅读体验"。

（8）插坐学院

插坐学院欢迎语第一条，向用户介绍了插坐学院是专注培养实操型互联网人才的公司，让用户对插坐学院有一个大概了解。第二条引导用户点进去报名，促进营销活动。第三条，回复"插"，用户可以了解插坐学院的品牌起源。第四条，回复"加入"，让用户找到当地的插坐组织，与其他小伙伴迅速会合。最后一条，你想看什么内容，说出来，插坐君好生伺候着（见图4-27）。

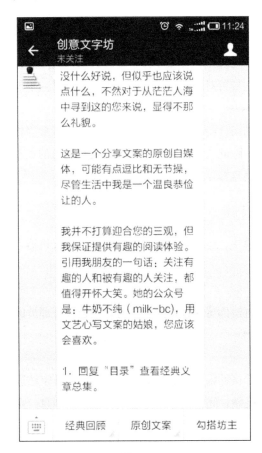

图 4-26

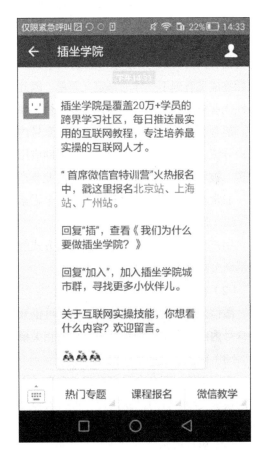

图 4-27

4.3 公众号开发技巧

良好的用户体验是品牌互动的制胜法宝。微信公众号通过应用程序接口拓展出强大的功能，可以和经营性网站的功能模块直接接驳。很多互联网企业的下单、评价、查询等功能都可以通过应用程序接口（API）来完成。新推出的微信小程序，也将应用场景进一步扩大。这类功能的运用能极大地提升用户体验。例如，校园一卡通充值服务、图书馆书目借阅等功能，都通过更好的服务，促使更多的用户关注学校的微信公众平台，如上海交通大学微信公众号可以查询校车和校园巴士的运营时间等。

下面，我们详细地为大家介绍一下公众号一些功能的开发技巧。

4.3.1 公众号菜单设置开发技巧

根据微信公众平台技术文档（以下简称：官方文档）说明，公众号主要是通过公众号消息会话和内网页来为用户提供服务的。开发者可以通过个性化菜单接口，让公众号的不同用户标签成员看到不一样的自定义菜单。因此，公众号可对具有不同权限的管理员和挑选不同个性化服务的普通用户分类并创建个性化菜单。

通常在菜单开发中，主要考虑公众号内网页的设计与实现，将公众号消息会话服务当作用户分流、即时客服、告知消息等辅助应用导向。除此之外，通过菜单还可进行消息的主动推送、被动回复、客服咨询，网页内业务产生的消息提示也可在此进行及时反馈。

通常在进行菜单设置时要考虑四个因素。

（1）用户分流

用户可通过点击菜单或消息询问方式触发该模块，运营主体也可引入第三方聊天机器人以活跃公众号。

（2）在线客服

微信公众平台提供了客服平台，可供开发者直接部署实体客服。同时，在超级管理员的公众号内网页中也可配置客服管理的相关模块。

（3）模板消息和客服消息

官方文档对于公众号主动推送消息的方式有严格的限制，而模板消息仅适用于被审核通过的模板类型。针对活跃用户，可引入客服消息机制，间接向用户推送多种类型的消息，可使消息会话和内网页模块互相联动。

（4）栏目设置

如果公众号只是有一个单纯的定位，那么实际运营起来的话，内容可能会很杂乱，这时候就得讲究栏目建设。你的微信其实就和电视台一样，粉丝就是观众，你也应该建设一些好玩的栏目去迎合观众。栏目的建设重在独特新奇以及可持续性。一方面，你的类目要和你的定位高度相关，另一方面，你的栏目不能太俗套，但是又必须有持续性。

案　　例

顺丰速运公众号与海底捞火锅公众号的设置

顺丰速运公众号对此就进行了有效的尝试和运营。顺丰速运公众号属于服务号，是顺丰控股（集团）股份有限公司为客户提供的微信服务平台，顺丰控股可通过服务号向客户提供实时快递状态查询服务，发布各类营销性质的会员福利广告、软文；客户可通过顺丰速运公众号，预约快递员上门取件、自寄、查询快递状态、管理地址簿、支付快递费、申请发票、发表投诉建议等。

与顺丰的营销服务不同，海底捞火锅作为餐饮服务企业，其公众服务号主要提供了包括排号、订餐、外卖、门店、客服等便捷就餐服务，还为客户提供订单管理、积分及抽奖等服务，这正彰显了海底捞企业文化中"追求客户与员工满意度，而不仅仅是利润"的服务理念，公众号充分提高了企业服务客户的便捷性与服务品质。同时，其具有销售性质的底料售卖区，则隐藏在"更多"菜单下面，需要客户自行点击查阅，绝不过度骚扰客户。

企业在打造微信公众平台时，功能设置上应该多样化，以满足用户互动、社交等多种个性化需求。

通过查阅，我们发现各个传统媒体的微信公众平台在栏目设置和个性化功能开发这两个方面存在着较大的差异，自由发挥的空间很大。大多数用户在使用传统媒体的微信公众平台时，不只是阅读文章，他们对于公众平台的其他功能也十分重视。例如，《扬子晚报》通过语音形式播报每日气象，通过设置微互动栏目与受众进行各种形式的互动，使其在传统纸质微信平台中独树一帜。因此，传统媒体在打造微信公众平台时应果敢地进行技术创新，开发多种功能以满足用户的个性化需求，使传统媒体在微信平台上取得更好的传播效果。

4.3.2　自定义菜单使用说明

（1）自定义菜单介绍

公众号可以在会话界面底部设置自定义菜单，菜单项可按需设定，并可为其设置响应动作。用户可以通过点击菜单项，收到你设定的响应，如收取消息、跳转链接等。

（2）自定义菜单开通方法（见图4-28）

进入微信公众平台→功能→自定义菜单→开启即可。

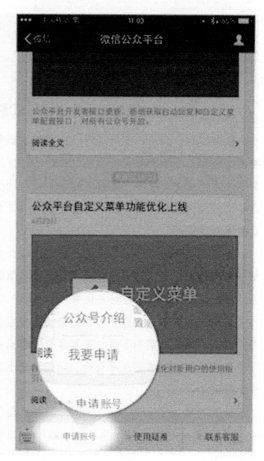

图 4-28

（3）微信公众平台自定义菜单设置方法

进入微信公众平台→功能→自定义菜单→添加菜单→点击"+"添加子菜单→设置动作→发布。

① 最多创建 3 个一级菜单，一级菜单的名称不多于 4 个汉字或 8 个字母。

② 每个一级菜单下的子菜单最多可创建 5 个，子菜单名称不多于 8 个汉字或 16 个字母。

③ 在子菜单下可设置动作。

发送信息：可发送的信息类型包括文字、图片、语音、视频等。但未认证的订阅号暂时不支持文字类型。

跳转到网页：所有公众号均可在自定义菜单中直接选择素材库中的图文消息作为跳转到网页的对象。在认证的订阅号和服务号中还可直接输入网址。

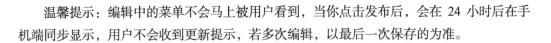

温馨提示：编辑中的菜单不会马上被用户看到，当你点击发布后，会在 24 小时后在手机端同步显示，用户不会收到更新提示，若多次编辑，以最后一次保存的为准。

4.3.3 自动回复设置

单纯推送图文给用户并不是微信的独特之处，大家利用"自动回复设置"可以设计出一个目录导航模式，以极小的频率向用户发送"单图文信息"，笔者建议这个"单图文信息"目录导航只以文字形式推送，一级目录设计 4～10 项选择，引导用户根据想了解的信息发送指令（这个指令就是事先设定好的全匹配关键词，不用匹配而要用全匹配是为了防止回复的内容错误），用户发送完指令后立刻就能获得与之匹配的回复内容。这种模式目前颇受微信用户欢迎，会使其在心理上有一定的自主选择权，利于用户保持较长的兴趣。你甚至可以进行深度的多目录设计，给用户更多选择，笔者建议大家至少每周更新一次全部目录与内容。

设置目录导航模式时有一个非常重要的技巧，就是一定要让用户输入的指令最简单化，数字、单个字母都是不错的选择，最好不要设置多个汉字让用户去拼音打字（毕竟用手机打字不如计算机灵活，有的用户正是因为不喜欢输入汉字才爱上微信的语音功能的），越简单越能抓住用户互动的积极性。此外，目录排版一定要工整，让用户一目了然。

下面我们具体说一下自动回复设置，自动回复分为 3 类。

第一类是被添加自动回复，是指用户关注公众号后（即该账号被用户添加后），公众号对用户的关注动作的自动回复，可将文字、语音、图片、视频设置为被添加的自动回复内容。

第二类是消息自动回复，是在用户给你发送微信消息时，账号自动回复设置好的文字、语音、图片、视频给用户。需要注意的是，这个回复比较单一。也就是说用户发送任何信息，都会收到同样的内容，所以该功能使用较少。

第三类是关键词自动回复，即利用微信的智能语音识别用户的关键词信息，推送与之相关联的信息给用户。

对于以上 3 类自动回复，我们要进行不同的设置。

（1）被添加自动回复

当用户添加对该公众号的关注时，自动回复的文字可以是产品介绍，也可以是该账号的特色，甚至是一些卖萌搞笑的文字、图片、语音和视频。被添加自动回复是现在用得比较多的设置，内容上以文字为主，不过适当地增加图片信息甚至是语音信息，会给用户带来更好的体验。

（2）消息自动回复

不管对方发来什么信息，公众号都会自动回复设置好的内容，这种方式比较适合一些繁忙的公众号，内容可以是"不好意思，咨询的人太多，请稍等片刻"之类的用于"拖延时间"的文字、图片。如果你的微信公众号设计了菜单，那么自动回复的内容也可以是引导用户自助操作的文字，如"单击下方××按钮，可以收到最新产品"。当我们没法为用户服务时，至少要给其一个解决方案，如"上班时间是 9:00—18:00，请您稍后再来"，或者在自动回复中留下自己的微信号或 QQ 号，这样个人就可以 24 小时为用户服务了。

（3）关键词自动回复

相比于前面两者，关键词自动回复的设计更复杂一些，但相应的，它也更智能化，给用户的引导和体验也更好一些。

关键词自动回复就像智能机器人，后台设计好关键词后，用户只需要输入关键词，就能得到与之对应的内容，这也有点像"康熙字典"，查询某个词，就能知道它的意思。例如，当用户给微信公众号王易（公众号名称）发送一条带有关键词"王易"的文字时，该账号会自动回复一条事先设定好的信息给对方。我们可以在一些活动或者产品介绍的地方多使用关键词自动回复，加大企业的营销力度。

提示：关键词自动回复的设置规则上限为 200 条（每条规则名，最多可设置 60 个汉字），每条规则内最多设置 10 个关键词（每个关键词，最多可设置 30 个汉字）、5 条回复（每条回复，最多可设置 300 个汉字）。

所有的回复中，建议大家尽量在图文最后，给出一些其他产品的链接导引，这些产品与当前产品有相关性，这样用户也许能购买更多的产品。

4.3.4 文字植入超链接设置

公众号被用户添加关注后，关于自动回复的设置，大家在后台看，其实只有四种形式：文字、图片、音频、视频。但其实我们可以通过一个代码来实现自动回复超链接的设置。什么叫超链接呢？这里我们指的就是可以点击的内容链接，也就是文字植入超链接。比如公众号"深夜发媸"的自动回复，如图 4-29 所示。

那两处浅色字体（微信中显示为蓝色字体）其实就是两个超链接：用户点击"深夜种草"会跳转到它的另外一个账号"深夜种草"的历史消息页面；点击"口红阿姨"也会跳转到另外一个账号上。这样的用户体验非常好。

接下来，我们教大家如何实现"关注后自动回复超链接"这个功能，共分为 4 步。

（1）把下面这个代码保存下来：

< a href="把你想要跳转的链接放在这里">把你要显示的文字放在这里</ a>

*注意：只填写内容即可，其他的都不要变，尤其是代码中的双引号应该是英文状态输入的双引号。

 我的天！谁这么有品位关注了我？
！好的好的，来了就别走了
时尚、美妆、明星带你看个够，大
牌礼物抽奖拿不停，让我们一起美
丽一起浪

🖤徐老师推荐关注🖤
美妆护肤小能手：深夜种草
挑口红看试色：口红阿姨

对自己的形象有困惑？

回复"求打分"，让超百万有品位的
爱美群众给你打分，提建议

想要改变一下？

回复"我要被改造"，报名就有机会
被小黄瓜爆改，分分钟变男神女神
哟

≡ 精选内容   ≡ 招聘合作

图 4-29

（2）把你要跳转的链接地址插入到代码里，位置不能出错。

（3）把你要显示的文字插入到代码里，位置不能出错。

（4）打开公众号后台，然后再打开被添加自动回复，选择回复"文字"，把已经插入好"跳转链接"和"显示文字"的代码复制粘贴在输入框里。这样就设置完成了。你可以试一下重新关注该账号，会发现跳出来的自动回复里只有代码里你想要显示的文字，但这个文字是蓝色的，你点一下它就会跳转到你设置的链接那里。

注意事项：代码千万不要出错，标点和空格、超链接和文字的插入位置，有一个小地方出错了就无法正确显示。

设置自动回复超链接有什么好处呢？

其实，很多公众号都需要添加一些外部链接，这是一个刚需，例如，"人物"在自动回复里添加了订阅杂志的链接、历史文章链接、电子版杂志的链接；"虎嗅网"在自动回复里添加了虎嗅 App 的下载链接。这些内部、外部链接都可以变成超链接。如果直接添加链接地址，界面会显得脏乱差，用户体验不好，尤其像"虎嗅网"的链接还特别长，像"人物"的外部链接又放得比较多，一共有五六个，这时候用上超链接这个功能就完美解决了，而且还会让用户感觉你很有格调。

4.4　公众平台内容运营

微信公众号在互联网大繁荣的背景下经历了井喷式的发展，其进入门槛低、运营成本低，吸引了众多企业和个人，因此导致微信公众号数量巨大、竞争激烈、同质化严重。微信公众号为了在竞争中实现生存、盈利和发展，首先必须明确自身定位，定位明确后方能赢得信息受众的关注度，其次要抢占用户的心智资源。

无论是个人还是企业运营微信公众平台，都必须对受众有足够的了解、多产出原创内容、提升编辑技巧等，接着还要明确定位、升级用户体验并在内容创新方面进行改进。更为重要的是厘清两个问题，一是清楚关注微信公众号的群体是什么样的，二是明白为什么用户会关注此微信公众号。

关注公众号的群体大多较年轻化，但几乎所有年龄层的人都会或多或少地关注一些微信公众号。对于商业性质的公众号而言，其主要的关注人群集中在 20～35 岁，占总调查人数的 75%，这一类人群往往容易接受新鲜事物，不排斥对商业公众号的关注行为，也比较容易接受商家提供的线上活动，参与度也比较高，相较于其他年龄层，具有活跃度高、拉动性强等特点。

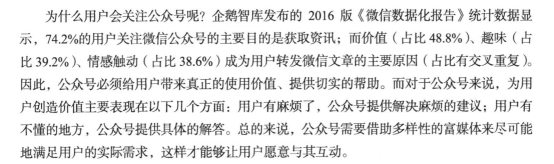

为什么用户会关注公众号呢？企鹅智库发布的 2016 版《微信数据化报告》统计数据显示，74.2%的用户关注微信公众号的主要目的是获取资讯；而价值（占比 48.8%）、趣味（占比 39.2%）、情感触动（占比 38.6%）成为用户转发微信文章的主要原因（占比有交叉重复）。因此，公众号必须给用户带来真正的使用价值、提供切实的帮助。而对于公众号来说，为用户创造价值主要表现在以下几个方面：用户有麻烦了，公众号提供解决麻烦的建议；用户有不懂的地方，公众号提供具体的解答。总的来说，公众号需要借助多样性的富媒体来尽可能地满足用户的实际需求，这样才能够让用户愿意与其互动。

4.4.1　找到自己的目标用户

目标用户定位，是指找到自己的目标用户，针对目标用户设计内容，采取措施。目标用户的定位是企业微信营销中最重要也是最首要的事情，定位准确可以事半功倍，定位偏了，起步都很难。

（1）用户定位

首先要明确公众号的阅读人群。对象决定定位，阅读群体决定了公众号的内容和形式。以企业公众号为例：企业公众号的阅读人群设定基本是三种，其一对内，限定为内部员工阅读，以企业工作经验、信息政策为主；其二对外，向社会公众传播企业文化，树立品牌形象等；其三兼顾对内与对外。

对于目标用户，可以以营销目标来定位，比如京东主打家电销售，唯品会主打特卖销售，1 号店主打生活用品销售，58 同城主打租售房、招聘这些关注度高的信息。目标用户定位分为产品特色定位及产品细分定位。产品特色定位是指根据营销目标进行定位，例如，四川大商圈特色是商圈服务，四川校园帮特色是校园服务，熊猫驾信特色是在线违章处理，糯米团购特色是团购，这些公众号特色定位很明显，用户一看名称便知，省去了对名称的解释成本。

产品细分定位是指对准目标市场，进行精准的定位。例如，你从事的是面膜这个行业，你就可以进行产品细分，比如补水面膜、美白面膜等。

（2）受众需求分析

受众需求分析，也就是对受众进行分析，挖掘出他们的真实需求。大家在前期准备建立微信公众号时，更要注重相关兴趣群体的分布，了解他们的需求之后，对其进行归类，比如按照喜欢什么内容分类：科技、人文、美食、体育等；按照喜欢什么活动类型分类：抽奖、征集活动等。具体地，比如高校宣传类公众号针对的是本校的学生，日常推送也明显地贴合学生实际；杂志推广类公众号依附杂志而设立，阅读群体自然就是购买杂志或者对杂志感兴趣的人。所以，大家在运营公众号时一定要对用户的兴趣爱好进行细致的划分，明确用户的阅读习惯与阅读时间，为其创造合适的碎片化阅读机会，并通过后台数据的反映及时调整发布内容、发布频率、编辑手段、菜单功能等。

（3）用户细分

大多数人运营公众号时没有明确的用户细分，不清楚自己的用户的年龄、价值观、偏好、消费习惯等，那就自然无法有明确的定位。因而，推送的内容缺乏针对性，东拼西凑，没有自己的核心主题和观点，无法持续吸引用户关注，难以培养忠实粉丝，更不要提和粉丝进行良好互动了，也自然不能为他们创造价值。久而久之，用户黏性下降，公众号也自然难以为继。大家在运营公众号的过程中，一定要进行用户细分，找到有相似价值的目标用户，一方面可以向用户推送有针对性的内容、产品和服务，不断提升自己在相关领域的专业性，并利用此专业性增加用户之间的口碑传播，增加用户黏性，从而形成良好的粉丝（用户）经济模式；另一方面，精准的用户定位也可为微信公众号赢来广告商的青睐，从而开拓经济来源。用户细分需要微信自媒体平台有数据的收集、分析和处理能力。只有获得用户的信息，了解用户的偏好，才能有针对性地生产内容、进行推送。

只有在对用户的需求和购买心理进行分析后，制定营销策略，才会有效果。如果销售女装，那么用户定位应该是 20～35 岁的女性消费群体。当用户定位精准后，再针对用户的特点开展活动，就能快速吸引他们的注意。

4.4.2　内容定位

无论是运营个人号还是企业的微信，都需要很明确的内容定位。内容定位是一个公众号的基础，清楚内容定位才能更加高效地生产用户喜闻乐见的推送文章。不要总想着发鸡汤、段子和天气、八卦等，应该结合产品的特色或者自己的优势、技能、知识点去确定公众号明确的内容定位。

对于一个微信公众平台来说，内容往往是吸引用户的一个决定性因素。好的内容自己本身就会说话，会营销。公众平台的运营更像是一个微型的营销过程，推送给用户的文章便是运营者手中的产品或服务，产品无须有多精美，重要的是其能否符合消费者的品位。

公众号运营者需要创造出内容上符合消费者的内心需求，形式上迎合消费者的欣赏品位，又区别于其他运营者的独特风格。微信公众号还应当在形式上形成自己的独特语言风格、制作风格，以独特的设计语言增强识别性。

接下来我们重点说一下在进行内容定位时，应该遵循的原则。

（1）内容细分化

内容细分化是指在细分领域进行专业化发展。从目前情况看，微信公众号如果不在某一

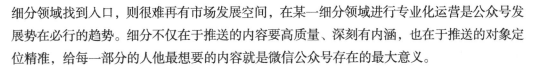

细分领域找到入口，则很难再有市场发展空间，在某一细分领域进行专业化运营是公众号发展势在必行的趋势。细分不仅在于推送的内容要高质量、深刻有内涵，也在于推送的对象定位精准，给每一部分的人他最想要的内容就是微信公众号存在的最大意义。

我们根据内容对公众号进行细分，可将其分为时尚休闲公众号、时事资讯公众号、学术型公众号、生活助手类公众号、自媒体类公众号。

时尚休闲公众号重点为年轻人而设立，发的内容也多为幽默、时尚类型的；时事资讯类公众号多为官方设立的，主要推送官方信息等，读者的年龄层次跨度大；学术型公众号是为了科普知识，针对的人群一般知识水平较高或者对相关专业知识感兴趣；生活助手类公众号涉及各个行业，种类也颇多，年龄层次偏高；自媒体类公众号是个人设立的公众号，主要向大众推送自己的生活、情感、故事等。

（2）内容垂直化

内容垂直化，是指以受众需求为中心的内容生产策略。随着社会化分工越来越细致，公众号也趋向于进行垂直化的传播推广。例如，"新媒体排行榜"中汽车类微信公众号排名在前 50 位，该领域的学车、维修、车装饰、车展、车改装、违章查询、路况查询等公众号粉丝众多，文章的平均阅读量超过一万。然而综合类的公众号则处于尴尬的局面，因为推送信息定位不准，又有数量限制，很难吸引和留住粉丝。

在微信公众号中，根据用户使用情形的不同，可将用户分为传者和受者，当然，在一定情况下，微信公众号的传受双方的身份可以互换。对于传者而言，由于信息进驻公众号的门槛低，个人或团体便于包装信息，向目标受众传播特定的知识和文化价值观；对于受者而言，由于信息多元且使用成本低，他们在微信中透过各类公众号便能放眼观天下。在物质生活相对丰裕的今天，人们的物质需求得到满足后，其需求在马斯洛需求层级中由低向高演进，精神需求由此成为一个时代的议题。如今各类微信公众号层出不穷，涉及娱乐八卦、生活、旅游、科普和影视等多个领域。

最有效的传播和增加粉丝的途径，还是好好做内容，其他一些方法都不是保险的，最后用户的留存和活跃以及传播还是得看内容。好的公众号的文章，主要体现在两方面。一是人物的相关性。即你的内容选取的对象应该是粉丝熟悉的群体。二是内容的相关性。内容应该是贴近粉丝生活的，而不是随便找的各种鸡汤、段子和八卦。

微信公众号在内容形式上不仅可以表现为图文，还可以嵌入语音、视频甚至是站内链接、自定义菜单和页面模板。多种形式可以使传播内容变得生动而有趣，公众号运营者应对此予以重视。

微信公众号在内容方面，应发挥采编能力，打造独家原创优质的内容，以多种形式来提升内容的吸引力和生动性，凭借高质量的内容来影响同类微信公众号的主流市场。

以人民日报为例，其海外版以"学习小组"和"侠客岛"为代表的一系列微信公众号成为独树一帜的新媒体产品，发挥了传统媒体时事解读评论、深度报道分析等的资源优势。在"鸡汤文"盛行的微信公众号间，人民日报微信公众号采编出别具风格、让人眼前一亮的优质文章，实现了对主流媒体影响力和读者群的反哺。

目前，在公众号的内容运营方面，也面临着严峻的问题。大多数企业缺乏专门的内容编辑人员，公众号的运营者大多是半路出家，缺乏新闻、广告的从业经验，对消费者心理把握不到位，编辑技巧又严重缺失，从而导致很多企业的微信公众号内容平淡无奇，过分注重营销而缺少文化内涵，使得用户缺乏认同，忠诚度不高。根据艾瑞咨询的调查，高达75%的微信用户取消过对公众号的关注。其背后的原因就是公众号的内容广告意味太浓，实用信息太少。而与之相对应的数据就是84%以上的运营者使用公众号的主要目的就是发布产品信息，进行营销宣传。如何实现广告与实用信息之间的平衡，同时满足用户和运营者的需求，是大多数公众号需要重点解决的问题。

4.4.3　内容呈现形式

微信公众号之所以能成为半数以上网民获取信息的重要途径，一个很关键的因素就是其能提供集图文、视频、音频等多种形式在内的资讯。用户更加关注的是内容的图文并茂，对于大段的文字他们会反感，仅有 4.167% 的被调查者喜欢纯文字的推送，对于形式多样的推送他们往往会关注得更多。公众号运营者应善于应用一些色彩鲜艳、让人记忆深刻的图片或者是让人哈哈一笑的视频等，为信息的传递营造新奇感，使用户爱上公众号每天的内容推送，进一步提高用户的积极性，使其不再是被动地接收信息。

（1）表现形式多元化

在内容的呈现形式上，运营者需要注意语言亲切活泼，表现形式丰富有趣。以人民网2017年 1 月 22 日的推送为例，其当天推送的 17 篇文章中包含了 102 张图，其中图最多的一篇文章有 30 张图。人民日报官方微信常设新闻早班车栏目，通过微信语音的方式播报当天国内外的重要新闻，其言简意赅的新闻叙事语言配上专业播音员的声音，赢得了一批"铁杆粉丝"，每天文章的阅读量都是 10 万+。新京报动态新闻推送的每一条消息都是视频的形式，通过 3D 模拟画面还原新闻事件，以简短的视频内容呈现事件的原委，这比单纯的文字更具场景感和说服力。

（2）语言要有魅力

文章语言要有独特的魅力，一般浏览微信公众号的用户，使用的是零碎时间，所以文章语言需要有足够的吸引力，这样才能在短时间内吸引用户。官方微信公众号（简称"官微"）既要保持机构的形象又要有人的温度，这种"人的温度"除了可以通过选题信息表现出来，

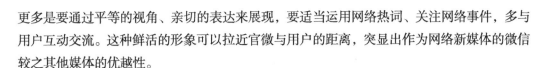

更多是要通过平等的视角、亲切的表达来展现，要适当运用网络热词、关注网络事件，多与用户互动交流。这种鲜活的形象可以拉近官微与用户的距离，突显出作为网络新媒体的微信较之其他媒体的优越性。

（3）信息的趣味性

商家还可以在保证自己发送的微信信息具备实用性的同时增加其趣味性，比如时不时地安排一些性格测试、星座测试等，提高自己微信公众号的阅读率，从而积累经验，赢得客户，赢得市场。重复的内容、同样的格式只会让客户逐步丧失对商家的兴趣。像那种内容上，复制别人的文章后稍加修改再发布或者直接转载原文进行推送的；形式上，采用单一的图文组合的公众号，没有自己的风格，缺乏独到的见解，毫无个性可言，久而久之，关注其的用户数会逐渐降低。

总结下来，公众号发文或推送质量不高的原因主要有三个：①内容建设不足，推送存在过多的广告信息，营销目的太浓；②以标题博眼球（俗称"标题党"），内容与标题严重不符，容易使用户产生被骗的不良感觉，从而导致用户阅读量或点击率逐渐降低；③推送内容水平过低，文章排版、内容、信息量等的安排不能给用户好的阅读体验和感受。

如何让用户产生阅读兴趣，让他们认为读取推送信息是一种视觉享受而不是摧残，这是公众号运营者必须要思考的问题。

4.4.4　内文排版技巧

对公众号的排版，一是为了美观，二是为了用户更好地阅读。排版通常有三大作用，第一，减轻读者的阅读压力，让其读起来赏心悦目；第二，辅助读者对文章逻辑链条的把握和理解，让其容易阅读；第三，给读者提供适当的休息，让阅读变成一种满足，简单来说，就是为了更好的阅读体验。

排版是为内容服务的，好的排版应该是简洁而不简单，能让人忽略排版的存在，阅读起来舒服自然。很多刚接触排版的人，会追求绚丽多彩般的好看，认为颜色越丰富、样式越多越好，这反而会陷入一种尴尬的局面，即不断在重复挑选样式和对文章版面依旧不满意之间徘徊。想要避免这种情况，在排版之前，我们就需要清楚，微信公众号图文排版具体包括哪些元素。从整个微信公众号来看，一个规范性的排版，包括两大内容：内容规划、版面包装，其中版面包装又分为外包装和内包装。

（1）内容规划

内容规划指的是根据微信公众号的定位和调性，确定内容的方向、推文的风格及每天推送的文章类型和条数。

我们做排版时，需要明确一个前提：排版是为内容服务的。内容规划是做图文排版的基本前提。无论是定色调、定字体、定字号，还是选样式、选配图，都需要围绕规划的内容展开，这样才不会让人觉得，排版很随意、很凌乱。只有当你清楚，自己的定位是什么，需要提供什么内容，提供给谁看，用什么风格来展示，你才知道自己应该向谁学，学什么内容，排的时候怎么排。

（2）版面包装

版面包装指微信公众号展示图文信息的地方，也是排版的主阵地，包括外包装、内包装两部分。

外包装指的是封面、标题、摘要；而内包装则指推文的内容版面，包括顶部、正文和底部。我们将内包装进一步细分，其顶部的组成元素包括标语、头图、标题、引导语、作者信息、声明信息等。正文从架构来分，组成元素包括标题、段落、序列、注释、引用、强调、留白等；从内容来分，组成元素包括文字、标点符号、小符号、配图、样式、音频、视频、投票等。底部内容则包括说明语、引导语、关注语、二维码、赞赏、阅读原文等。

（3）排版细节

内文具体的排版细节如表 4-3 所示。

表 4-3

字号	标题：推荐 16px～18px 正文：推荐 14px～16px 标注：推荐 12px～14px （注：px，即 pixel 的缩写，像素）
头条封面	微信官方的建议是头条封面的图片尺寸最好是达到 900 像素×500 像素，二级封面的尺寸是 200 像素×200 像素
字体	字体选择要根据受众来区分，如果针对人群是中老年人，字体可适度放大，但是如果针对人群是年轻人，字号的大小选择 14～16 为宜
行距	一般而言，调 1.5 倍行距比较合适
配图	每隔 5～6 段文字，就可以插入一张图片作为"留白"，大片文字会给人一种压力感

根据表达需要，对文章标题的字数可不做硬性规定，但要注意使用恰当的语言手段增强标题的表达力；为提升传播效果，微信文章的篇幅控制在 2000 个字符以下为宜，字符数超过 3000 个时，可适当考虑在文章中使用小标题；在编辑文章时，要尽可能多地使用图片传达信息以增强表现力，至于音频和视频，根据实际需要适当使用即可。

公众号文章标题吸引力打造法则

我们知道，微信公众号里的内容需要一条条点开进行阅读，所以这时公众号的标题就起着至关重要的作用，因为如果用户不点开，你的文章就根本没有阅读量，更谈不上传播。所以文章标题的核心就是，让用户愿意点开。

我们知道有一些文章虽然内容不错，但是因为缺乏一个吸引力的标题而流失了大量的用户，实在是可惜。一个优秀的标题往往成为决定公众号文章阅读量大小的关键。所以如何第一时间吸引用户，增加文章的被打开概率已经成为公众号成功运营的重要课题。那么如何打造标题的吸引力呢？主要有以下技巧。

1. 标题字数要求

公众号文章标题是引导用户经公众号主界面进入下一级界面阅读文章的关键，标题的长短、句式、风格对文章的阅读量都有着重要影响。文章标题的字符数一般在 3～34 之间，其中标题字符数在 13～24 之间的文章篇数相对集中。

2. 标题策略类型

（1）悬念型标题

通常想告诉人们的事实是颠覆人们的认知的，抑或是日常容易忽视的细节想引起人们的重视时，标题的制作可以留有悬念，让读者在标题中找到自己期待的内容，使其不点不快。

① 悬念引诱型

看名字就知道，这类标题的关键就在于要善于制造悬念，制造引诱。比如"人类永葆青春之谜""是什么让她重回少女年代？""40 岁，真的可以回到 20 岁？"等，总之要善于提出问题、解答问题。但是要注意的是，提出的这个问题一定要吸引眼球，答案也要符合常理，否则会出现作茧自缚的情况。

② 先果后因型

先说结果，再说原因。例如，《男女酒后驾车失联 17 天，手机定位：疑坠入水库冰窟窿》。

③ 猎奇心理型

推送文章中充满噱头的"标题党"实际也是在迎合读者的猎奇心理。从社会心理学的角度来看，读者也具有求新求异的心理，总是追求新意的信息，所以我们在取标题时可注意满足他们的好奇心理，但要避免走上纯"标题党"的歧路。

（2）数字型标题

阿拉伯数字可更有效地让读者在脑子里绘出准确的数据场景。在标题中运用数据，从数量上体现新闻事实特征的方法，可使内容更准确、更科学、更具体、更具说服力，同时数字的使用也让标题更加醒目，可以加深读者印象，引起阅读兴趣。数据多用于表现财务数目、持续时间、人数、年龄及发生频率等。

（3）符号型标题

符号型标题多给人话到嘴边留半句的感觉，似乎说的"不清不楚"，却给人意犹未尽、拍案叫绝的效果。文字似乎不足以说明这其中的妙处，这类标题多用省略号、惊叹号和问号，用这些符号为标题的引人入胜添把"火"。其主要的运用是指，使用省略号代替关键的内容要素，使用问号吸引读者的注意，使用感叹号来强调内容等。

感叹号、问号、省略号可以说是微信公众号中常用的三种标点符号。其中，感叹号的使用尤为广泛，例如，月度热文之首的《又一个名人离世了！年仅31岁！惊动了所有人！》此标题连续用了3个感叹号，第一个感叹号前面的"名人"字眼本就吸引了大家的好奇心，"31岁"强化了惋惜和悲叹之情，"所有人"更是很有煽动性的字眼。感叹号不仅可以强化表达作者当下的主观体验，而且可以点燃读者的阅读热情。问号较容易引发读者的疑问，从而促使其点击阅读。标题中的省略号可以起到制造悬念的作用，激动刺激的语言讲完后留下省略号可以引发读者点击标题，例如，《女人让三个老头一同入房，然后……（看傻了）》引人无限遐想，而内容则指出这三个老头分别是成功、健康、财富，原来这只是一篇温情鸡汤故事。

① "省略号"型标题

"居/竟然是……"等省略体是常见的网络标题形式，意在设置悬念，引起读者好奇。但用得过多可能会使读者反感。如《必看！和所有工薪族有关，关于为休年假折算和加班费，北京高院给我们……》《搞笑了！我们的国产航母要下水，最不开心的邻国居然是……》。

② 感叹型标题

适用于感叹类型的内容范围很广，如有难过的心酸、有忧国忧民的忧患、有瞪大眼睛的惊叹、有五味杂陈的感受……例如，《孩子考上北大后，妈妈打开他的抽屉……这一刻真的想哭！》《心酸！老太自备干粮，天天坐公交车兜圈》《化学家用96小时炖出一块红烧肉，你敢吃吗？》，这些标题感叹得都很到位，堪称神"助攻"。

③ 疑问式标题

疑问式标题是微信公众号标题的一大特色。

A．设问：用表示疑问的句子作为新闻的标题，吸引读者的注意。提问部分是新闻的焦点，给读者设置悬念。如《罚做俯卧撑：城管到底该怎么正确"激励"？》，标题通过设问设置悬念，引起读者对该新闻事件的强烈关注。此外，问号也反映出了作者对城管激励体制的质疑。

B．反问：用表示反问的句子作为新闻标题，答案暗含在反问句中，让读者从反问句中领会作者想要表达的真意。如《做一千台手术不如发一篇论文？》，标题通过反问引起读者的强烈兴趣，引导读者思考，同时暗含了作者的观点倾向。

④ 互动式疑问

一般句式为前面陈述一件事情，后面加上对读者意见的征询。如《母亲节就在拐角，你的礼物准备好了么？》《这样的夜晚，空巢青年们请告诉我，你孤独吗？》，互动式疑问标题，体现读者视角，重视读者观点，从而达到话题讨论和观点分享的目的。

（4）运用网络流行策略标题

网络流行策略即在标题中使用网络热词、套用网络流行语、运用网络流行事物做比等的语言策略。网络文化越演越烈，"凡客体""淘宝体""知乎体"等诞生于各大网络平台的文体开始频繁出现。标题巧借其形式，具有较强趣味性。如《出发，天舟一号"太空快递员"！天宫二号收货后，记得给好评哟！》，前半句直接概括出新闻的核心内容，后半句则用快递员的口吻，化用淘宝卖家体"亲，记得给好评哟！"，语气活泼可亲。表 4-4 列出了一些含有较高热度关键词的几种标题类型。

表 4-4

标题类型	关键词	例如
秘籍类	如何，什么，这才是，怎么	如何利用朋友圈赚钱？拿走不谢
解密类	为什么，什么，为何	为什么成功的竟然是他？
意外类	竟然，居然	同事竟然成了 CEO？
及时类	刚刚，最新，定了，突发	刚刚，××公司上市了？
独家类	独家，解密，真相	独家报道……

（5）结合重要节日型标题

比如"双 11"当天推送的文章《今天，他们坚持不打折》、世界艾滋病日推送的文章《我只是病人，不是坏人》、春节前夕推送的文章《让我们一起，请失独老人吃顿年夜饭吧！》等，文章标题与当月重要节日相契合，更能引起读者的兴趣和情感共鸣。

（6）工具型标题

这类标题内容实用，且在较长的一段时间内都有效，多用于发布某些重大政策的出台、调整，重大人事变动，事关民生的办事程序、地点、标准发生变化等内容的标题。《2017 年"五险一金"有新变化，这些你一定要知道》等都属于此类，这类标题中多有"实用""新变化""省钱""一定要知道"或者"你知道吗"等字样。

（7）涵盖名人或时事热点型标题

利用名人效应来吸引用户点击文章阅读或博取用户的关注，是微信公众号内容日益同质化背景下的一个良策。这样的标题通常借助于大家对名人的崇拜或者八卦心态。例如，《太阳的后裔》热播期间，《人民日报》的公众号曾发表一篇标题为《一组照片刷爆朋友圈！网友直呼：秒杀〈太阳的后裔〉》的文章，内容虽然与剧无关，但也借助其热度，获得了大量阅读。

（8）渲染型标题

渲染型标题即利用受众心理渲染文章的重要性，为了吸引受众的注意力，获得阅读量，标题所承担的原有功能被弱化，更多地强化为吸引读者打开链接。

（9）促销型标题

促销型的标题比较简单，基本就是把企业的促销活动、专题活动、打折活动等，在标题中展现出来。如《优购物，疯狂打折 1 折起！》《××秒杀震撼出炉》《一日断货 N 次，北京某商家告急》。这样的标题要么是直接配合促销，要么就是描述产品的供不应求，通过"跟风心理""影响力效应"等多种因素来促使消费者产生购买欲望。

总结：标题在很大程度上影响着读者的阅读兴趣。一个能够成功吸引读者的标题，就足以让文章成功一大半。要做到这一点，需要微信公众号运营者对自己的受众有充分的了解，明白什么是他们想了解学习的，什么能够吸引他们。

4.4.5　推送方式

当前微信公众号的信息推送方式有多种，其中包括单向订阅、目录选择、用户互动及服务应用等，这些推送方式各有其特点。

（1）单向订阅

单向订阅即直接推送信息。企业公众号精心编制图文资讯，每天早晚将其发送给自己的用户。优点：与传统邮件杂志订阅异曲同工，有助于用户开阔眼界，获取一定的知识信息。媒体账号、娱乐时尚类草根账号、文化类草根账号等都适用这种模式。

（2）目录选择

目录选择即公众号先为用户推送目录，给予其一定的选择权。当用户回复后，再推送阅读内容或企业信息。优点：推送频率低，为用户提供充足的选择空间，不容易使用户产生反感情绪。

（3）用户互动

用户互动的方式即公众号管理员利用微信会话功能，与用户一对一互动，向其推送感兴趣的信息。优点：为用户带来更多趣味和惊喜，更容易提高用户的关注度。有效激发用户兴趣，提升品牌形象。

（4）服务应用

服务应用的方式即将第三方应用与微信联合在一起，用 LBS（定位服务）技术将信息推送给用户。用户可以在公众号上查询相关内容，还可以直接下单购买产品。优点：推送频率低，有助于提高用户使用微信号的频率。此外，还能使用户体验像 App 一样便利的服务。

4.4.6 推送频率

据调查，用户登录微信的主要时间段为入睡前，人数占比高达 83.7%，时间一般在 0.5～1 小时；等待的时候（等车、等人、等电梯等）登录微信的人数比例达 59.1%；上下班途中登录微信的人数占比为 56.5%。

我们在推送信息时，要配合用户碎片化时间上网的习惯，把握好以下 3 个方面。

① 把主动权交给用户。提供"订阅式"服务，给用户自主选择的空间。此外，每天推送 1 条信息即可，最好不要超过 2 条，太频繁只会让用户厌烦。

② 提高信息质量。信息主题要鲜明、有针对性，内容要一优再优、精而更精。一般来说，最新资讯类、情感类、实用类、娱乐类、消遣类等信息较受用户青睐。

③ 固定推送信息的时间。尽量选择在用户不忙的时间，每天定时发送信息，这样用户会养成习惯，形成黏性。

推送信息前要注意对用户进行分类管理

用户接受公众号的推送信息是被动的，公众号的不及时推送或推送过多，都会影响用户对公众号的使用。如何消除公众号对用户的过多打扰以及如何选择推送的频率是微信营销首先要解决的问题。调查问卷结果显示，绝大多数用户留言认为商家推送信息的频率为两三天一次为宜，每月 1～4 次为最佳。

部分中小型企业的微信公众号在运营管理中，发文的频次存在不是过少就是过多的问题。其发文过于频繁（如一天 3～4 次），用户会逐渐产生反感和排斥的情绪，这主要是由于用户碎片化的时间有限；但若发文过少，如 1～2 个星期发文 1 次，甚至时间更长，则会使用户与企业之间的联系变少，用户遗忘公众号，甚至取消关注公众号。

微信公众号要成功推送一篇文章，必须找准用户的时间节点。在用户愿意读、想要读、需要读时将文章推送给他们，用户以积极的心态读文章，往往会起到事半功倍的传播效果。

分类管理就是针对不同的用户，进行模块块营销。不同年龄群体、不同职业的用户，其消费需求各不相同。推送消息无差别化，会员信息、优惠活动无组织化，会让消费者的需求得不到准确的满足。因此要进行用户分类，对不同的用户设置不同的推送消息。运营者可以通过后台查看系统内部用户的基础信息和属性，查看分析之后，将他们按照一定的标准进行分组排序，然后针对不同用户的不同需求来定向定时地推送信息，这样会让推送信息更加有效和精准，给信息推送工作赋予更大的实际价值。传统的微信分组功能已经具备了这种分类推送信息的功能。例如，平台运营者可以按照地域分布将用户进行分类，然后向他们发送有关地域周边的信息，最终有效实现内容的精准传播。

我们在推送信息时，要记住用户可以随时取消订阅。当推广的信息没有实质内容时，在用户眼里就是"垃圾信息"。此外，公众号更新速度慢或过于频繁，也可能会引起用户的反感，导致用户流失。

因此，我们应科学合理地安排微信营销信息的推送频次。

病毒式微信营销——内容二次传播技巧

如果一个产品要做病毒式微信营销，就一定要给足用户优秀的谈资，要让用户在分享产品时，能获得心理上的满足，就像用户关于围住神经猫的分享描述："我用了 7 步围住神经猫，击败了93%的人，你能超过我吗？"

微信自媒体的发展正是基于微信自身强大的信息交流，由此引发二次传播，扩大信息的影响范围，让更多人参与，从而产生巨大的影响力。"公众号订阅+分享+评论+转发（通过转发到朋友圈、群发给朋友及微信群来实现）"会造就更多的二次传播。

一篇好的推文，传播者将内容群发给他的每一位粉丝（第一阶段：群发），这是一次传播的过程。独到的选材、优质的加工使得粉丝愿意为其点赞，或者将文章转发到朋友圈、群聊甚至其他网站，这个过程，便构成了二次传播（第二阶段：粉丝变成新的传播节点）。研究表明，在二次传播中，每一个新的传播节点所产生的传播效果都远高于一次传播的效果。那么如何让内容二次传播呢？

1．内容吸引

文章要想获得微信用户的关注，一定要坚守"内容为王"。公众号要多推送内容丰富、有高价值的文章，吸引用户主动关注。

（1）内容类型

公众号文章的内容类型，应重点聚焦于以下几个方面：与人们切身利益相关的内容（工作、育儿、健康、生活、医疗、天气、旅游等）；新近发生的大事；国际新闻；与人们爱国心理有关的内容；明星；当下流行的电视剧、节目等。

（2）实用价值

无论怎么做营销，如果产品不好，就很难实现病毒式的传播。对用户没有意义的东西，他们不会浪费时间和精力去分享。我们拿"围住神经猫"这个游戏来说，其实围住神经猫很简单，但是其独特的玩法给用户带来了愉快的体验，给用户产生了价值。如果这个游戏很无聊、无趣，那么有谁会去分享呢？

（3）有趣

有趣的故事是传播的载体。不少人士认为，包装产品的故事，就是写软文，这个观点不够全面。软文的确是包装故事的一种，但故事的表现形式不仅仅是软文。天猫和京东的文案大战，是故事；产品植入广告，是故事；搞笑视频，也是故事。故事的方式很多，关键在于要有趣，要能引起用户的兴趣，用户才能如你所愿，点击、阅读、分享甚至去购买产品。

2．合适的诱因

如何让人们记起某个产品呢？这就需要合适的诱因，在特定的情形下，帮助人们回想起产品。例如，当你走进一家火锅店时，你情不自禁地想起了"怕上火，喝王老吉"，当朋友聊天提及淘宝时，你很可能就想到最近刚买了一件还不错的衣服，想要和朋友分享一下。合适的诱因包括以下几个因素。

（1）激发情绪

当人们关注某个事件后，一定会带上自己的主观情绪去分享。例如，收到刚买的iPhone6，很开心，会去秀个图；刚刚去了一家美甲店，收费低，技术还很好，很惊喜，会去发个状态；又或者在淘宝买了一个很漂亮的工艺品，却被妹妹弄坏了，很伤心，发条状态表达一下惋惜，这都是事件所激发的情绪。有了激发情绪，才能激起大家的分享欲望，但是要注意情绪的可传递性。只有能够传递给别人，并被别人传递的情绪，才具有爆发力。

（2）共鸣

共鸣就是指你分享的东西，别人也能感同身受。例如，你家乡柚子非常好吃，你和大家分享了，大家只能知道你家乡柚子可能会好吃，并不会继续和别人分享，因为他感受不到你家乡的柚子。而你分享一篇文章，写的是你家乡柚子的种植、荣誉、评价等，并配上漂亮的照片，你朋友看到之后就有了除品尝以外共同的感受，就大大增大了他向其他朋友分享的可能性。

（3）刺激

刺激用户互动与转发，可大大提高传播效率，扩大传播效果。站在用户的角度，全面考虑他们的需求特点，并积极与他们进行沟通与交互，给予他们发声的权利，增强他们的体验，就容易促使他们进行内容的二次传播。

3．参与

用户遵循"参与—传播—思考"的模式，他们只有完全参与到运营者设置的议题中才会去进行内容的传播，而这类议题以故事性、图文结合为重要手段，需要对用户的心理状况有较强的把握。

参与的核心是评论。公众号后台开放了评论功能，很多用户在阅读完公众号推送的文章后，还会在下方的评论处发表自己的看法，这容易引起其他阅读者的共鸣。微信平台提供双向传播服务，用户与用户之间、用户与公众号之间可以直接互动，通过分享、评论、点赞等方式，使信息得到再次传播，并进一步引发初次接触该信息的用户的关注，甚至引起用户"朋友圈"、用户与公众号之间的持续互动。这种持续性互动对信息本身的传播与解读都有着重要意义。

4．转发

转发是指文章被分享在朋友圈或者是发送给好友。微信公众平台的运营者将原创信息和转载信息相结合，在增加关注度的同时，还可以提高公众平台的热度。

转发的意义在于"主动转发优质信息可让个体觉得自己很有用""主动展示智慧、启迪别人的评论常常意味着舆论领袖的地位"。人生活的社会就像一个广阔的舞台，社会大众在舞台上展现自己，每个人都希望自己能塑造一个良好的能被他人接受的形象。艾媒咨询数据显示，超过六成的微信用户有过将文章转发至朋友圈、分享给好友、点赞等行为，而61.4%的用户每次打开微信必刷朋友圈。微信公众号的用户已经形成了一种以内容为核心、以社交关系为纽带，注重分享和互动的移动阅读新模式。

总之，推送文章想要获得高点击量、高阅读量、高点赞量，达到较好的传播效果，就必须重视"分享"传播。微信公众号文章脱颖而出的最有效的办法之一就是生产分享率高的推送文章。

4.4.7　文章引导语的设置

一篇文章出现在朋友圈中，是否能被大范围地分享转载，受到多重因素的影响。当然最为重要的一点，就是文章本身具有价值，让读者（用户）有让朋友们分享的欲望。对这一点我们不再赘述，下面介绍两个可以提高文章分享转载率的小技巧，也可以认为是对读者进行心理引导的技巧。

首先，要懂得设置软性引导语。

"软"是相对于硬性广告的"硬"来说的，"软"讲究的是绵里藏针，收而不露，追求一种春风化雨、润物无声的传播效果。例如，在引导语中说明"欢迎转载，请注明出处"，这样的做法看似简单，却效果显著。人都是需要引导的，如果没有这样一段话，很多人就想不到这一点，如果没有注明本文是可以转载的，很多人会考虑转载后会产生的版权问题。从心理学层面上讲，这种行为属于引导。当一个指令被设定的时候，大家会不自觉地执行它，然后再执行下一个指令。举例来说，如果每天都有人对你说，随手关门，那你就很容易养成"随手关门"的习惯。调查发现，注有"转载"字样的文章被分享的次数和没注有"转载"字样的文章被分享的次数相比，其差距在十倍到百倍。粗略估算，如果文章原本的转载量在百次，标注"转载"字样后的转载量就可能超过 500 次，增长的流量背后又是流量，文章得以形成搜索源，病毒式传播开来。大家如果有心就不难发现，我们手边的任何一本免费电子书都有这样的设置，类似"阅读本文用了××秒，分享只需要 1 秒""转载是一种智慧，分享是一种美德"这样的引导。总而言之，只需要明确告诉读者："欢迎分享转载""请分享给你最好的朋友""欢迎推荐到朋友圈"，这样一个简简单单的指令，他们往往就会执行。

推而广之，如果能在引导语的基础上给读者一些实惠，比如"推荐五个好友获得××惊喜""推荐到朋友圈可以免费领取赠品"，就可以把宣传的效果提升几倍。一般人的心理是如果明确知道分享是有利可图的，在分享之后可以获得某些奖励，那么他就更愿意完成这一指令，甚至在以后形成"如果没有赠品，我就不分享了"的惯性思维。

所以说，我们需要给文章的软性引导语设置一个诱因，它可以是某种赠品，可以是免费的课程……总之，在成本允许的前提下，给用户带来一些实惠，可以吸引用户心甘情愿地把文章向他的朋友们推荐，从而简单地获取用户朋友圈中真实准确的"目标客户群"。例如，把本书《微信营销与运营全能一本通（视频指导版）》的部分内容分享给用户，强调要获得全书内容"请复制文本和图片到朋友圈，并将截图发送至微信公众号×××"。为什么要把文章分享给用户呢？因为希望用户能获益，也希望用户能将文章分享给自己的朋友，形成用户转介，让大家都获益。《微信营销与运营全能一本通（视频指导版）》的全文，就是设置的诱因，"请复制文本和图片到朋友圈，并将截图发送至微信公众号××"则是引导指令。明确告诉用户要得到赠品，只需要执行简单的分享动作就可以了。之后信息通过用户渠道不断扩散，总有新的用户关注来领取赠品，这样运营者除了开始分享的电子书，没有付出任何重复成本，就可以获得大量精准的活跃粉丝。

基于微信公众平台的"微分销"是一种日渐成熟的三级分销商城模式。产品生产厂商或者品牌公司在企业微信公众号上部署自己的微分销商城，该品牌的经销商或者企业员工就可以在企业的微分销商城基础上生成专属于自己的二级分销商城，员工的朋友或者经销商的客户又可以在二级分销商城的基础上生成三级分销商城，企业的这种零成本泛员工的业态就是微分销的魅力所在。该模式在微信上最为常见的案例，就是活跃在朋友圈中的"面膜代理"，通过简单的几步系统设置，把客户变成经销商，让产品"飞"起来。同理，要增加文章的转载和分享，完全可以借鉴这种模式。只要用户分享文章，就给他们相应的收益。当传播的整个过程变得有利可图，文章还不"飞"起来吗？

其次，要懂得利用微信公众平台的分享功能，做好推荐系统的硬性设置。

虽然微信公众平台提供了分享转载的功能，但如果不加以引导，基本形同虚设。须知这些功能按钮只有结合相应的软性引导语才能引起用户关注，达成完美效果。例如，"一键分享获赠品""阅读原文获赠品""长按图片获赠品""欢迎点击并分享到朋友圈"等。

4.5 个人公众号运营及营销

随着自媒体应用的普及，个人公众号成为微信公众号的主要运营机构类型之一。原创作者可以通过个人公众号进行自我展示，实现社会价值甚至是货币价值。因此，如何进行个人公众号的营销就变得至关重要。

4.5.1 个人公众号分类

"个人微信公众号（简称个人公众号）"即指公众号的运作主体是个人，所以在定位上偏向于个人特长，而非精、专、宏观把握。基本上，位居前列的个人公众号在内容定位上，主要偏向于休闲娱乐、行业、情感、新闻、评论等类别。从内容题材来看，涉及生活类、新闻类、时尚类、学习类、营销类等。通常，个人公众号所推的内容，或是编者自己的即时所见，或是转载官方消息；其内容制作要么是向读者约稿，要么是编者自己撰写编辑。

个人公众号的内容来源和内容题材呈现出多样化的特点。从内容来源上看，主要有 4 种类型，如表 4-5 所示。

表 4-5

文摘类	即主办者基本不创作内容，而是选择、摘录、推荐其他媒体的内容
原创类	即自媒体内容由主办者创作，部分原创类也会接受读者投稿
混合类	即既有原创内容也有转载内容
补充类	即在转载内容的基础上，对其进行补充说明，常见的有内容导读、读后感等

微信自媒体的发展正在经历着从蜂拥而入到优胜劣汰的过程，其创办者团队从职业精英到各种达人甚至是普通白领、居家主妇，当然水平也是参差不齐。目前，优秀的微信自媒体创办者多为各个领域的精英人士，他们在做自媒体之前已经是各自领域内的佼佼者。如"罗

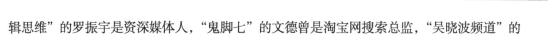

辑思维"的罗振宇是资深媒体人,"鬼脚七"的文德曾是淘宝网搜索总监,"吴晓波频道"的吴晓波为国内著名财经专栏作家,"凯叔讲故事"的王凯是知名主持人等。

个人微信公众号的运营者多是具有相同爱好的团体或者有独特兴趣的个人,内容多是原创的,个性化比较明显,因此风格也比较突出,在微信公众号中具有较强的可识别性。根据个人微信公众号实现价值的不同种类,我们将公众号分为三类。

(1)个人价值类

实现个人价值的微信公众号在个人微信公众号中占据很大比重,这类原创作者的运营多数只是因为个人兴趣以及自我展示。

(2)个人价值和社会价值类

大多数以娱乐或是休闲为内容的个人微信公众号属于这种类型。它们经常发送一些具有教育或是指导意义的学习型内容,以达到自我展示以及帮助他人的目的,如 "黎贝卡的异想世界"会教我们一些服装搭配的技巧以及为我们推荐一些护肤品等,而"粤周末"会推荐一些广州周边的景点及旅游攻略等。虽然这些个人公众号也会在推送消息中给出一些购买建议和商家信息,但是它们并不是以获取商家利润分成为目的的。

(3)个人价值、社会价值和货币价值类

具有一定粉丝数量的原创作者可以在微信平台上获取"原创"标志并开通"赞赏"功能。这类原创作者除了实现个人价值和社会价值以外,还能实现货币价值,最常见的模式就是"粉丝打赏"。

4.5.2 个人公众号营销

个人公众号营销是指以文字、图片、视频动画等媒介向公众传递有关原创作者的相关信息,如兴趣、爱好、习惯、观点、态度等,以期获得自我展示、社会认同,并实现个人的自我价值和社会价值,通过提供个性化的内容来满足自我展示的需要,或是通过提供有价值的内容来帮助社会大众以实现个人的社会价值。因此,个人微信公众号的营销主要采取以下几种方式。

(1)粉丝营销

粉丝营销是个人微信公众号营销的基础,只有具有一定的粉丝基础,原创作者才能够实现其运营微信公众号的目的。这类原创作者通常在开通微信公众号之前就已经拥有大量的粉丝,或是其自身就是具有一定明星效应的自由撰稿人,如韩寒、和菜头、罗振宇等,与这些作者有关的作品、活动以及商店得到了大多数粉丝的认可,这也是粉丝经济在微信平台上的实际体现。

(2)长线营销

对大多数的原创作者来说,其在开通微信公众号之前并没有大量的粉丝,而现有的关注群体在关注公众号之前多是这个原创作者的朋友或是朋友的朋友。这种情况下的个人微信公众号的运营就要做好长期战斗的准备，耐得住寂寞，经得起考验。不能因为粉丝的阅读量不够而产生厌倦，也不能因为订阅量不足而不及时更新推送消息。

（3）话题营销

个人微信公众号的内容营销还可以借助一些话题来展开。可以对社会上的热点问题进行介绍、做出个人评论、在粉丝中展开话题讨论，甚至是据此推荐一些相关的粉丝可能感兴趣的内容，进而在第一时间吸引粉丝们的眼球，增大阅读量，甚至是订阅量。

（4）活动营销

线下的互动活动以及微信平台内的互动交流也是提高粉丝活跃度的重要方法。虽然多数原创作者本身可能没有实力举行线下活动，但是粉丝达到一定数量的公众号作者可以选择与相关企业或组织合作，如"粤周末"可以与一些旅行社合作举办亲子活动，"墨迹人生"可以在一些书店举行读者见面会等。

4.5.3　个人公众号 IP 打造

个人 IP，简单地说就是人格魅力（或个人品牌）。个人 IP 就是，当你认识一个人的时候，他会通过你传递出来的信息，认知到你是怎样的一个人，并建立起了"基础信任"。

一个人要想在移动互联网上取得成就，就必须有能力拥有流量，有了流量，你卖任何产品都可以，这些流量会愿意为你买单。你可以通过打造个人 IP，把自己变成一个意见领袖（Key Opinion Leader，简称 KOL），来获得流量，解决流量问题。

那么，如何打造个人公众号 IP 呢？

（1）定位

个人品牌定位是个人品牌塑造的基础环节，首先你要明确你的个人品牌传播的是什么样的内容，受用的人群又是哪些，这就像是新闻学中的基本问题 3W：Who、What 和 Whom，用西方哲学的三大终极问题解释就是：我是谁？我从哪里来？我要到哪里去？（见表 4-6）

表 4-6

我是谁	要明确自己的特点，明确自己的任务；要明白自己的优点和缺点，清楚自己在社会中的位置（你的专业、特长甚至兴趣爱好）
我要什么	想达到什么目标，从哪些方面来提升自己以及你想在哪些方面有突破，这些都是你要想清楚的问题
我能创造什么价值	你可以从哪个领域、从哪些方面来实现自己的个人价值和社会价值等

个人品牌定位也就是说，你要对于你是谁、你想成为怎样的人等这些问题有一个很清晰的概念。当你能够回答这些问题时，人们就会在你的身上看到一个名副其实的你。而要想树立个人品牌，首先你要明晰你的目标。先写出你一年、五年甚至十年之后想要成为的样子，扪心自问，哪一类职业是你想要的，你想让人们怎样评价你，比如你的目标是成为一名销售人员还是一名管理者等。然后，记录你工作以及生活的各种状态。你自己要有一种自我洞悉力，然后才能与周围的每一个人交流这种信息。

当你明确了自己的品牌定位之后，下一步要解决的问题就是你怎样将其表达出来。先考虑一下别人眼中的你，是否与自己眼中的你一致。要做好长期地、持续地与周围的人进行交流的打算——向你的朋友、同事或者周围其他的人描述你的个人品牌，因为要建立一个个人品牌，你必须要能够将其顺畅地表达出来。

（2）占位

确定好定位后，你要争取抢占这个行业的第一名，比如王易：个人品牌影响力打造第一人。

（3）内容垂直

接下来，你要开始在移动互联网上通过文章、音频、视频等方式输出自己的价值，输出的内容一定要垂直，高度聚焦，精细化，深入浅出，直达本质，让读者（粉丝）觉得你在这个领域是专业的，将自己打造成专家形象，使别人对你有所期待，期待越大，也就意味着你的个人品牌能量越强。

（4）人格化

人格化就是指读者在读你文章的时候感觉是在和一个人聊天对话，而不是单纯地在看冰冷的手机。在体现人格化时，视频是更好的一种方式，因为视频更立体形象，让观众感觉你有血有肉、真实存在。

（5）有鲜明的个性

你要在你的文章中或者音频中、视频中表现出你的幽默风趣以及观点态度，真实地表达你的喜怒哀乐，这就是鲜明的个性，特立独行的个人色彩更容易让人记忆深刻，更容易让大家记住你这个人，这时，你的个人品牌超级 IP 也就逐渐打造成功了。

（6）选对渠道，精准传播

个人品牌需要经营，需要你去用心经营自己的人际关系，扩大社交圈子，把自己的观点通过各种渠道传播出去，让更多的人认识你，关注你。好的内容有了，如何让大众知道呢？这就要说到传播渠道的选择。一些常见的传播渠道有直播、微信、微博、新兴的短视频、H5等。拿 Papi 酱来说，从 2015 年到 2016 年，她凭借几十条原创短视频，刷爆社交媒体，其微信图文发布后阅读量分分钟达到 10 万，她的短视频在腾讯、优酷、bilibili 等各个平台累计播放量过亿，短视频发布当天必上热门。

（7）个人品牌传播

个人品牌传播是个人品牌塑造的核心任务，没有个人品牌传播就没有个人品牌，不管是直接的传播还是间接的传播。个人品牌传播是一个持久的任务，它要求个人做到随时随地的传播，也要求线下线上同时进行品牌传播。

① 线上个人品牌传播。

线上个人品牌传播在大范围的个人品牌传播过程中起到了至关重要的作用，微博、微信、博客、MSN、QQ、个人网页等都是很好的个人品牌传播平台。因为互联网具有便捷性和互动性，个人品牌借助以上几种常用的线上传播平台，很容易就能够在全国范围内得到传播。

② 线下个人品牌传播。

线下个人品牌传播更适合小范围内的个人品牌传播，其传播主要是通过和他人互动来结交各式各样的朋友以建立自己的人际关系网络。线下个人品牌传播还有很多的渠道可供选择，比如个人公关、演讲、他人宣传等，其中个人公关往往发生在比较正式的场合，这能够帮助个人树立起一个很好的公众形象。有效的演讲和他人宣传也能够帮助个人更好地树立起个人品牌。

4.5.4　个人公众号内容变现的 5 种形式

个人公众号内容变现，顾名思义，就是将公众号上的信息内容，作为产品或服务销售给粉丝，也就是将内容变成"现金"。通常，一个好的公众号可以卖产品、卖影响力、卖时间等。其变现的形式主要有以下几种。

（1）自电商

不到 90 种书，只通过一个微信公众号平台售卖，完全不打折，20 个月累计实现 1.7 亿元销售额——罗辑思维所创造的这组数字至今被不少出版人视作"神话"；吴晓波跨界做的"吴酒"，33 小时卖出 5000 瓶，瞬间入账近 100 万元，2015 年销售额破千万；文怡卖的美国儿童书作家写的《再见的味道》，包邮 24 元，"整个中国所有的存货几乎全都卖光了"……

像以上这些自电商，就是让读者边看文章边购物。越来越多的人会在看直播、看自媒体文章、看帖子的过程中购买产品。"李翔商业内参""好好说话""吴晓波卖吴酒""年糕妈妈""凯叔讲故事"等领衔了 2016 年内容创业公司的电商热。

（2）社群会员

社群经济是利用社会化媒体平台实现受众聚集，并进行内容与意识形态的宣传，借助优质内容吸引大量受众，以此为基础打造富有凝聚力的社群虚拟社区，并发展线上会员、开展线下活动，进而实现内容变现。

最为典型的例子，就是微信公众号"罗辑思维"，其每日推送一条罗振宇的语音，当然这条语音经过了高质量的编辑，内容质量有保证，并配合周五的电视脱口秀节目，双媒打造，影响力不言而喻。罗辑思维通过高质量的内容打造了一个具有共同价值观的高黏性虚拟社群，并开启了会员制度，收获了大量会员与铁杆粉丝，从而实现了内容变现。

（3）打赏

微信公众号的"打赏"功能，便是该社会化媒介的内容变现形式。这一举动不只实现了商业利益，更为重要的是为微信公众号留住了高质内容，刺激了"意见领袖"的创作热情。

（4）有偿付费

知识技能正在成为私人资源"盈余分享"的新宠。"有偿问答""付费偷听"机制设计巧妙，从"学"到"问"，问一个好问题与给一个好答案同样有价值。这种方式通过互动增强了黏性，同时这也是一种"体验性"消费，用户根据专家的简要回答判断其专业能力，再后续使用其他类型的知识服务，如导向"行家技能"平台、"内容订阅"服务、"付费直播"等。用户可直接触达各行专家，与其进行一对一深入交流，各行专家也可以充分利用以往被浪费的个人才华。这种方式建立了"自下而上"的专家评价体系，补充了原有"自顶向下"认定体系的不足。

（5）App 变现

知名自媒体品牌"罗辑思维"于 2016 年推出旗下知识服务手机客户端产品"得到"App，开创自媒体内容变现的新型盈利模式。"得到"是利用碎片化时间获取新知的"神器"。

"得到"App 于 2016 年 5 月正式上线，是一款主打利用碎片化时间学习，为用户提供最省时的高效知识服务的产品。"得到"App 声称，只服务人群中 2% 的终身学习者，每天只需20 分钟（如晨起、睡前、如厕时），就可以让用户在这里学知识、长见识、扩展认知，终身成长。知识大咖罗振宇、李笑来、李翔、刘雪枫、万维钢等集体入驻并在这一平台开设专栏。"得到"上线不到 3 个月，就获得 42 万用户，付费率达 20%，相比于之前的微信语音与免费视频等形式，这一次"罗辑思维"真正把知识服务做成了一门生意。

4.6　企业公众号运营及营销

企业想要进行微信营销与运营，就要先让用户关注自己的公众号，如果用户选择关注企业的公众号，就说明用户对企业的产品比较感兴趣，很可能会进行（再度）购买等，这时企业为这些用户推送消息，就可以起到更好的营销效果，带动用户的消费。

从企业的角度出发，其打造和经营微信公众号的主要目的是实现自身产品或服务的营销，通过这种方式和手段拓宽自身获取经济利益的渠道。

企业利用微信平台提升企业文化软实力，应明确企业的品牌定位、潜在客户需求、市场方向，把企业文化软实力的提升与品牌的创建和提升结合起来。在借助于公众号、朋友圈、微信群进行信息传播的活动中，企业的诉求应清晰、定位应明确。资讯类信息的传递应秉持企业的核心价值理念，寓企业文化与品牌理念于各类资讯、软文、组织活动中，提升精神层面的文化涵养。借助微信平台开展客户服务的企业服务号，应主动提高对服务的重视程度，提高服务的品质和水平，把服务的品质与产品的品牌维护提高到同一高度。

4.6.1 微信公众平台在企业管理中的应用

微信公众平台在企业管理中有以下应用。

（1）微信公众平台是企业宣传的新媒体

微信公众平台已成为企业对外宣传的利器。企业可以通过微信公众平台向职工、客户等一切关注企业的人群主动推送信息、介绍企业概况、展示职工风采、宣传企业政策、反映企业动态。企业可以通过发布动态、展示员工风貌等传达自己想要传达的价值观，传递企业精神，树立企业形象。总体而言，企业在内容的选择上有一定的自由度，在形式的选择上也可以大胆创新。不过，内容一定要有价值、易于传播。

① 企业概况。企业可以通过微信公众平台，向目标人群主动推送企业介绍、组织机构、管理团队、发展历程、企业荣誉等方面的信息，帮助用户了解企业。

② 职工风采。企业可以在微信公众平台每月宣传两名优秀职工的先进事迹，也可以在每年的劳动节前集中展示一批先进人物风采，树立行业榜样，激励广大职工争先创优，营造比学赶超的良好氛围。

③ 企业政策。企业可以利用微信公众平台，及时发布最新的企业政策，这样便于职工对政策及时了解、全面掌握、透彻领会，从而将政策更好地落实。

④ 企业动态。企业开展的许多活动，都可以作为企业新闻的内容。企业可以采用简洁的文字、图片形式，通过微信公众平台及时推送给目标人群。用户只要接收到这些资讯，就可以及时了解企业动态。

（2）微信公众平台是职工成长的新空间

企业可以在公众平台设置"职工书屋"这个功能板块，供职工去阅读学习，进行自我提高。对于功能板块的建立，企业可以自己制作，也可以请专业团队制作。大家可以参考"顺丰工会大家庭"微信公众平台里面的"丰味书屋"。

（3）微信公众平台是企业与客户沟通的新桥梁

微信公众平台真正实现了企业与客户联系的及时、便利和有效，为企业与客户之间架起

了一座沟通的新桥梁。

① 客户信箱。企业公众平台开设"客户信箱"功能板块，客户可以通过信箱进行质量投诉、业务咨询、提出意见建议等。企业要本着实事求是、及时高效、解决问题的原则，对来信内容给予及时答复，妥善处理客户反映的意见和建议。

② 产品展示。企业公众平台增设"产品展示"功能板块，以供客户更好地了解企业生产的产品。这个板块一定要做到及时更新，企业有新产品就要马上发布到公众平台，以便客户能及时了解新产品的相关信息。

4.6.2 企业公众平台营销策略

企业微信公众号为企业的品牌形象宣传和消费者忠诚度的维护提供了一个全新的高效平台。运营这个平台，对企业来说既是机遇也是挑战。如果把微信公众号仅仅局限于营销工具就显得视野过于狭窄，在效果上有时还会适得其反。如果微信公众号运营者能够充分了解受众的消费心理、媒介接触习惯和接触心理，掌握微信公众号的传播规律，分析好利弊、找准问题、对症下药，合理制定传播策略，坚持原创，不断优化用户体验，则能很大程度上增强用户黏性，提升品牌满意度和忠诚度，成功塑造企业的品牌形象。

（1）建立保障组织，获取精确粉丝

企业进行微信营销，有专门的组织部门和负责团队是关键。对于企业来说，只有将传统营销和新媒体营销相结合才能获得更好的效果，企业可以根据自身发展情况与行业特点在传播手段上有所侧重。企业在进行微信营销时也要有相关技术保障的支持。企业应该培养相关人才或聘用技术人才，这将有利于企业及时获得用户的相关反馈。更重要的是，企业中高层管理人员要认同微信营销的理念，充分了解微信营销的本质，这样才能从全局出发给予微信营销以支持，建立各部门间的协调机制，使其更好地促进业务发展。

企业不能盲目获取粉丝，要以精确性为核心。企业在初期引入的粉丝大部分是有客户基础的，其后期可以利用微信平台的信任性和私密性，让粉丝产生粉丝。根据行业性质的不同，企业获取粉丝的途径也不同。餐饮企业可以通过微信 LBS（基于位置的服务）来挖掘粉丝，培养粉丝；服务型企业因为粉丝位置的不确定性，可以设置便于用户记忆、便于目标用户输入的账户名，以方便他们搜索及传播。

（2）制订营销计划，明确营销目标

企业运营微信公众号要有周密的计划性，绝对不能盲目。具体到实际操作中，企业要重视整体和阶段性的目标策划和执行。企业在构思的活动或者要推广的内容要直接反映到所要传播的消息的内容和形式上，与此同时，企业还要考虑好每一步怎样做以及出现与计划不同的情况时要怎样处理。企业要挖掘用户感兴趣的内容，同时，在推广企业的品牌形象时，不能单纯地只是发送广告宣传企业的产品或服务，更要有明确的定位。企业只有制订好营销计划，明确营销目标之后才可以有针对性地对效果进行评估。

（3）注重内容质量，掌握运营技巧

企业在微信公众号限制发送信息数目的政策下，应该注重每一条信息的质量，同时，运用一定的运营技巧，适应互联网传播的 4I 传播理论营销模式，即趣味性（Interesting）、利益性（Interest）、互动性（Interaction）和个性（Individuality）。企业发送的信息内容质量好，用户就可以通过信息获得帮助，通过互动加深对企业的印象，从而决定对企业的态度是继续关注、将账号推荐给好友还是取消关注。

（4）坚持客户维护，评估客户体验

深度挖掘一个老客户比开发一个新客户所需要的成本要少得多。而相对于其他媒体而言，微信的最大优势就是能让企业和客户进行一对一的沟通，为客户提供更个性化的服务，尤其是在老客户的维护方面。企业从历史聊天记录中可以了解客户发送的内容，评估客户体验，直接根据问题为客户提供服务并随时进行调整，这样提高效率的同时也方便了客户，增强了客户对企业的信赖感，更利于今后业务的开展。

（5）重视用户体验，打造更精良的广告插入模式

传统媒体中，无论是电视、广播，还是报纸、杂志，广告都是生存之本，企业都是通过提供广告服务来形成相对牢固的模式链条的。新媒体也不例外，微信的营销策略中自然也不能少了广告的参与。在企业通过微信发布广告的过程中，要更加重视用户体验，竭力打造更精良的广告插入模式。

在这方面，企业可以在公众平台的信息发布中为用户设置一些阅读的功能按钮、网页链接、二维码等，让用户根据自己的喜好深度了解更多相关信息，根据自身兴趣有选择地点击链接进入广告。同时，企业也可以对广告的效果进行追踪，以更精准地了解用户的需求，更准确地评估出广告效果。

（6）以人为本，升级用户体验

企业进行微信营销时，应以人为本，强化企业微信服务的人性关怀。归根结底，企业应将其价值理念和最大化地满足用户的需求与喜好相结合，面向用户做好各类服务，不断升级用户体验。

4.6.3　企业公众号矩阵 4 大原则

面对数量众多的微信公众号，企业必然要建立矩阵，形成合力。"矩阵"是由 19 世纪英国数学家凯利首先提出的一个线性代数的基本概念和数学工具，后被广泛应用于自然科学的各个分支及经济分析、经济管理等许多领域。数字化时代的到来潜移默化地影响着人们对信

息的需求及对问题的思考方式，对于一条新闻，受众需要媒体呈现的不再是单纯的线性传播，而是一个立体的网状结构传播体系，这使得媒体必须构建一个与之相适应的传播模式，"矩阵化传播"便应运而生。

企业公众号矩阵，就是指不同微信公众号之间协同联动所形成的集群体系。公众号矩阵有利于细分受众、有效满足不同人群的信息需求，同时也有利于企业规范管理、优化资源整合。对企业来说，公众号矩阵是指企业各个微信公众号之间既协同共融又各自独立，根据微信公众号不同的定位对受众进行精准覆盖，同时在企业文化建设、形象宣传和舆论引导等方面共同发声，形成由点及面全方位、立体化的集群传播效应。

经过风靡之初的疯狂增长到如今的格局洗牌后，许多有影响力、公信力的微信公众号开始占据绝对优势，并逐渐开始整合，布局微信公众号集群，打造微信公众号矩阵。以"上海发布"微信公众号为例，2015 年 4 月 10 日，"上海发布"的"微信矩阵"模块正式上线。作为上海市各政务微信账号的集中展示平台，"微信矩阵"模块包含了 16 个区县、24 个委办局、17 个重要机构的 57 个政务微信账号。但是值得注意的是，企业多个公众号的内容同质化服务也大大影响了其服务品质。例如，锤子科技和锤子手机两个公众号所提供的服务就完全雷同，其中一个实际上没有继续存在的必要。这些现状对企业利用微信提升文化软实力极为不利。

企业在建立公众号矩阵的过程中，应遵循以下原则。

（1）品牌差异化

微信公众号矩阵的建立应该充分尊重矩阵成员的个性化发展，保证矩阵内的每个公众号都保持其明确的功能和定位，相互独立、各司其职。从内容、语言、风格等方面实行差异化运作。

在矩阵体系中，各矩阵成员只有找准自身品牌和受众定位，以特色化、差异化的优质传播内容吸引受众，才能避免同质化内容的泛滥，进而持续创新、良性发展。

（2）管理一体化

对于矩阵内成员微信公众号的管理，企业应秉持一体化原则，从规章制度、人员培训、技术指导、奖惩机制等方面进行集中管理，企业可以成立一个专门的部门或机构，来统一负责全部微信公众号的矩阵管理，以保证信息传递和执行的准确性。

（3）采编内容协同化

在采编机制方面，企业要充分发挥矩阵成员采编队伍的主观能动性和创造性，在矩阵管理中要打造一个大数据库，将选题策划、多媒体技术支持、视觉图像设计、运营推广等纳入集成公共平台，使优势资源得到共享的同时，实现内容协作、资源共享、整合传播。同时，将矩阵体系内的采编队伍纳入系统化培训，每季度开展网络素养基础培训和新媒体采编专业培训，全方面、立体化地提升矩阵采编队伍的网络文化素养。

（4）双号合并

"订阅号"扮演着"拉新"的角色，"服务号"扮演着"留客"的角色。订阅号虽然被折叠到订阅号文件夹中，但是它每天可以更新推送消息，更加活跃地推送企业的最新动态，让用户更能感受到新鲜感，便于企业培养用户的忠诚度。在用户经过订阅号这一段时间的说服教育后，服务号可以将订阅号中的客流吸引过来，此后服务号需要面临的课题便是：让用户主动关注；规划更贴近用户需求的自定义菜单；以营销活动持续吸引用户访问；分析管理每次与用户的聊天记录；利用微信积累的数据，做好用户身份的精准识别。

与服务号不同，订阅号不能提供服务功能，但订阅号不受服务号每月最多四次信息推送的数量限制，每天可群发一次信息，其可以是一篇文章，也可以是一次发多条组合信息，资讯传递比服务号更为及时。订阅号不能直接展示在用户的微信首页列表中，而是显示在"订阅号"文件夹中，用户点击后才能阅读各订阅号的文章。新东方教育科技集团的订阅号——"新东方家庭教育"每天一次推送三篇文章，内容涉及教育理念、孩子习惯培养、新东方开课通知等。罗辑思维在其订阅号中推出了罗永浩干货日记、商城、用户服务等，比普通的订阅号多了一些服务功能，但总体来说，其企业文化的传播形式主要还是软文植入，信息资讯单向传播，缺乏互动。

4.6.4 企业公众号运营 6 大技巧

微信公众号在运营过程中往往具有相类似的特征，例如，提供精简、实用的资讯，满足受众对有用信息的需求；注重内容、互动方式上的多样性，定期策划推出抢红包、摇电视等H5 产品，让受众参与其中，享受乐趣；提供传统的图文页微刊，还结合自身资源优势，推出短视频、短音频等丰富的内容；在提供优质内容产品的同时，运营者也不忘夯实服务质量，提供线上线下各色服务。以上这些特征相互作用，共同造就了受众对微信公众号的满意程度和使用黏性。

对企业来说，公众号运营要实实在在，要制订好切实可行的运营方案，重点要做好以下内容。

（1）针对性

企业在开展微信营销时，要具有针对性。在使用微信认证的时候要考虑到企业需要宣传哪些类型的产品，要明白通过微信公众号发布的信息还需要把微信用户吸引到其他网站，所以公众号推广应以消费者的某种共性为基础，对市场细分，以提高微信营销的针对性。

（2）互动性

无论是企业还是个体微商，对于客户的提问，一定要及时回答，保持紧密的互动，以更

好地了解客户的兴趣、偏好，按需供给产品；要善于利用微信的功能与客户保持亲密联络，吸引客户长期关注自己。

（3）科学管理客户

企业要对客户进行科学系统的管理，根据客户的不同属性对其进行分类，向不同类别的客户发送其感兴趣的企业信息，还要根据自己企业产品的特性筛选有效的客户，以增强产品的针对性，避免广告推送的低效率，同时还要注意推送广告的时间和频率。

（4）信息推送及回复

通过向用户提供有价值的信息引导其消费，培养其关注企业公众号是企业营销中最为期盼的。目前，多数的企业都在看着别人做微信营销而有样学样，而对自己的公众号推送的信息内容及频率没有进行合理的规划安排，致使微信公众号成为一种人们阅览的手机报，难以激发用户的消费欲望，更不要提通过推送信息与用户建立良好的沟通关系来提升用户的忠诚度了。公众号信息回复存在的不足主要体现在：回复速度慢，回复准确性差。如果用户提出疑问而没有得到及时准确的回复，那么将会影响其与企业沟通的积极性，用户即使有好的建议也不会告知企业。为了能够更好地引导用户，增强用户对企业的忠诚度，企业需要在公众号的信息推送和回复方面下足功夫。在公众号的信息推送方面，企业要遵循信息推送内容的实用性和趣味性原则。其中，实用性原则指的是信息推送的内容要有价值，能够满足消费者的需求。以影院为例，关注影院公众号的人多为影迷，这些人在工作之余最为关心的问题就是影院的最新影讯信息，影院定期地为他们提供电影资讯方面的信息以及新影片上映的日期等，这可以有效地吸引他们对影院公众号的关注。在影院公众号的信息回复方面，企业应尽可能地使用人工回复，这样能够针对消费者提出的问题进行有效的回答。

（5）线下高品质活动

通过开展线下的高品质互动活动，企业能够直观地建立其品牌与用户之间的亲密联系，并强化这种心理黏性，而且在互动交流的过程中，双方思想的碰撞能够产生新的智慧之光。

（6）粉丝质量

并不是粉丝越多，产生的营销效果就越好。粉丝既能添加对你的关注也可以取消对你的关注，如果你不能够持续地向粉丝提供自己的价值或意义，你可能就会被抛弃。有时候一个信息推送不当，也许就会出现粉丝流失的情况。公众号不需要"僵尸粉"，企业的宣传、活动的最终目的是实现交易，只有忠实的粉丝才能够带来交易。公众号运营的核心并不是粉丝数，而是与粉丝之间的互动。

4.7 公众平台用户运营

用户决定着公众平台的存活，所以公众平台用户运营至关重要，有效地运营用户，可以大幅度提升公众号运营的效果。众所周知，微信公众平台上的用户都是企业或个人在做线下活动推广时通过二维码和线上发送名片的方式得来的。通过这些方式添加的用户具有较强的针对性，但也不排除一些用户为了参加活动、获取礼品而去关注该公众平台，这种用户就不是潜在客户，因此，对于公众平台上的用户，我们需要进行筛选，挖掘出对我们产品有真正需求的用户，对其进行重点营销和维护。

4.7.1 公众号筛选目标客户 6 大技巧

筛选目标客户最好的办法就是与他们进行互动。企业只有与目标客户建立牢固的关系，才能维护和拓展媒体品牌的传播。

（1）互动筛选

在实际操作中，大部分企业会选择通过"自动回复"来与用户沟通，但单靠这个功能聊天还不够，必须辅以"人工回复"才能在实现筛选效果的同时留住目标客户。

除此之外，运营者要注重加强与用户间的互动，包括留言互动、参与线上活动互动等。这有利于运营者随时了解用户的即时需求，从而为用户提供及时的服务。通过互动交流，拉近和用户的关系，促进彼此之间的情感交流，为用户营造良好的用户体验，加强用户对品牌的信任度与认同感。

（2）建立微销售团队

对于精选出来的企业目标客户群，企业除了利用微信公众平台对其进行维护和服务外，还可以与现在兴起的微商相结合，具体可以这样来实施：企业可以组建一支微销售团队，将精选出来的目标客户群分给这些微销售人员。企业前期通过公众平台"人工回复"功能与目标客户群沟通，初步了解其需求后建立目标客户档案，然后建议他们添加我们专业的微销售人员了解具体的产品信息，微销售人员再根据前期建立的目标客户档案有针对性地向目标客户提供与其需求相匹配的产品信息。这样就将平台上的用户转化成了企业的微信好友，方便企业为其提供一对一的服务。

（3）推荐分享

如果该目标客户选择了该企业的产品，用得好的话他就会将产品推荐给他身边的人，这时候他就会把企业的公众号分享给他的朋友，同时他也一定会把企业的微销售人员的名片一并发给他的朋友，这样就减少了企业前期的目标客户筛选环节，节约了成本。

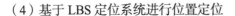

（4）基于 LBS 定位系统进行位置定位

企业通过 LBS 系统可以对用户登录账号的时间、地点等特征进行精确的划分，将目标客户的范围缩小，并有针对性地开展活动、促销，再通过微信平台人工系统一对一地与他们进行交流，进一步深挖用户的实际需求，定向地开展促销、优惠活动。

企业通过查找"附近的人"，可以准确地看到远至几千米以内的同时开启查找功能的用户，企业可以通过在验证信息中加入产品信息主动和用户联系，通过推送用户感兴趣的信息促使其进店消费。例如，在餐饮业营销中，LBS 表现得尤为明显，企业可以通过 LBS 功能在用户就餐之前主动出击，及时向其传递企业的产品和活动信息，实现"动态营销"，化被动为主动，大幅度提高营销效率。除此之外，企业还可以通过开展促销、优惠活动积累人气。

（5）关键词回复

企业通过 CRM 系统进行客户管理，对于客户的问题进行及时解答，保证了企业和客户之间沟通的质量，同时企业通过与客户的沟通进一步了解了各类客户的心理需求，这也为精准营销打下了坚实的基础。利用 CRM 系统的企业微信公众号中，比较具有代表性的就是保健养生类的微信公众号，其在用户关注后会提示用户如果对哪一方面的保健知识有疑问，可以通过输入关键字来获得相关内容的推送信息，并且公众号在推送信息中就养生知识还进行了科学的分类，方便用户选择感兴趣的板块，既可以加深营销的深度，也可以赢得用户的好感。

（6）信息推送时间

信息推送时间的选择也是精准营销的必要因素，聪明的营销者往往会选择周末、节假日等消费需求大的时间点提前做好宣传工作，在原有老客户的基础上网罗新客户，没有需求也要创造需求。他们通过对客户关注公众号、参与活动类型的数据分析进一步了解客户的需求，从而实现精准定位，准确及时地推送信息。

4.7.2　公众号维系老客户策略

很多企业都明白经营一个老客户比挖掘新客户更重要，所以，他们往往会通过电话或短信的方式对老客户进行维护，或者通过一些后续活动来保证老客户的忠诚度，但通过这种方式维护老客户的成本非常大，而且非常复杂和麻烦。然而，利用微信公众平台对老客户进行维护不仅能为企业减少成本，还能方便企业按照老客户的消费习惯和需求来设计板块，从而更好地为他们提供服务。企业具体可按以下操作实施。

第一步：先把老客户添加进来。通过老客户留下的个人资料，与他们沟通，让他们关注企业的公众号，添加他们为好友。也可以举办一场老客户答谢会，在答谢会上发布企业新品的同时给老客户一定的优惠政策和小礼品，鼓励他们现场扫码关注公众号。

第二步：根据老客户的消费习惯和个人喜好，合理设计公众号的板块信息。微信公众号的功能有很多，但企业不可能全部都用上，企业可以根据老客户的一些消费数据，科学设计板块，将老客户最感兴趣和最有需求的信息提供给他们。

第三步：设计线上线下活动，让老客户介绍新客户。老客户是企业营销推广活动的重要资源，因为老客户是企业产品的体验者，同时他们对企业的品牌价值和企业文化也是十分认同的，因此，让老客户将自己的产品体验分享给身边的朋友他们也是十分乐意的，但这需要企业做一些小小的推动工作，例如，设置转发至朋友圈即可领取现金红包一个或赠送打车优惠券一张等活动，以此来刺激老客户帮助企业推广。

4.7.3　互动策略

互动性是社交网络的重要属性。互动就是让用户参与到微信公众平台的运营中，在这里，企业既要重视信息的双向流通，又要注重线上线下的互动结合。首先，企业要及时回复用户的消息，及时提供帮助，增强用户对平台的信赖。其次，企业要有意识地设计线上互动活动，让用户参与进来，如投票等。最后，企业也可以采用线上线下相结合的方式，如告诉用户线上将自己拍摄的照片发布到平台就有机会得到电影票两张等。与用户良好的互动有助于提高用户的黏性和活跃度。

在互动形式的运用上，目前中小企业大多常用的就是群发消息、投票、留言评论等。企业可以通过群发消息将自己的活动内容、新产品信息传递给用户，使用户可以主动参与活动，提高其参与度。线上投票是一种成本低、效率高的获取读者反馈的方式。而投票往往运用在营销促销活动上，通常类似的还有点赞、集赞活动。留言评论是目前中小企业利用最多的客户关系管理方法，中小企业往往会有专人负责与用户沟通以帮助他们解决问题。

企业在具体制定营销策略时要充分利用微信带动好友互动的特性，展现出营销手段多样化的特点，刺激用户的购买欲望。比较常见的营销方式有集满多少个赞或者分享到朋友圈抑或是分享给好友就可以得到奖励、赠品等，企业通过抓住用户喜欢"免费"的心理需求，不仅刺激了购买欲望，而且通过朋友圈的扩散效应也很自然地让用户乐意为企业做宣传，这就比传统的强制消费者购买一定数量产品后再给予打折优惠或者搭售更容易被消费者接受。而且对于微信用户来说，分享和点赞的过程也可以促进朋友间的互动，可谓一举两得，这就使他们的分享欲望更强。也许一开始只是少数几个人的转发、分享，但是越到后来，从众心理的作用会使得本来并没有分享欲望的用户也加入进来，企业宣传就可以以滚雪球的速度传播开来。综上，随着微信功能的日益丰富，依托于其功能的微信营销策略也随之丰富，企业只要结合自身产品的特点选择恰当的营销策略就能够有效地吸引潜在客户。

　　总之，企业要加强和粉丝、潜在客户的互动沟通，建立和他们的良好关系，把"一对多"的单向沟通方式变成"多对多"的互联方式。比如派专人负责留言区的维护，多关注有意思的话题，努力使其能在用户中引发延伸讨论，进而塑造出用户产生的品牌故事；通过语音或视频方式，使读者、作者、编辑就某一观点或主题展开在线交流，这样既增进沟通，又能通过用户产生新的品牌故事；"打赏"功能也能增强互动的趣味性，可以增加互动环节的奖励力度，鼓励用户多多参与互动；注意联合其他一些具有影响力的微信公众号，通过它们转发，或者与它们联合举办活动，进一步扩大影响力。用户参与感越强，传播深度就越深，就越容易实现链接式传播甚至病毒式传播。

第五章
玩转微信小程序

张小龙对微信小程序的定义是：即用即走，触手可及。首先是大家无须安装便可以直接使用，用完后当它不存在就可以了；其次是"触手可及"，比如我们看到一盏灯，想要控制它，只需要用智能手机对着它扫一下，然后控制这盏灯的应用程序就可以将其启动了。

王易微信营销小课堂
第五讲

5.1　认识小程序

2017年1月9日凌晨，微信小程序正式上线。微信小程序，是基于微信推出的全新平台，开发者们可以自行开发出在微信上运行的程序，用户可以通过搜索（见图 5-1）或者好友聊天分享的方式获取并直接运行它们。

小程序作为一种不需要下载、即开即使用的线上应用，不但操作性强而且功能相当多。首先我们先来解读一下小程序的功能。

① **提供小程序页概念**：小程序支持分享当前信息，好友打开时看到的即是实时信息，而无须再次启动小程序。

② **对话分享**：你可以将对话分享给单个好友和微信群。

③ **搜索查找**：用户可直接根据名称或品牌搜索小程序。

图 5-1

④ **公众号关联**：在小程序与公众号为同一开发主体的前提下，二者之间可以进行关联。

⑤ **线下扫码**：用户可以通过线下扫码的方式进入小程序，这是微信提倡的接入方式。

⑥ **小程序切换**：小程序支持挂起状态，即多窗口概念，用户可以把小程序先挂起，然后做别的事情，在需要的时候再切换回来，相当简便。

⑦ **历史列表**：用户使用过的小程序会被放入列表，方便用户下次使用。

⑧ **消息通知**：商家可以发送模板消息给接受过服务的用户，用户可以在小程序内联系客服，小程序支持文字和图片，双方可以达到便捷的沟通。

⑨ **个人开发者可申请小程序**：与公众号一样，小程序也对个人开放，个人可以直接申请注册，开发然后使用。

⑩ **通过公众号模板消息可打开相关小程序**：公众号已关联的小程序页面可以配置到公众号的模板消息中，用户点击公众号下发的模板消息，可以直接打开小程序。

⑪ **公众号关联小程序时，可选择给用户下发通知消息**：小程序可以给用户下发通知消息，用户点击该通知消息即可以打开小程序。

⑫ **移动 App 可分享小程序**：开发者只要将小程序绑定到微信开放平台，然后，同一微信开放平台账号下的 App 即可将已绑定的小程序页面分享到微信内的群聊或会话中。

⑬ **扫描普通链接二维码可打开小程序**：商家如果在线下已铺设了普通链接二维码，用户只要扫描该二维码即可直接打开小程序。

⑭ **小程序可以通过蓝牙连接智能硬件**：小程序通过蓝牙可以进行智能硬件的连接，丰富了线下的应用场景。

⑮ **小程序和微信卡券能力结合**：用户可以在小程序中快速领取会员卡和优惠券，方便商家更好地为用户提供服务。

⑯ **小程序可获取用户地址，并开放访问场景能力**：小程序还开放了获取用户通信地址和访问场景的功能，提供更贴合用户需求的服务。经用户授权后，小程序就可以直接获取用户在微信中保存的通信地址，开发者可以获悉当前用户进入小程序的渠道，从而为其提供差异化服务。

⑰ **小程序兼容 ECMAScript 6 API**：开发者可以在小程序中使用 ES6 的绝大多数 API，不用再考虑 Java 版本的兼容问题了。

⑱ **小程序"第三方平台"**：对于一些没有开发能力的商家，"第三方平台"开放后，其小程序的开发更省心，开发成本也得到降低，同时这也方便第三方批量管理商家。

⑲ **"附近的小程序"**：通过该功能，用户可以在微信入口快速找到附近的小程序和服务，更便于用户与商家接触交互。

综上所述，我们可以看到小程序的功能相当强大，那么小程序的特性是什么呢？下面我一一为大家说明。

小程序的特性：无须安装，触手可及；用完即走，无须卸载。张小龙给它的定位是：用户体验比网站好，比下载 App 更便捷。

① 无须安装，触手可及。

有了互联网之后，我们为了了解信息或获得服务，可能会打开几个网站同时浏览，而且我们的手机里都或多或少有几个 App，但有了小程序之后，许多使用流程就简化了，用户不需要下载安装应用程序，省去了很多繁杂操作并节省了宝贵的时间，真正做到信息触手可及。

② 用完即走，无须卸载。

这是微信团队在很多场合经常提到的，比如我们曾用过的许多流行的小程序如"跳一跳""头脑王者"等，想玩的时候直接打开，用完直接退出离开即可，不需要担心它占用你的内存。

时下，因为偏于 O2O，微信小程序几乎成了 O2O 行业发展的一种标配。在小程序搜索框输入相关生活服务行业的关键词，大家可以看见大量已经上线了的各类微信小程序。尤其是附近的小程序功能推出之后，生活服务类小程序更加如鱼得水。

打赏小程序——"给赞"

之前一段时间，有一款名为"给赞"的打赏小程序在朋友圈蔓延开来（见图 5-2 和图 5-3）。好友通过识别二维码，可以直接给朋友打赏转账，"简单粗暴"，而打赏的记录会留在小程序页面上。这种做法被网友戏称为"朋友圈讨饭"。

图 5-2

图 5-3

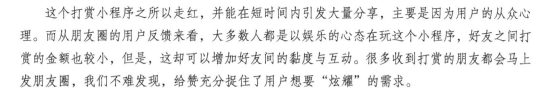

这个打赏小程序之所以走红，并能在短时间内引发大量分享，主要是因为用户的从众心理。而从朋友圈的用户反馈来看，大多数人都是以娱乐的心态在玩这个小程序，好友之间打赏的金额也较小，但是，这却可以增加好友间的黏度与互动。很多收到打赏的朋友都会马上发朋友圈，我们不难发现，给赞充分捉住了用户想要"炫耀"的需求。

5.1.1　小程序的优势

一个新鲜事物的诞生与流行，意味着事物本身蕴含着强大的功能与能量，那么小程序到底给商家提供了怎样的功能与优势呢？下面我们来具体说一下。

（1）开发成本低

小程序的优势是非常明显的，它开发的成本差不多只是开发一个 App 成本的 10%～15%，它的开发技术与开发手机客户端 App 的技术十分相似，并且它采用了更为简单的页面代码，所以，小程序大大地减少了开发的成本与难度。同时，小程序只需要依托微信，便可以自动适配不同操作系统的使用要求。用户随时打开的都是小程序的新版本，大大地减少了更新应用所要耗费的流量。

（2）推广成本低

小程序的推广成本低是显而易见的，因为它有二维码，用户只需要扫一扫就会出来小程序，而且用完之后可以直接通过历史列表将其找回；由于小程序可以关联公众号，所以用户可以在公众号上直接推广小程序；用户还能从附近的小程序中将想要找的小程序搜索出来。由于小程序的多功能性，它可以更快被用户找见并使用。

（3）无须安装

小程序的最大优势就是不用安装，"用完退出，不用卸载"。例如，当你去一家咖啡店喝咖啡时，只需扫描咖啡店的二维码，就可以打开咖啡店的小程序进行点餐，顺便利用微信支付付款，之后等着取咖啡就行了。不用安装，不用卸载，这大大节省了你的时间与流量。

（4）节省手机内存

为了进行某些应用，用户有时需要安装一些 App 并不定时地对 App 进行升级，而小程序无须安装更不用升级的特性使其并不占用用户太多的手机内存，所以为广大用户所接受。

（5）可以打造超级粉丝

在聊天工具中，微信是首屈一指的，各个年龄段的人都因为它可以直接进行语音聊天而深爱着它，同时它使很多不会拼音的人也有了玩手机的乐趣，活跃用户数量巨大。而小程序的所有用户都来自微信，所以一旦有人使用，小程序端就会有一个清晰的用户画像，有利于运营者更好地区分用户群体。同时，小程序具有强大的数据分析能力，可以帮助运营者分析用户，发现用户，最终助其留下用户，打造超级粉丝。

（6）用户体验较好

例如，我们使用微信计算小程序（一个能计算个税的小程序），从打开微信开始，操作不会超过三步。更让人感到不可思议的是，这款小程序，整合了十多个低频需求，就是当我们打开这个小程序时，不仅可以计算个税，还可以一程序多用，体验相当不错。

（7）商家拥有更多主动权

小程序就相当于你家的一个小商城，不仅从开发到上线差不多只需要一周时间，而且里面的优惠活动是商家可以自定义的，不管是不是电商节日，想做活动就做活动，只要内容不违法。

（8）支付操作更方便

小程序基于微信而存在，因而使用微信支付也非常方便。它不需要跳转任何 App 就能直接达成，根据"每多一次跳转就会流失 20%～30%的用户"的规律，直接达成支付是最好的，其减少了支付者的犹豫成本和犹豫时间，成交率也自然会有所提升。

（9）方便管理

微信小程序可集会员礼遇、购物记录、售后维修、门店信息等服务于一体，为品牌会员提供更好的服务体验，更便于商家进行管理。

（10）提高用户黏度

微信小程序有和公众号关联、把具体单页信息分享给好友的功能，这两项功能对大众传媒提高用户黏度是有很大帮助的。例如，《人民日报》的公众号可以关联人民日报开发的小程序，反过来用户通过《人民日报》开发的小程序也可以进到其公众号里，这就实现了公众号用户和小程序用户的交融，也提升了用户的黏度。而且，用户可以把通过使用小程序读到的新闻、热点直接分享给微信好友，他的好友如果觉得感兴趣也可以将其再次分享给其他好友。

5.1.2　小程序的营销价值

据不完全统计，小程序的流量入口多达 50 个，其中八大主要入口为二维码、附近的小程序、搜索、广告、社交分享、公众号、小程序商店和卡包。例如，用户通过"附近的小程序"搜索到美发店的小程序，即可查看相关信息，然后通过导航到店消费即可。

微信拥有近 10 亿的活跃用户，企业开发小程序能享受到平台带来的营销助力。微信生态圈内是熟人社交、熟人营销，而小程序新颖的"动态分享卡片""附近的小程序"等功能都大大降低了企业的营销成本，尤其对于初创企业来说，小程序无疑是企业最佳的营销方式之一。

（1）小程序的核心价值：场景连接

小程序是微信尝试场景连接的互联网新产品，张小龙举例阐释，他在深圳机场见到广告牌，发现绝大多数广告牌上都有微信公众号的二维码，这些二维码取代了以前的网址，成为广告新的标配；但是让他不满意的是，当他看到广告，想了解其服务的时候，需要扫码订阅这个公众号，成为其"订阅户"，这样才能收到推送信息。而以前的广告牌有自己的网址，用户通过网址自己去网站就可以看到各种服务，他认为这是很不一样的。他其实想说明，广告牌不应该只把订阅号贴在上面，而应该贴的是像 PC 互联网时代的网站一样的东西，这样可以立即呈现服务的链接，而小程序就是类似这个服务的链接。小程序的初衷就是实现用户用手机只需扫一下广告牌的二维码就能立即获得它的服务和信息的可能。这就是小程序的核心价值所在。小程序在连接线下场景方面远比公众号、手机 App、网站要好。

（2）小程序的使用场景

小程序有以下几种使用场景。

① 用户首次使用小程序时必须在微信主界面进行搜索，使用过小程序后，在微信的"发现"菜单下会出现小程序的子菜单，这时用户可以在小程序列表界面进行搜索。用户必须记住小程序的全名，否则是搜不出来的。

② 用户使用过小程序后，可以将小程序显示于微信聊天顶部，这对高频应用来说方便了不少。在安卓终端，用户甚至可以将小程序应用的快捷方式设置到手机桌面上，从手机桌面打开小程序就跟打开一个 App 一样，但在苹果终端，小程序无法设置成桌面快捷方式，用户只能从微信里面启动。

③ 用户可以通过好友分享到微信群里面的小程序分享页直接打开小程序，这点跟分享公众号文章到微信群是类似的，不同的是，小程序只能分享到微信群与会话中，不能分享到朋友圈。

④ 用户通过扫描线下小程序的二维码打开小程序。小程序没有类似 App Store 的小程序商店，没有统一的分发渠道，不支持关键字搜索模糊匹配。微信对小程序的很多策略与限制可以说明，小程序最重要的也是最佳的使用场景不是在线上，而是在线下。

目前为止，微信推出的小程序涵盖美食、交通、金融、旅游、购物、视频等多个领域。目前，小程序已经开放的入口除了以上四种外，还有就是可以在公众号关联相关小程序、公众号自定义菜单同样可以跳转小程序，同时，好友对话栏以及微信群分享、微信钱包第三方服务、移动 AA 分享小程序等众多入口都可以助你打开小程序。

5.1.3 小程序与公众号

微信经过几年的发展，使得很多企业对公众号已经相当熟悉，那么小程序与公众号有什么可关联之处呢？简而言之，小程序就是企业做的简易与实用的移动式商城，你打开的小程序就相当于一个品牌的简介与购买页面，更多企业利用小程序实现"公众号+线下门店"的同步运营，即使是没有线下门店的商城，也能通过附近的小程序，直接触达未关注过公众号的潜在用户，引入更多的碎片化流量。

（1）公众号绑定

小程序与公众号能够相互关联，公众号能发信息通知粉丝，粉丝的猎奇心会促使其点开与公众号关联的小程序，这能够直接打通粉丝营销闭环，极大降低企业获取流量的成本，成为每个企业和自媒体的福音。

（2）自定义菜单跳转

公众号自定义菜单栏能够通过一些设置跳转到关联的小程序，从而引导公众号粉丝进入小程序。因此，小程序可以将粉丝进行二次转化。

（3）公众号文章关联小程序图文卡片

公众号可将已关联的小程序图文卡片添加到群发文章的正文中，粉丝接收到推送消息后，点击图文卡片就能打开小程序。这对于那些文章阅读量在 10W+的公众号而言，价值不言而喻。

（4）公众号模板消息

公众号模板消息也是可以利用的资源，通过将模板消息与小程序做连接，可以让小程序更好地触达用户。例如，用户在某个小程序购买了产品，该小程序所绑定的公众号就会给用户发送模板消息，而用户就能够通过此消息来掌握订单详情。

（5）公众号低成本流量变现

企业用小程序可以挖掘公众号新的流量来源，可以丰富公众号功能，获得更多的盈利手段，还可以迅速地将其应用到线下销售地推中。小程序码的生成不受数量限制，完全可以做到一个销售员一个码，这样大家的流量获取和交易转化都可以一目了然。

一个小程序能够关联 3 个公众号，而两个有所关联又不互为竞争对手的行业，就可以尝试互相关联对方的小程序以增加流量入口，达到多赢。

5.1.4　小程序与App

我们知道，微信小程序是一种无须下载的 App，用户可以直接在微信平台上使用，从 Web 网站到 App 再到微信小程序，一个全新的互联网生态就此诞生。

那么小程序与 App 有怎样的区别呢？小程序的特点：体验比网站好，比下载 App 更便捷。张小龙在微信公开课中提到小程序：无须安装、触手可及、用完即走、无须卸载。相较 App 而言，小程序的优点十分明显，小程序正在以自己的"小"来布一个"大"

的局。

微信小程序的表现可圈可点，对于一些不常用的 App，小程序完全可以将其取代，然而，"轻量化"的小程序在功能的完整性体验上和 Native App（本地 App）相比还有着不小的差距，流畅度上也有一定的折扣，由于小程序只是一个具备功能的网页，无法做到多任务后台，这个缺点注定了小程序不可能取代 Native App。

但是，小程序是一种平台依附性的场景性应用，其自身"不带流量"，流量需要平台来提供。据不完全统计，微信拥有 8 亿多月活用户，有将近 1200 多万个微信公众号，这样的规模为小程序的问世创造了极大的条件，因此，小程序与轻应用场景相对接，其市场价值不言而喻。

与手机 App 相比，微信小程序具有以下几方面的优势。

（1）不用下载安装，即用即走

小程序作为一个"轻"应用，不需要下载，随时可用，用完即走，不占内存，更好地方便了用户，也节省了很多流量。

（2）入口方便，不必验证

微信小程序在微信中有专门的入口，用户还可以通过扫一扫、搜一搜等直达内容，不用经过几个层级找到资源，节省时间；而且小程序支持身份识别，使用一次后，用户不用再次输入信息即可直接使用，方便快捷。

（3）功能化，简单化

微信小程序在功能上突出小而美的特点，操作简单，界面简洁，重点突出，提升用户体验快感。

（4）门槛低，成本低，易推广

用户可以随意转发，以获取更多的曝光度与流量。

随着移动互联网的迅速发展，很多企业都着手开发自己的手机 App，但独立开发 App 周期长、难度大，需要投入大量的人力、物力、财力，而且有时候 App 的使用频率及效果并不理想，更重要的是其推广难度大，流量获取成本也大，所以，小程序较于 App，是一种更好的选择。

5.1.5　小程序的创业机会

小程序的出现促使更多的中小企业紧跟互联网的潮流，减少了资源的浪费。但是，推广是所有企业关心的问题，作为一个新生事物，小程序有什么样的推广优势呢？

小程序在电商领域方方面面的"创举"，让很多电商人不得不认为，小程序是专门为电商打造的变现利器。但是，张小龙先生说过，小程序不可能为电商而生！但鼓励发展。

在电商方面，任何一个能补足腾讯缺口的产品可能都会被鼓励，从这个角度来看，对于电商方向的小程序的大量出现，腾讯一定会从政策上有所鼓励。

与此同时，小程序也让垂直社交变得更有可能。比如一个关注育儿的订阅号，它可以利用小程序构建一个育儿社区，妈妈们无须离开微信，就可以在社区里与他人沟通交流。

毫无疑问，2B 类产品（即企业服务类产品）和工具将是小程序的热门领域，尤其是高频使用的工具类产品。你可以试想一下，如果你用微信或钉钉与客户沟通，两者之间的数据是不能同步的，你需要复制聊天记录到另一边，这就增加了工作流程，但如果使用小程序，只要一打开它，就能获取最新信息，如此简易操作，岂能不让小程序变得风行？

5.2 微信小程序运营策略

企业将如何利用小程序做产品推广与营销呢？其实对于企业而言，就是将自有渠道打包利用，将小程序二维码等掺杂进官网网站、公众号、微博、QQ 群等渠道，企业可采用软文等营销方式将小程序植入进去，这是一种最快、最有效的方式之一。

然后，利用微信导入流量，如附近的小程序等入口、微信内部搜索等功能，一切微信内部为小程序引流的渠道，都值得企业好好研究并加以利用。此外，企业还可以培养多个个人微信号，先利用小号吸粉，随后利用小号推广小程序。这种方式也适用于微信公众号与企业产品的直接推广。

再者，定期做活动调动用户活跃度，比如结合时下热点设计小程序游戏、利用微信社交传播力迅速圈粉等，通过这些方式，企业也可以获得很好的转化效果。

最后，也是比较实用的一个方式，即直接做内容营销以吸引更多用户关注小程序，例如，"千万别扫，不然……""不小心扫了怎么办？""那就加入神秘的咖啡密探组织，获取机密线索，开启解密之旅"，通过诸如此类的文字内容等激起用户好奇心。

任何一个好的创意，都可以让企业收获多多，基于小程序简便与多功能的特点，只要个人或企业多加应用，就会得到意想不到的收获。

5.2.1 小程序取名技巧

小程序取名至关重要，就像公众号一样，一个好的名字也是圈粉无数的绝招，小程序的名字是影响其推广的重要因素。小程序可以为用户提供各种信息的查询，最常见的小程序模式，就是卖服务、卖产品，还有就是小程序游戏、小程序娱乐，这些游戏、娱乐则讲究游戏与活动的趣味性跟玩法，小程序的名字应与其所提供的内容深度契合。

（1）小程序设置名字的基本规则

①【字数要求】小程序名字可以由中文字符、英语字符、阿拉伯数字和「+」符号组成。小程序支持 4 到 30 个字符的名字，少于 4 个字符或多于 30 个字符的名字都是不被允许的。

②【名称规则】小程序名字不得与公众平台已有的订阅号、服务号重复。我们可以发现，某些企业已经有了公众号，那么企业在给小程序命名时就不得不在已有的名字后再加一个后缀，我们可以看到它们的名称里多含有 "+" "e" "lite" 等后缀，如美团外卖+、今日头条 lite。

（2）小程序起名的技巧

好的名字容易被记住，同时也会自带流量，所以，我们在给小程序起名的时候，也要确保其简单易记，使用户看名字就知道其功能，这样的小程序才便于企业日后的推广与流量抓取。

现在，微信内的搜索功能还在不断强化，搜索结果融合了大数据等综合算法。有一点必须特别注意，即用户在使用微信搜索时，小程序会被优先显示出来。例如，当用户搜索 "BB霜" 时，搜索结果首先会显示与其相关的小程序，然后才是相关的公众号和其他的资讯文章。所以，小程序一名决定成败。

① 要善用同主体同名特性。如果你已有名字不错的公众号，而且流量很大，那么建议你的小程序直接用公众号的名字，后面再加一些后缀，这样可以更便于推广。

② 要善用改名功能。在小程序正式发布前，小程序有三次确定名字的机会。如果一次起得不好，一定要慎用第二次、第三次的机会。

③ 符合搜索习惯。你的小程序名字越符合用户的搜索习惯，被搜索到的机会就越大，这样不仅让你的小程序可以获得很好的曝光率，也可以提高小程序的展现量，从而提高后面成交的概率。

④ 利用关键词。在利用行业关键词的时候，你注册得越早，名字起得越好，意味着曝光度越高。而且小程序与其他平台相比，最特别的地方在于：可以布置十个附近的小程序并且可以有十个关键词查找，这使得你有非常大的机会轻松获得自然流量。

⑤小程序的定位与开发。小程序的定位跟我们做企业的定位本质上是一样的，当你在开发小程序时，就要考虑它的定位以及如何能更好地利用 "微信社交" 的力量。

⑥ 简短原则。我们在给小程序命名时，尽量将小程序的名字取得短一点，保持在 5 个字以内，2~3 个字最佳，优先选用+号做小尾巴，因为+号是可以被忽略的，你只需要输入前几个字就可搜索到带+号的小程序。

表 5-1 所示是一些不同类型的小程序以及它们的名称。

表 5-1

小程序	案例
投票类	群幂群插件、群统计
健康医疗类	姨妈日历、美柚 App、经期月月记、好药师优选、药顾问、丁香医生
表情类	鬼畜表情包
朋友相册类	朋友相册 App
图片类	嗨图、名画滤镜 App、Miatou、藏识相册
教育培训类	小 D 词典、词汇量查询、分答快问、钢琴优课、天天练口语
手机壁纸类	最新壁纸、开眼壁纸
快递类	微快递、指尖快递 pro
网购电影票类	猫眼电影、电影演出赛事

5.2.2 小程序搜索排名技巧

我们搜索过非常多类似的关键词，并对此进行研究，发现目前小程序的排名规则还是比较简单的，以下的各因素直接影响你的小程序排名以及流量的多与少。再一次重申，微信小程序的名字很重要，优化其名字，可以帮你比其他人最少抢占约 50% 的流量红利。

小程序与公众号一样，名字具有唯一性，也就是说先到先得，谁先注册认证了一个名字，其他人就不能使用了。所以，一些先开发小程序的企业占到了先机。由于小程序的入口很少，固定入口只有扫码和搜索名字，因而，一个好的名字，就是成功的一半。小程序的排名有以下规则。

（1）小程序的上线时间占排名整体的 5%

这个和过去的网站收录有些类似，我们知道老域名比新域名占据更多优势。换而言之，小程序越早上线越有利。

（2）描述中完全匹配用户搜索的关键词次数越多排名就越靠前（占比 10%）

例如，在服装行业，用户一般会搜索服装相关的信息，一般会在搜索框输入"服装"，那么相关的企业，就最好在你的小程序的名字上带上"服装"两个字，这样被搜到的次数多了，排名自然靠前。

（3）名字越短，并且匹配搜索的关键词，排名就越靠前（占比 35%）

第一时间入驻+短而精确的名字+标准的描述，可以让你的小程序牢牢把握住约 50% 的关键词的流量比例。

（4）微信小程序的使用数量，用得越多，排名越靠前（占比 50%）

这点非常重要，因为我们开发一个小程序，肯定是要让用户使用的，所以，你必须要让小程序保持活跃而且做到常用，这样才能使其更多地被搜索到，获得流量。

那么综上所述，决定小程序排名的几个重要因素有：

① 上线时间越早排名越往上；

② 搜索同样的关键词，相较没使用过的小程序，使用过的小程序的排名会靠前一些；

③ 在名字和简介匹配度方面，名字与简介越接近，排名越往上；

④ 小程序的打开次数越多，排名越往上；

⑤ 小程序的被分享次数越多，排名越往上。

所以，企业如果做好以上这些方面，你的小程序的排名肯定会比同行的高，你的流量也就自然比同行高。

5.2.3　小程序设计原则

小程序的设计也是一个重要内容，我们的设计要尽量突出"轻"和"巧"两大特点。轻就是可以让用户快速进入页面。巧就是小程序的整体布局巧妙，界面、流程、导航等都要恰到好处，为用户提供极致的体验。

小程序的设计需要遵循以下原则。

（1）导航明确，流程清楚

这就是说小程序的导航栏要主题明确，让人一看就明白进入之后就可以获取想要的内容。小程序的导航栏分为导航区、标题区和操作区三个部分，我们可以直接使用。

（2）减少输入，巧用接口

在检索小程序时，手机输入耗时费力，可充分利用"记忆"功能，如可以在历史记录或最近搜索中选择小程序，还可以利用微信的其他方式，快速对接信息资源。

（3）减少等待，重点突出

页面的内容与像素都必须控制好，尽量减少用户的等待时间，使其可以快速到达页面。

（4）异常提示，解决问题

当小程序提示出现异常时，程序要有状态提示，并快速告知用户出现该状态的原因与解决问题的方法。

5.2.4　小程序推广技巧

小程序的运营需要新的思路，但是，我们知道最好的营销就是提供用户最需要的服务，让用户用口碑进行传播，这是省钱与省事的最好传播方式。如何快速有效地推广小程序，关乎小程序的价值。因为小程序有特定的限制，比如没有关注功能，不能群发消息，不能内嵌网页和外链等。所以，小程序的推广技巧必不可少。

（1）通过二维码扫码进行线下推广

这是推广小程序最方便的入口，目前，"长按识别二维码进入小程序"入口的正式开放，意味着公众号跟小程序打通，公众号可以通过在文章、菜单栏放二维码链接来为小程序引流。

（2）通过附近的小程序推广

打开附近的小程序，用户会看到一个小程序列表，这也是一个常用的入口。

（3）通过好友分享和朋友圈推广

我们可以把做好的小程序直接分享给好友，也可以让好友帮助转发。小程序目前不支持直接分享到朋友圈，不过可以在朋友圈分享小程序二维码，小程序二维码同样支持长按识别打开。我们可以将小程序二维码做成一张精美的海报，以吸引更多关注。

（4）通过现有微信公众号关联推广

微信公众号是可以关联小程序的，我们可以在公众号中设置自定义菜单入口，也可以在公众号中做图文推送的时候，在文章内嵌入小程序，这样可以直接让用户打开使用，这些都是非常有效的推广方式。

（5）通过微信群、QQ 群等社群推广

我们可以设计各种小程序的海报，然后将其分享给一些精准的用户群体或网上的社群。QQ 群、百度贴吧、天涯论坛、知乎等都可以作为小程序推广的途径。

（6）通过关键词推广

用户可以通过关键词搜索直接找到相关的小程序，就像很多企业做百度关键词优化一样，小程序关键词优化简单、直接、有效。

（7）网络视频推广

做视频很重要，选好主题，做好 SEO，还要把其拍摄好，如果视频推广得好，那你的小程序二维码也随着视频推广出去了。目前，在微信上，一些搞笑另类的小视频还是非常受欢迎的。

（8）通过微信小程序入口展示推广

目前，只有使用过小程序的微信用户才能在"发现"一栏的最底下看到小程序入口。而当用户使用过我们的小程序以后，系统就会让小程序保留在展示栏里，这也是一种有效的推广和留存用户的方式。

（9）专业性媒体报道

选择一些有权威性和专门评价应用的媒体，然后与其合作，通过微信/微博等社交渠道进

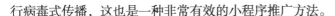

行病毒式传播，这也是一种非常有效的小程序推广方法。

（10）微信小程序互推

微信小程序互推的效果远比微博互推的效果好。有了一定的粉丝基数后，可以找人合作互推。但需要切记的是，这种方法可在微博上使用，但微信上需谨慎，一旦被举报，有可能被封号。

（11）通过拼团、秒杀、砍价等营销模式推广

用小程序来承载拼团、秒杀、砍价等优惠活动，激发用户低价消费的积极性，实现快速裂变。此种玩法，可在较短时间内，积累庞大的精准用户，后期商家可借此进行精准营销。

（12）第三方小程序商店/分发平台推广

通过付费或其他方式将小程序投放至小程序商店，也可以起到一定的宣传推广效果。

（13）地推

对于部分小程序而言，地推或许是最贴近用户场景的推广方式。线下以小程序码的方式，通过宣传物料等推广小程序，可以让路人直接扫码关注。

5.3　企业小程序玩法

微信小程序对中小企业相对友好，能够大大降低企业的开发成本和推广成本。那么，企业在开发与应用小程序的时候，应该如何将其"玩转"以获得最大的价值呢？我们先来看一下小程序能够为传统企业带来哪些营销价值。

（1）小程序开发费用低，维护成本低

小程序作为全新的开放平台，企业只要抓住先机，便可以在红利期占据有利地位。而小程序较于 App 而言，开发容易，周期短，维护起来相对容易，且因为代码包有最大 2M 的限制，因此，不仅开发简单，而且后期的技术维护难度也会降低很多，所谓"靠在大树底下好乘凉"，微信将会推出更多政策，让企业更好地使用小程序。

（2）小程序可以为企业带来潜在客户

微信小程序上线初期，用户大多抱有好奇心理，企业利用这段时间，很容易就可以获取关注，吸引大批潜在客户。

（3）企业可以搭建新的营销体系

在互联网飞速发展的今天，传统企业要想发挥其优势，就必须要结合产品+线上+线下三个部分，而小程序的出现最大限度地打通了产品、内容信息、产品服务之间的关系，可以帮

助企业打造生态闭环，构建一个全新的营销体系。

（4）有利于本地化营销

"发现附近小程序"的功能可谓是推动企业本地化营销的最佳助力。企业只要开通小程序，就可以 365 天每天 24 小时持续曝光，小程序就能被附近数公里内的用户看到，这是非常值得企业珍惜的机会。

（5）对于企业产品有着更多的试错机会

微信小程序开发成本低，企业可以轻易做出多个小程序，如不适应市场，可重新进行开发，这也不会需要太多时间，所以对于企业而言，便拥有更多的试错机会，也可以获得更多商机。

（6）吸引新用户的新大陆

摩拜单车作为第一批"吃螃蟹的人"，已经享受到了小程序带来的红利。目前，其通过小程序增加的新用户已远远超过 50%，这无疑再一次证明小程序在获取新用户方面具有强大的潜力，值得所有企业去探索与使用。

（7）维护老客户的得力助手

小程序作为连接线上、线下的纽带，可有效提升用户体验，增强用户对企业的好感，企业可以设计各种优惠活动，回馈用户。例如，麦当劳推出以会员积分为主的小程序"i 麦当劳"后，有效提升了其与老客户之间的互动性，随后推出的"礼品卡"功能，更是引发了一轮社交热潮。据悉，麦当劳 23% 的新客户都是通过小程序吸引来的。

（8）有利于个性化品牌形象的塑造

制作精良的小程序可以成为企业向外的一张有力的名片，对于提升企业形象非常有利。

（9）提升转化率

小程序的直接与高效能大幅度提高点击率和最终的转化率，对企业和微信来说是双赢。蘑菇街的成功，在于其正确定位小程序，而不是照搬原生 App。对于企业，尤其是电商行业来说，小程序更像是一枚营销的利器。

（10）小程序数据助手随时随地管理数据

小程序数据助手支持相关开发和运营人员查看自身小程序的关键运营数据。这一功能能够帮助商家和运营人员快速了解小程序的发展概况，并实时监控小程序的访问趋势，及时做出调整，做好运营工作。

（11）免费的广告位

当我们查看附近的小程序时（见图 5-4），你的小程序就像一个免费的广告位，马上为你展示企业的服务内容。

图 5-4

周黑鸭微信小程序

　　周黑鸭微信小程序将线上商城与微信支付、小程序相结合，提升了门店服务体验。其通过赠送购物卡的活动，在社交媒体中形成裂变，为顾客提供丰富的消费体验。周黑鸭小程序上线后，在 2 个月内成功完成了服务号 330 万粉丝 50%的会员转化，只用了 64 天就发展了 100 万会员，电子会员转化率达 74.6%。会员日均消费 21000 笔，占总消费的 83.59%，会员活跃度高达 72.29%。

　　周黑鸭互联网战略中心总经理李明表示："小程序是周黑鸭品牌更好地和会员进行连接的一个重要手段。"

企业开发微信小程序，其实有很多好处。小程序可以让用户快速进入各种现实场景。例如，在网页、传单、易拉宝等各种推广渠道中，多数企业以往放置的二维码，要么是企业的微信号，要么是App。而小程序的二维码可以让用户扫描之后，立即进入功能页面，用完即走。如果说公众号的定位是自媒体，那么小程序的定位就是服务。

那么，究竟哪些行业适合开发微信小程序呢？

据不完全统计，上线的小程序已经超过400种，一共关联16个行业，当中生活服务、文化娱乐、金融、旅游出行四大领域占比超过50%。这些领域里面的小程序"领导者"对初试体验效果非常满意，当然，也有小部分选择了退出。整体来说，大多数的用户都相信小程序会创造出一个新的时代。

从小程序功能的角度来看，哪些行业适用，哪些行业不适用小程序呢？

小程序所不能做到的和小程序所抵制的，如头部App、需要深度复杂线上服务的行业、以内容为核心或依赖大量社交营销的行业，目前都不太适用小程序。电商、工具、服务；O2O；公众号；垂直社交等，都是小程序的精准用户。

服务业是小程序本质的回归。小程序可以说是为服务行业量身定制的，很多用小程序专注客户服务的企业，都最大限度地增强了用户的黏度与二次转化，并且取得了相当满意的效果。而小程序对于今天的电商平台来说，也是一个营销与拉新的利器，不但节省了流量，而且还能更好地开发新客户，既可以维护老客户，又可以让其进行二次、三次的转化成交，意义巨大。

企业怎样使用小程序以达到最大的盈利呢？

（1）社群、社交的快速裂变

微信有一个其他产品无法比拟的优势，那就是有着庞大的用户群体。依托于微信的社交属性，企业可以通过社群、社交的流量来完成交易，同时，也可以通过将小程序的单件产品、活动等发到用户群中，鼓励他们再次分享，达到快速裂变的目的。

（2）拉新促活

传统电商中的活动在App中同样适用，如小程序推出的拼团玩法、集奖玩法、砍价玩法、买赠玩法等；而小程序的社交立减金，即用户在小程序内购物，付款成功后，可以获得购物"立减金"，同样可以为企业带来大量的新用户，而新用户的购买转化率也在提高。

（3）快速的交易转化

小程序作为一个快速成交平台，通过活动或其他媒介的方式，可以对用户进行冲动性、刺激性消费的引导，从而达到快速转化的效果。当用户下次再想去购买产品时，他能通过微信快速地找到你的"商店"，在微信中即可完成二次转化。

（4）附近的小程序直达到店

很多企业使用小程序，没有做到物尽其用、微信其实希望利用小程序和其他功能让用户再次走出去，投入线下，形成更多服务、活动、娱乐、就餐、购物等社交生活场景，为门店商家提供重大利好。企业通过附近的小程序就可以让新客户直接上门，进行转化，这是比较便捷的一种方式。

5.3.1 拉新

小程序的一个核心价值就是拉新，企业拥有新的用户就相当于企业拥有新的血液。那么，企业应该如何利用小程序进行拉新呢？拉新的方法各式各样。

（1）分享

将小程序分享到群，分享给好友，做海报把二维码分享到朋友圈，这是社交平台最传统的传播方法。

（2）优惠活动

优惠活动中应用较多的是交立减金，它是应电商小程序之于微信社交生态而破土的重要一环，在内测阶段就已经帮蘑菇街、拼多多等众多电商小程序提高了获利。

（3）互动

聊天小程序是群聊或与好友聊天中所出现小程序的快捷入口，配合打通群 IP 的工具类小程序可以促进活跃用户的重复使用。

（4）App 分享

App 可以分享对应的小程序卡片到微信，用户点开后即可进入小程序。例如，在携程 App 中点击"好友帮抢票"分享到微信，好友点击卡片后便会跳转至帮好友加速抢票的小程序页面。

（5）公众号推送消息

企业在公众号的内容营销中，可以将小程序镶嵌在文中，而文章每获一个新用户，小程序也就有机会获取一个新用户，而消息的每一次推送都是在让用户逐渐形成对小程序的依赖。

案　例

摩拜"30 天免费骑"

2017 年 3 月 30 日，摩拜利用小程序推出"分享微信好友，30 天免费骑"活动（见图 5-5）。

摩拜红包在社交裂变的基础上还增加了互动性和趣味性。

图 5-5

（1）"30 天免费骑"引导用户转发到微信群，和好友一起抢，越多分享，越多好友参与，越多免费机会，从而提高了传播频次。

（2）全城找红包。摩拜在不同的单车上设置了随机红包，引导用户像探宝一样，找车扫红包，找到红包后，用户会兴奋地发到朋友圈或群中。通过这一活动，摩拜实现了线上与线下的双丰收。数据显示：从 2017 年年初开始，摩拜新用户转化率以 2 倍的速度增长，日注册量增长 30 倍，单单小程序的独立使用次数就达 50000000 次，现摩拜已经在全球 100 多个城市中投放。

摩拜巧妙地利用小程序兼容二维码的能力（用微信扫一扫直接可扫摩拜单车上的二维码），并结合自身使用场景实现了"拉新"，取得了巨大的成功。

"爱鲜蜂"新人 15 元优惠券拉新

爱鲜蜂开通了"附近的小程序"功能，数据显示，用户每天通过"附近的小程序"进入爱鲜蜂的频次达到 5000，达成交易的比率为 15%，而且数据一直在上涨。老用户影响新用户也是一种有效的"拉新"方法。于是，爱鲜蜂小程序利用"新人优惠 15 元"的活动（见图 5-6），引导用户之间一键转发，形成裂变，并实现转化。

2017 年 4 月，爱鲜蜂举行了一次线下引流活动。他们在全国 20 多万家门店的收银台处，放置小程序二维码，吸引到店消费者扫码，进入小程序。同时还引导收银员在结账时告知消费者，"您可以通过小程序下单结账，并享有小程序专享 15 元优惠"。因而，爱鲜蜂在小程序的应用上也取得了巨大的成效。

图 5-6

5.3.2 转化

小程序轻量化的特征能给用户购物带来更好的体验，此外，其易接入、能力迭代快、跨平台的开发特性，对开发者来说，也意味着更低的开发成本以及更好的购物服务。那么，企业如何利用小程序转化用户，以体现其真正价值呢？

（1）小程序+购物，打通线上线下产业服务链

很多用户用小程序做成购物单页或者商城，通过分享、活动营销让用户关注，以数据分析、订阅消息、客户服务等进行后续服务，实现二次转化。

（2）微信公众平台，内容营销转化

小程序可以利用公众号策划与其调性相近的内容，以此作为营销手段，凭借优质的内容吸引用户，实实在在地让用户产生消费欲望，达到导购的效果。这可以帮助商家实现从内容到购买力的转化。

（3）附近的小程序，可以让陌生人更快成为新客户

例如，你想吃饭，就可以打开附近的小程序，搜索美食，也可以进入小程序，去附近相应的餐厅就餐，小程序可以帮助企业将用户更快地转化为新客户。

星巴克"用星说"能量大

2017年，星巴克推出一款名为"用星说"的社交小程序，类似"发红包"一样，微信用户可以在小程序中选择不同的形式（图片、文字、视频），根据不同的对象或场合，随意选择星巴克礼品卡送给微信好友（见图5-7）。

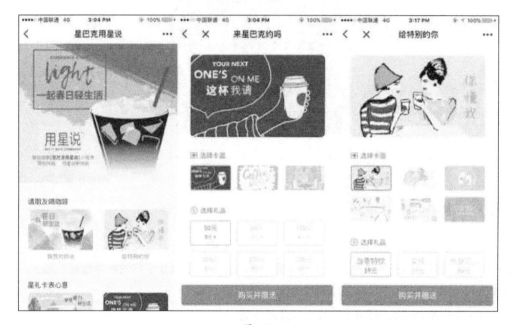

图 5-7

例如，对于很久未见的大学同寝室的朋友，小娟选择了"我想你了"这张封面，之后进入微信支付，再调起朋友列表将其发给了朋友。朋友收到后非常开心，发了一整屏的信息给小娟，从那以后，几乎不喝咖啡的小娟，每次去星巴克都要自拍几张照片发送给好友或发到朋友圈。重要的是，朋友从此喜欢上星巴克的焦糖玛奇朵。星巴克通过一个简单而有趣的小活动，更加体会了"用心"营销的力量。

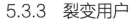

5.3.3　裂变用户

小程序的功能多、能量大，那么企业如何用小程序实现真正的裂变，以获取更大的价值呢？

（1）用优惠活动鼓励已有用户邀请新用户，可以让用户量快速达到裂变效果。

（2）社群扩散。运营商可以在已有的社群中同步通知，让用户自主扩散，也可引导用户扩散后，凭截图领取小礼物，逐步将流量引到小程序，达到用户的裂变。

（3）利用微信内的"社交属性"，比如玩转立减金、分享优惠券等达到快速裂变效果。

5.3.4　小程序直达店铺的技巧

如果说，你想不用推广，不用花钱，就让方圆几千米以内的用户都能找到你的店铺，把用户握在自己手里，那么，你最好的利器就是小程序了。微信小程序已为商家开通了 40+流量入口，多个主流量入口都可以触达你的小程序店铺。

（1）线下扫码。用户通过线下二维码扫码进入店铺，这是微信官方主推的入口方式。

（2）把带太阳码的图片分享到朋友圈，好友识别即可进入！

（3）好友的转发分享。您也可以将小程序分享到微信群，群内用户便可以轻松打开进入。

（4）公众号推送文章或视频，自定义设置推广的图片的引导文字，用户点击即可直接进入。

（5）搜索"附近的小程序"，目标用户看到后即可直接进入。

第六章
企业微信营销策略与方法

企业应该高度重视微信营销，搭建自身微信营销平台，并将微信营销服务体系逐步完善，构建微信客户关系管理系统，运用微信的优势，选择适合企业情况的营销方式，逐步扩大相关产品或服务的销售量，提高企业经济效益。

王易微信营销小课堂
第六讲

本章我们主要阐述企业如何运用微信营销这种新型的营销模式，开发潜在市场，满足消费者日益增长的物质文化需求，实现自身的品牌宣传、产品推广、活动推广等。

6.1　企业微信营销战略布局

企业进行微信营销，要有全局的战略营销计划，首先要有明确的营销目标，其次要选择正确的营销策略，加强对营销平台的开发，搭配最合适的策略组合，这样才能提高营销的实际效果，促进企业经济效益的提升。

企业在进行营销战略布局时，必须对自身进行判断。对于本企业是否适合做微信营销，可以从以下几点来判断：第一，微信营销是否有助于产品的销售，即购买率的提升；第二，微信营销是否能提升企业在客户心中的认知度，提升客户体验；第三，微信营销是否有助于搜集客户反馈且便于与客户沟通；第四，微信营销是否有助于挖掘企业潜在客户；第五，微信营销是否有利于企业信息的传播和实现企业目标。如果这几点是企业想要的，那么企业就可以开始下一步的布局了。

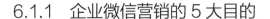

6.1.1 企业微信营销的5大目的

企业进行微信营销是为了通过微信这种信息传播渠道来宣传、推广产品，进行营销活动的拓展，从而提高企业的知名度，打造企业的品牌效应，提高企业的经济效益。

简单来说，企业微信营销是指企业采用微信进行有效的营销推广，向目标用户推送营销信息，实现点对点的营销，利用微信平台向用户推广企业产品及品牌的一种现代营销模式。企业进行微信营销的几个目的如下。

1. 扩大品牌知名度

企业只有拥有较高的知名度和美誉度，才能赢得用户的信任。企业进行微信营销可以提高企业的知名度，打造企业的品牌效应，提升企业的影响力等。这主要表现在以下四个方面。第一，互动交流。企业借助微信这个平台，可以上传产品资讯、宣传产品或活动信息，从而实现营销的目的，也可以浏览、转发、评论、分享微信内容，形成互动式的交流，构成一种"虚拟"与"现实"相连接的传播模式。第二，快速传播。微信营销具有即时性的特点，发布信息的企业可以在最短的时间内用文字加图片的形式将内容发布，传播范围较广。企业要将最具特色和最具优势的产品进行推广、快速传播，这样有利于迅速形成品牌文化。第三，移动终端的便利性强化了微信的高效性，让客户获取信息不受时间、地点的限制，这极大地方便了商家对品牌的推广。第四，塑造企业形象。企业通过微信公众号塑造良好的企业形象，精心设置微信首页，设定目标客户人群，编辑个性化的营销语言，发布个性化的微信营销信息等。

例如，企业在微信公众号展示品牌的产品图像或是视频（品牌宣传短片），提供产品信息资料库以方便用户进行相关的查询，与潜在客户实现互动与双向沟通，让客户对品牌文化有更深入的了解。

总之，企业通过微信营销推广品牌可以缩减其成本，因而企业微信营销成为品牌推广与新品发布的最佳工具。当然，企业品牌知名度的推广还包括企业自我宣传、企业品牌宣传、促销活动内容宣传及新品发布等。

2. 拓宽销售渠道

微信属于私密的社交网络，微信的熟人关系圈和其分享操作的便捷性，使得所有社交群体均能够成为自媒体，可以产生多点对多点的传播效果。客户对购物体验可以进行即时的分享和互动，化被动为主动。这种方式既提高了宣传信息的接受度又降低了传统宣传方式的高成本付出；同时，由于好友关系的信任和熟人朋友圈的共同偏好，这种方式可大大提升信息传播的即时性和信息内容的可信度，有助于吸引更多黏性更高的客户群体。除此之外，微信朋友圈发送的产品针对性强，互动性良好，信息接受率高，转发率也较高。此外，微信的语音功能大大方便了消费者与商家的交流，使得大家随时随地都可沟通，极大地拓宽了企业的销售渠道。例如，企业可以通过与微信好友的互动调查，快速解决客户反馈的问题，从而发展更多的客户，拓宽产品销售渠道。企业通过微信公众号进行微信营销推广和微信互动活动推广（优惠券、大转盘、刮卡、猜谜等活动）也可以拓宽销售渠道。

企业微信营销拓展销售渠道主要表现在以下三个方面。第一，客户线上看产品，直接订货。客户在微信上看到喜欢的产品就可以直接付款购买。第二，企业发送的产品信息通过企业的员工及其亲朋好友以及部分代购的个体不断转载，得到快速的宣传，大大减少了相关的广告费用。此外，营销信息的及时性也将对产品的销售产生极大的影响，可以增加企业的营销点，加快发货速度。第三，人人销售。企业通过微信营销让线上的用户成为自己的客户。通过采用B2C微商模式，企业可以有针对性地发展自身的客户群体，无形中增加客源。

总之，企业通过微信公众平台可以将线上线下产品有机结合，在线上实现产品的展示。用户通过对比可以从中挑选合适的产品，满足其不同的需求。同时，企业可以进行线下的产品体验活动，以实体店为依托，实现用户线上预订线下取货，突破传统的销售模式和渠道。此外，微信电商可以构建层层代理的模式，微信用户人人都可以成为销售。

3. 促进产品销售增长

企业的产品销售增长，其实就是企业的销售额提高了。企业可以通过免费使用微信（线上）让客户获取优惠活动的信息（如公众号、朋友圈推送等），这种方式不受时间、地点、推广费用的限制，极大地方便了企业进行活动营销，吸引客户实现成交，从而实现产品的销售增长、企业利润的提高。对于许多产品而言，目前比较成型的销售模式是用户体验式营销。微信平台的运用，能够直接推动体验式营销的全面发展，使客户与企业通过微信营销平台形成良好的互动，不但加深了客户对产品的体验，同时也加强了客户与企业之间的联系，使客户与企业的联系更加紧密，这对推动营销过程的发展，提高营销的实际效果，具有重要的促进作用。

企业产品的销售增长，主要体现在四个方面。第一，内容营销。企业要针对消费者获取信息零散、购物时间零散等的特性，将企业文化与产品推广相结合，形成短小精悍的推广内容，吸引消费者在零散的时间内进行阅读，并创造需求，实现追求个性化创新的营销模式。就像艾宾浩斯遗忘曲线所描述的，长久的记忆需要依靠持续的短期记忆来实现，实现微信营销中的碎片化管理需要依靠持续的投入和精短而吸入眼球的内容。将产品与生活紧紧相接，让产品的创造与使用成为生活的一部分。第二，参与。企业线上通过公众号推送、朋友圈分享等让消费者及时了解产品信息；线下通过扫码、分享至朋友圈等让消费者加入线上的推广，两相结合，提高消费者对产品、对品牌的认识，创造需求，最终实现品牌知名度与产品销量的提升。第三，企业可以采用视频、文字等形式将企业活动展现在微信推广中。这样不仅可以使消费者了解产品的生产过程及各项标准，提高其对产品的信赖；也可以使消费者通过线上参与活动转移到线下参与，提高企业与消费者的互动程度。而企业在线上及时发布促销信息又可以稳定老客户，提高客户黏性。同时因为微信账号的唯一性，其可以将消费者的消费情况与微信账号绑定，企业就可以采用积分购物的形式，鼓励消费者进行消费，增强消费者的稳定性并提高其消费水平。第四，评价。在微信营销模式下，企业需要对产品的形象进行维护，做好产品，这样才能使产品获得用户的好评，然后通过用户在朋友圈的推荐，实现产品的网状传播，这其中的关键就是要做好口碑营销工作。微信是一种新型的社交网络平台，企业在上面能够给用户推荐产品信息，同时用户也能够在上面进行点评，因此，企业要重视用户的评价。用户除了能看到产品信息外，还能够在公众平台上看到其他人对产品的评价。好的评价能够让用户对产品有好的感觉，增加企业的潜在客户，因此，企业需要重视口碑营销工作，发挥口碑营销的优势。

总之，企业可以逐步利用微信平台，建立自己的移动互联网营销服务，以达到更好的营销效果，销售更多的产品，从而实现效益最大化。

4. 提高企业经济效益

企业最终追求的是利润，企业微信营销的最终目的就是为了将品牌打响，通过产品推广获取更多收益。企业应该将微信营销作为持续性工作，并且结合传统营销店面，多管齐下，不断改进微信营销策略，吸引客户长期关注并转发其推送内容，促进客户消费，将营销价值最大化、利润最大化，从而提高企业利润率。

总之，企业微信营销应坚持以客户为主体，满足其需求，并与其形成良好的互动，这样企业才能及时掌握市场动态，实现企业经济利益最大化。

5. 维系客户

企业要明确自己的定位，不仅要将微信当作自己推广产品信息的平台，更应该发挥微信在客户服务方面的作用。当客户在购买产品或者是在使用产品的过程中发现问题，企业应通过微信平台帮助其解答疑问。微信独有的营销架构和新媒介的营销传播手段，能够给企业带来巨大的商业利益和良好的客户维系，客户转化率和复购率都会有大幅度提升。企业要进行客户关系管理，注重维系忠诚客户。企业应当建立专门的客服部门甚至权益保障部门，以防止客户数量激增带来的管理混乱。企业在进行客户服务的过程中一定要注意维系忠诚客户，忠诚客户往往可以带来口碑营销的极佳效果。

维系客户主要体现在三个方面。**第一，CRM。**CRM 即客户关系管理，在微信用户形成与企业的联系并成为其客户后，企业所进行的培植与维护客户关系的过程。微信的私密性特点的前提必须是保障用户的隐私。移动的 CRM 必须保障客户反馈的问题及时得到解决，因为多数微信账号不能代替客服的功能。同时，加强和客户的沟通，就能够更好地维护与客户的关系，有利于企业长远的发展。同时，企业通过客户的口碑，还可以找到潜在客户。

第二，**人工客服**。企业要开通人工客服，及时为客户解答疑问，为客户提供贴心的服务和价值。企业可以采用线上销售和线下交流相结合的方式，客户在购买产品后，如果遇到了使用问题，企业要在第一时间为客户进行解答。同时，企业应该建立专门的服务反馈平台，让客户提出宝贵的建议，以此优化自己的服务质量。

第三，**完善售后服务**。企业要制定合理的产品保障制度，及时处理售后问题，给客户提供一个高质量、高效率的售后服务。企业及时听取客户意见，了解客户需求，解决客户困惑，真正践行"以人为本，为人服务"的售后服务理念，让客户购买产品后成为企业宣传的又一渠道，进而增加企业在实际生活中、网络环境中的影响力，建立企业网络营销可信形象。

总之，只有企业和客户形成互动，并与客户建立起紧密的联系，才能最大限度地提高营销效果。

6.1.2　企业微信营销思路

企业应充分重视微信平台的开发和运营，着力打造有品质、有信誉和有口碑的微信公众平台，获得更多的忠实粉丝。企业通过微信可以吸引大量人群的关注，在交流中完成交易，实现营销的目的。此外，依托微信开展营销，企业应该充分全面地认识微信营销的模式特点，巧妙地运用好各种营销模式，以扩大对自身产品或者服务的推广，并加强与客户之间的互动联系，通过微信来拓展市场，以实现更好的收益。企业微信营销的思路主要有以下几点。

1. 侧重于客服

从营销层面来说，营销的关键在于公众平台的规模效应和关注度，在于粉丝数量和信息的传播速度。信息的传播和流动速度反映出营销效果的好坏。微信的本质是一个沟通交流工具，从这个角度来说，微信用来做客服是更适合它的工具属性。

人工微信客服是实现企业与客户在线实时沟通、传送活动和优惠信息等的重要手段。在客服方面，微信的特性使得客户和企业可以随时随地的进行交流和互动，这就使得企业在微信上的客服需要更多的可亲性，客服经常会同时与多位客户进行沟通，这就需要其有更多的耐心去一一解答每一位客户的问题并为客户提供与之相关的解决办法或建议，如果客服态度不佳则会对企业形象造成恶劣的影响。面对不断增多的粉丝数量和众多客户的提问，企业就需要对客户进行分类管理，要充分利用微信平台提供的公众号自动恢复功能，将常见问题或查询内容进行合理的分类归纳，从而减少客服的压力，降低企业成本。微信平台也有使用缺陷，即微信不显示用户在线状态，导致客户无法确认企业人工微信客服是否在线，也无法及时与企业沟通。很多企业会在微信账号后台设置好一些快捷自动回复，但大部分企业所做的也仅此而已，根本没有设置人工微信客服，常常是客户提出咨询就再也没有下文了，企业客服形同虚设。

2. 微信 CRM

微信作为传播工具的特点就是传播速度快，而传统的客户关系管理系统内容复杂丰富。因此，CRM 和微信结合在一起可以实现全面的优化和升级，让企业多一个新的营销神器，即微信 CRM。

CRM 简单说就是如何吸引客户关注、维护现有客户和发展新客户，其关键在于以客户为中心并与其形成一对一的关系。CRM 与微信打通后，企业可根据客户的细分资料做出精准的推送。**在这里切记：留言评论是目前使用最多的客户关系管理方法，我们必须要有专人负责与客户的沟通并帮助他们解决问题。**

（1）维系客户

CRM 是在微信用户形成与企业的联系并成为企业的粉丝后，企业所进行的对用户关系培植与维护的过程。因此，微信必须要有一个专门的客户服务部门及权益保障部门来服务微信用户并且保障他们的切身利益。移动的 CRM 必须保障用户反馈的问题得到及时解决，因为多数微信账号不能代替客服的功能。同时，加强和客户的沟通，就能够更好地维护与客户的关系，有利于企业长远的发展。同时，通过客户的口碑，企业还可以找到潜在客户。

（2）洞悉客户需求

企业利用微信进行精准营销，需要针对客户的具体需求提供相应的产品或服务，而不是盲目推送信息。因此，企业需要完善自身的信息管理系统，分类管理客户，精确推送客户所需要的信息。随着企业订阅号粉丝数量的增加，不断完善客户管理系统尤为重要。现在已有一些企业利用微信公众平台对接自己的 CRM 系统，实现无缝推送。例如，南航将乘客值机服务放到了微信上，汉庭酒店、平安车险等企业通过微信 CRM 提供酒店预订和保险服务。

3. 产品

任何营销都必须依附于产品，脱离产品，营销必然失败。微信营销也不例外。我们拿微商举例，虽然微商主要做朋友的生意，但是要想持久，产品就必须满足客户的需求，赢得客户的满意。产品是核心。

首先，选择产品时，微商务必选择高质量的产品。在微信营销中，有一句至理名言：没有使用过的产品坚决不能分享给朋友。这也是微商经营的第一条准则。自己使用产品，并完全肯定产品的质量之后，才能营销产品。

其次，关注产品的价值。消费者消费产品的功能价值、象征价值、情感价值等。对于象征价值的产品，价格非常高，消费者偏好去实体店面购买；对于情感价值的产品，其属于较为成熟的市场，消费者有品牌的偏好。微信营销的产品以新产品居多，又因为产品无法完全展示在潜在客户面前，因此，初期微商应选择销售产品的功能价值，等市场稳定和品牌享有一定的知名度以后，再着重关注产品的情感价值。

最后，提供优异的产品和服务，夯实微信营销策略的基础。微信营销只是一种手段，而企业提供的满足或超越客户期望的产品和服务才是根本。企业只有把握住这个基本着力点，才能成功地实施微信营销。

4. 反馈信息

企业应认真关注客户的反馈信息，注重与客户的互动，必要情况下，还应该针对一些特殊疑问使用人工微信客服，让微信成为企业与客户即时沟通的工具，成为客户咨询应答的平台。企业通过微信全心全意为客户提供优质的服务，大大提升点对点实时沟通的效果，优化客户体验。

5. 合理推送信息

作为微信营销最为重要的手段之一，推送信息无疑发挥着巨大作用。在推送频率方面，企业应该掌握合适的频率，避免出现"信息轰炸"；在推送时间方面，企业应该结合大多数人群的作息时间，切忌打扰用户的作息；在推送内容方面，企业应该选取最为精华的部分，注意内容创新，让用户在阅读的同时感受到快乐与享受，从而拉近企业与用户的距离。

6. 互动沟通

企业想要提高微信营销效果，很重要的一方面就是加强与用户之间的联系沟通。在沟通方面，企业应该做到适时的人工互动，可以通过开展微活动，比如有奖活动，调动用户积极参与；也可以通过线上线下相结合的方式，与用户亲密接触，无形中增加潜在客户，提高转化率和购买率。

6.2 企业微信营销手册

微信营销为企业营销发展开拓了全新的道路，企业微信营销必须在实践中不断动态调

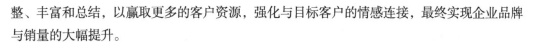

整、丰富和总结，以赢取更多的客户资源，强化与目标客户的情感连接，最终实现企业品牌与销量的大幅提升。

　　企业在拓展微信营销前，首先需要明确目标客户并考量市场行情，之后再组织实施。当前，投入微信营销的企业大多属于服务类、餐饮类、电商类或娱乐类等以生活消费为主的企业，而其他类型企业想要通过微信营销来获取市场的增长和客户关系的维护则需要商榷。其次，企业要根据自己目标客户的特性来确定营销实现的路径及方式。不同的客户群体有不同的侧重点，企业要根据目标客户的定位来提供有针对性的营销方案。比如学生与白领，上班族与自由职业者，他们的需求是有差异的，学生喜欢性价比高的产品，白领注重品牌、产品品质以及时尚性，上班族时间有限，注重实惠偏理性，自由职业者有较多的闲暇，对丰富的选择性比较看重。因此，企业要根据客户需求的差异性来有针对性地开展微信营销，把握好不同营销目标的侧重点，例如，对某些客户群体是以品牌宣传、推广、维护为重心，对另一些客户群体则是以完成产品的销售为重点，企业必须有清晰的策划方案以及有效的实施推进。此外，企业还要注意不同的营销目的也对应着不同的营销方式。总之，企业要根据自身的营销定位来开展微信营销，有目标、有方向、有次第，这样才能更好地提升微信营销效果。

6.2.1　品牌宣传

　　企业在进行微信营销时，首先要有一个好的推广基础，要建立微信公众号和微信官网，一个好的微信官网更能够留住客户，提升转化率；其次就是选择适合企业自身的营销方式，一个好的营销方式不仅能够为企业带来客户，更能够提升企业的品牌形象；最后就是注重与客户之间的互动，增加客户与企业之间的黏度。

　　构建关注度较高的微信公众平台，是企业进行品牌宣传的重要步骤。微信公众平台是企业自我品牌宣传与产品宣传的一个重要资源，其开发设计风格与企业要进行统一。

　　（1）企业形象

　　为了能够获得较高的关注度，企业应围绕营销工作主线设置微信内容以及微信语言，体现企业的个性，合理配置微信平台，逐渐形成企业独特的风格。企业在微信平台的形象设计往往是通过企业ID形象风格反映的。企业在设计自有微信ID时，要设置具有不可复制的、高度识别的微信名称、基本信息、头像以及签名等，并及时通过申请认证。

　　（2）企业亲和力

　　为了能够吸引更多用户关注企业公众平台，企业还要以营销策略为中心设置微信问候语等增加企业亲和力，并且在设置语言文字时还要注入企业特性，使语言文字逐渐形成企业自有的风格，便于用户识别记忆。

（3）企业信任感

企业可以根据战略发展计划将宣传内容以图文推送、文字回复以及评论、点赞或是@等方式让用户参与其中，不仅有利于培养用户的忠诚度，更有利于用户对企业建立信任感并能够始终关注企业。

（4）企业互动

企业除了为用户推送一些产品之外的消息，和用户形成交流互动的关系外，也可以逐步培养用户对企业的信任感。微信是企业和用户拉近距离、共享信息的互动交互式平台。企业可以通过信息推介、文字回复、点赞、@、评论等方式，加强与用户的交流，培育忠实的用户，以便和用户维持长久的关注关系。企业若想保持微信的关注度，还需要搜索更大范围内的相关微信公众平台，主动寻找企业的粉丝，及时更新企业相关动态以及热点，关注潜在客户、领域内专家等，主动定位并更新微信，确保企业微信平台全方位地了解行业信息。通过加强与用户之间的互动沟通，持续经营微信平台，企业的品牌影响力可以得到提升。

（5）企业展示

企业要想建立关注度较高的微信公众平台，就要提高微信公众平台的活跃度，这就要求企业及时将发展动态、相关产品信息以及优惠活动等准确地传达给用户。此举不仅能提高企业对其微信公众平台的利用率、强化企业与用户双方的互动交流，还能够提升企业知名度、品牌美誉度以及产品销售业绩。例如，某奶制品企业要向市场推出一个新型产品时，就可以利用企业微信公众平台进行前期的宣传铺垫，将牛奶行业现状与发展趋势进行分析，并且对即将面世的产品的优势进行大篇幅宣传，让消费者在没有购买产品之前，就对其产生深刻的印象，这样再结合后期的销售攻势就可以为企业带来商机。

6.2.2 产品推广

企业的微信公众平台营销能否成功，很大程度上取决于企业在微信公众平台上向用户所推送的内容质量。**推送的内容**既要从企业的角度出发，向用户推送与企业相关的信息，同时也要兼顾用户的需求。对于公众号所推送的内容是为了什么，推送的对象是谁，推送的时间和频率，企业都要做好细分及规划。此外，实施的策略要有计划性和针对性。推送的时间要得当，频率要合理，不能骚扰用户。在微信公众平台的数据统计功能里，企业可以通过用户的订阅量，分析用户对哪些方面比较感兴趣，观察用户对哪些内容愿意进行二次甚至多次的转发与分享。企业要适当地把时间和精力放在分析和研究用户对不同内容的喜恶程度上，这样才能对所推送的内容有充分的选择性和目的性，增加内容的价值量与吸引力，从而达到产品推广的目的。

权威媒体调查显示，企业微信公众平台的推送频率为两至三天一次最佳，这样既不会给关注的用户造成不必要的困扰，又会使用户对企业信息持续加以关注。此外，企业在进行图文或者单纯文字以及视频等信息的推送时，还要掌握好推送时间，通过对时机以及关注的用户生活作息的把握，使用户能够第一时间查看消息内容，并对其产生兴趣。例如，人们在午餐、下班、晚餐以及就寝之前这些时间段内是最为活跃的，所以企业可以选择此时进行消息推送，通过冲击力极强的图片、诱惑力极强的文字等多种形式将企业意愿进行准确传达，若是举行集赞等活动，还要标注好活动具体内容、活动截止日期、活动参与方式以及奖品等。企业可以通过有规律、有计划的信息发布进行产品及品牌的宣传，避免由于时机掌握不对而造成资源信息被覆盖。

（1）引起用户的注意

企业在设置微信的发布内容时，不仅要对宣传活动内容、产品基本信息以及产品功能和评论等进行详细说明，还要根据具体需求，以多元化、多样性的内容引起用户的注意。例如，企业在宣传时可使用相关图片以及动态视频报道等多种形式，这样有利于用户加深对企业以及企业产品的印象。宣传时以社会关注热点、公众关注焦点为线索，通过软性植入将产品推荐给用户，并与用户分享相关信息，这样既可以提高用户的关注度，也利于提高用户对企业以及产品的接受度，避免用户对企业以及产品形成排斥心理。

（2）让用户感兴趣

企业在微信公众号上进行信息推送时，需要注意推送的内容，要把用户的需求同企业自身的产品特点结合在一起。只有用户在收到这些信息之后能够从中获得自己所想要的内容，才会对这个推送信息的企业形成一种认同感，这样企业才可能有后续的销售。因此，推送的内容是否能让用户感兴趣是决定一个用户是否对企业感兴趣并能够将信息分享给其他用户的关键。企业需要对内容进行精心包装，去除无用的内容，不能只完全进行广告推送，这样会引起用户的强烈不满，导致用户的流失。

（3）让用户习惯

微信公众号在推送信息时，需要确定一个固定的时间，因为一个用户一般都会有好几个订阅号，用户可能由于每天的信息量太多而看不过来。针对这点，企业在进行信息推送时，推送的频率最好一周不超过三次，同时每次推送的时间点最好固定在同一时间，以避免推送信息太频繁导致用户取消关注或推送时间不固定导致用户错过信息，达不到推送的效果。同时，企业要注意内容的实用性，微信信息的内容不在"多"而在"精"，企业要提高推送信息质量，以此提高营销效率，这一点非常重要。例如，星巴克中国的微信公众号每隔一段时间会向其客户推送一些符合季节与节日的新产品，并且时不时地向客户介绍一些咖啡知识、星享卡活动等，以此增加客户的点击率。

　　企业要想提高所推送信息的阅读量和转发量，必须把握好推送信息的时间段。调查数据分析显示，用户在周一到周五期间使用微信的频率明显地高于周末时段，因此，企业应选择一周工作的时间段来推送重要的信息。为了提高营销信息阅读的时效性，企业要充分利用好以下几个黄金时段：上下班时间、睡前的 21:00 和 23:00 左右，这些时间段是用户使用微信较为密集的时间段，所以企业一定要把握住这些推送信息的最佳时间，或是选择在这些时间段内与用户进行积极互动。

　　（4）让用户喜欢

　　企业应了解订阅用户的信息和服务需求，结合自身产品和品牌，提供用户感兴趣且实用的内容。订阅号在推送企业产品信息、促销信息、活动信息时，可以使用用户喜闻乐见的语言和形式，图文并茂并适合用户用手机阅读，风格上或卖萌或搞怪或文艺，但一定要具备公众号自身的个性。内容才是留住和扩大用户、建立良好口碑的关键。遗憾的是，还有相当一部分企业急功近利，发布文章时仅仅是将网上的内容或流行的段子简单地转移到公众号上，并没有撰写原创内容或把内容进行整合再创新，而且文章结尾部分的广告植入过于生硬，难以引起用户的共鸣，导致文章阅读量偏低。企业应该成立专门的新媒体运营部门去负责微信公众号的运营。

　　此外，企业要减少推送打扰，提高营销信息的有效性。过度推送信息，不仅打扰用户，还会因过量的针对性不强的信息降低用户体验。在信息爆炸的移动互联网时代，信息内容的同质化严重，容易令用户产生审美疲劳。因此，企业要注重推送内容的差异化，同时把握时间增加互动。企业开展微信营销时，一定要注意推送信息的企业特色和个性，从自身产品及品牌的定位出发，设计合适的内容、合适的表达方式、合适的语气，向不同用户群体开展恰如其分而又形式多样的营销活动。例如，企业通过图片、语音、GIF 等丰富的形式来推送内容，使用户在趣味中增加对企业品牌的信任和产品的好感。

　　（5）让用户参与

　　企业要建立微信群，以便于与用户进行互动。微信群是微信用户十分喜欢的一种交流方式，在微信群中，大家一方面可以娱乐，另一方面还可以发送信息，比如当今十分盛行的抢红包游戏。假如企业微信群运营得当，会取得很好的成效。基于微信群的即时性、高互动性、高分享性，企业在构建微信群时，应指派专门人员主管其经营管控，定时发送产品信息、行业动态、优惠活动或者对企业有重大价值的照片和影像材料。"口碑营销"在微信群里同样重要，客户的一句称赞，强过企业自身的十句宣传，企业要鼓励体验过的客户发声。对于客户反馈的问题，企业一定要高度注重，且第一时间进行改正，否则这种负面信息的快速传播，会给企业带来严重的不良影响。

6.2.3 产品销售

因为企业会在自己的公众平台上推送一些产品植入的文章，因此它也就可以在文章当中出现产品的地方加入售卖的链接，还可以在公众平台上设置相应的购物端口，成立线上商城，方便对产品感兴趣的用户进行深入了解或购买，这样才能有效实现营销的目标，也就是成功交易。企业也可以设立一些专业的客服，对客户的售前、售中、售后进行一对一服务，这样平台就能对客户有更加深入的了解，从而制定更加精准的推送内容。

（1）公众服务菜单功能

面对瞬息万变的市场环境，企业的营销策略要随时进行动态调整，这样才能及时响应客户需求的变化，提升客户的满意度。当前满足企业营销需要的一个创新之举就是在微信平台上增加公众服务菜单功能。企业要加强对微信功能的开发，使微信公众平台的功能更加全面，多开发其潜在的价值，这样才能够充分吸引客户，保证企业营销取得良好的效果、更多的认可，从而推广企业的品牌，获取更多的经济价值。

在众多的企业微信平台中，用户最想接受的信息是公众服务信息，这在各类信息中占比最高。虽然现在相当一部分企业微信平台能够向用户提供相关的服务信息，然而却需要用户首先添加平台，之后其才能获得所推送的信息。现实的问题是用户能够熟知的平台数量毕竟有限，加之目前推送公共服务信息的平台种类也不是很多。因此，为了能够更好地面向用户推送服务信息，企业微信平台应该考虑添加一种类似餐厅点餐的服务菜单功能。这种服务菜单功能能够实现将用户所需要的服务信息平台进行集中化处理，然后对每个平台按照其特性进行分类指示，这样的服务菜单对用户获取信息非常有帮助，用户需要先在服务菜单里搜寻自己感兴趣的服务信息，然后再对目标平台进行订阅，接着就能获取自己想关注的信息，这样可以大大减少无效信息的干扰。微信平台这种公众服务菜单功能的创建，一方面有效地提高了用户通过平台获取所需信息的效率，对企业平台的宣传推广更有利，另一方面也大大增加了用户信息源的丰富性，提高了用户对平台的黏着度。

菜单设置通常有以下几种。

① 完善会员功能。企业官方网站的会员功能可以通过储值送现金、积分换礼品或换现金、转发"朋友圈"兑换礼品等来实现会员招募。

② 完善功能性按钮。功能性按钮可以使客户更加方便地查询货品库存、订单进度、物流状况等信息，方便客户收货和便捷化购物。

③ 反馈功能。该功能便于企业接收用户的反馈信息。微信本身是一个聊天工具，因此在微信公众号中设置了聊天和用户反馈功能。这让企业能够很便捷地获取用户反馈。该反馈能够帮助企业优化其产品性能，改善其服务质量，对企业产品的口碑打造有较好的促进作用。

④ 查询功能。该功能便于用户查询、接收企业的活动内容。大多数微信公众号都设置了产品信息或者企业的相关信息，用户通过简单的菜单查询便可获知。而且企业的一些活动也可以通过该微信公众号传递到用户端。因此，用户与企业双方的互动，不仅能够让企业不断优化自身的产品和服务，还能够较好地向用户传递企业文化和营销信息。这对企业打造品牌，进行品牌营销有积极的推动作用，也让企业能够及时把握市场的动向，向更好更强的方向发展。

（2）让用户体验

企业应利用微信公众平台为用户创造多元化的消费体验，设计与用户互动的微信公众平台活动。这种活动包括线上和线下两类。线上活动如每日签到、投票、打折码、优惠券、体验券、微信抽奖、有奖竞猜竞答、红包、积分、游戏、朋友圈集赞等活动。线下活动如用户座谈会、知识讲座、企业参观、微信打印机、免费体验、赠送礼品等。这些活动可增强用户的美好体验和兴趣，也是企业吸引粉丝、增加客户忠诚度、提高企业知名度和美誉度的重要手段。

星巴克就非常重视微信平台的运营，它将 26 种情绪表情设置为关键字，客户用微信表情表达自己的心情，而星巴克就会根据客户发送的心情，用《自然醒》专辑中的音乐来回应客户。比如客户发送"犯困"的表情，星巴克就会送上一首激情昂扬的乐曲；如果情绪符号显示客户非常紧张，那么星巴克就会发送一首轻松愉快的乐曲。在这种互动体验中，客户可以感受到音乐传递到耳边的兴奋，也深切地感受到星巴克对他们的关爱。活动结束，星巴克收获了大量的粉丝。

（3）企业售后

特色的微信平台会吸引用户的视线，提高用户的购买力，因此企业在营销的过程中为了提高营销水平，应该打造自己的特色营销平台，为用户提供配套指导服务和售后跟踪服务。例如，销售服装的企业可以在用户关注公众号后，根据用户的个人喜好来为用户搭配服装。如果用户较为年轻，企业可以为用户推荐一些色彩艳丽、设计新颖的服装，如果用户的年龄相对较大，企业可以为用户介绍一些相对稳重、体现格调的服装。在用户购买服装后，微信平台上应该介绍服装的清洗方法等，以此体现企业的贴心和细致。

（4）有效运用大数据

企业可以利用自己的公众号让用户登记个人信息，然后将用户在公众号上的行为变成数据进行记录和分析，例如，用户阅读了哪些文章，收藏了哪些文章，在什么时候阅读等，从而了解用户的偏好；而在购物平台上，则通过记录用户浏览、收藏、成交的产品，了解用户的消费需求、消费水平等。通过大数据的长期积累，企业就可以将用户分成不同的类别，进而提高微信营销的精准性及成交率。

上海迪士尼度假区微信公众号的设置

关注上海迪士尼度假区官方微信平台后，我们可以发现该平台为企业号，且已完成企业号的认证，目前微信对企业号认证及商标保护提供了较为完善的服务。

上海迪士尼度假区微信公众号设有三个一级菜单，分别为"入园必看""最新讯息"和"购票服务"。"入园必看"下设有 5 个子菜单，分别为"官方网站""狮子王""迪士尼小镇""乐园时间表"和"权益中心"，"最新讯息"下设有 5 个子菜单，分别为"欧阳娜娜直播中""免费赢门票""春天心故事中奖""畅游季卡尊享福利"和"迪士尼童话婚礼"，"购票服务"下设有 5 个子菜单，分别为"购买门票季卡导览""预订酒店""心 E 礼品通票""狮子王演出票"和"我的订单"。用户点击上海迪士尼度假区微信公众号中每个子菜单的内容便能跳转至相应页面。

上海迪士尼度假区微信公众号基本涵盖了票务信息、园内活动、乐园介绍、线上活动等各方面的服务信息。其中"入园必看"包含的内容基本固定不变，用户点击"官方网站""狮子王""乐园时间表"或"权益中心"能实现到官网的跳转，由于官网信息实时更新，因此可以保证微信公众号提供信息的及时准确，同时子菜单内容设计简明，保证了用户操作的便利性。用户点击"迪士尼小镇"可跳转至 2017 年 5 月 5 日发布的宣传电影《加勒比海盗 5》以及后台留言随机挑选送票的文章。一级菜单"最新讯息"下设的 5 个子菜单内容大多跳转至最新线上活动的相关文章，这些线上活动可以增加用户与微信公众号的互动，吸引用户点击查看文章内容，增强用户黏性，促使用户到上海迪士尼度假区游玩。而"购票服务"下设的子菜单均能跳转至完善的购票页面，方便用户在线预订。

6.2.4 提升服务

企业接入微信平台开设公众号等，应摒弃传统单一的信息传播或用户服务形式，积极创新运营理念与方式方法，促进营销、服务两位一体，既实现产品与服务的销量，创造微信平台上企业的经济价值，又满足用户精神文化需求，提升企业的文化软实力。

对于微信营销客户服务质量的提升，企业应该从以下几方面入手。

（1）信息重视程度

企业应当充分正视新媒体时代用户信息的价值，由此提高对用户信息搜集的重视程度，根据企业的实际运营状况精准定位用户群体并进行有针对性的筛选，确保推送的信息能够对此类用户产生价值。

（2）升级服务体验

区别于传统企业面向客户服务窗口的专业销售人员的热情接待，微信平台人机交互，从根本上缺少人际当面互动的各类情感优势，因而，微信平台更应以人为本，注重交互的人性化体验与富有人情味的人本关照，升级用户服务体验。以招商银行公众号为例，为简化用户服务流程，提高用户服务品质，招商银行微信公众号推出一系列便捷的金融服务，涵盖余额查询、信用卡账单查询、办卡、贷款、购结汇、理财等日常需要的所有服务种类，成为用户人性化服务的良好范例，也是企业文化软实力的具体体现。

（3）满意的答复

不少企业也将微信当作服务平台，用于与用户更好的沟通，进行服务。如今，企业公众号越来越多，但微信人工服务人员相对较少，"点对点"变成了自动化回复，一对一的沟通失去本质。对此，企业应该增加微信服务人员，以便用户发出消息或问题时，企业能够及时给出回应或解答，这样会增强用户的参与感，也有利于企业推广自己的形象。

（4）定制化服务

企业应打造定制化的平台，加强和用户之间的沟通，搜集用户的信息，并对市场进行整体分析，制定满足用户需求的定制化服务方案和内容，有针对性地使用不同的用语和措辞，尽量做到通俗易懂，并且具有企业独特的风格和特征。这些细节的打造，既能让用户深入浅出地了解企业的特色，又能使用户切身感受到企业贴心地为他们量身定制的信息大餐以及定制化服务。

（5）人员服务水平

微信作为企业与用户之间的沟通工具，能及时实现用户与企业的实时沟通。当用户进行咨询时，专业的、服务质量优秀的客服人员进行回复，可以对用户的咨询给出满意的答复，这有利于提高用户对企业的认同感。但如果用户咨询时，收到的是企业预先设置好的自动回复，用户可能会选择取消关注。很多企业在进行微信营销时，只向用户一味传达信息，却没有关注用户的反馈，这种沟通方式缺乏人性化，同时也极大地破坏了用户体验。在打造微信人工客户服务时一定要以客为先，这样才能突显优势。

所以，我们要提升企业微信营销客服人员的服务水平。微信营销要让企业和用户随时进行交流互动，达成共识，就要求企业的微信客服具有较高的服务水平。首先，客服人员必须熟练掌握企业及产品的相关业务知识，具备一定的沟通能力及促进销售的能力。其次，客服人员要亲切、耐心、仔细地服务。当有用户发言时，企业一般都在微信中设有自动回复，但当出现自动回复没有设置答案的问题时，客服人员一定要及时受理，详细回答用户的所有问

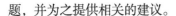

题，并为之提供相关的建议。

（6）满意度调查

企业应当在微信营销的过程中及时对用户的意见给予反馈，使用户真正感受到企业对自身的关注与关怀，同时针对用户群体开展满意度调查，以便为服务质量的提升提供更多决策依据。

6.2.5　成交活动

微信营销活动的主题是否具有足够的吸引力是决定已被引起注意的用户能否被成功激发兴趣的关键因素。

（1）引起注意（Attention）

微信营销的引起注意阶段是整个微信营销成功的基础。它决定了企业微信营销的初始受众数量，也决定了企业微信营销传播的广度和深度。在如今信息泛滥的时代，用户的注意力被太多的信息所分散，这对于企业创造引起用户注意的信息是一个巨大的挑战。常见的引起用户注意的微信营销方式有：通过举办一些新的活动，如"爱心捐书"、中国招商银行的"爱心漂流瓶"，或者通过为推送的文章选取一个新颖的标题，如"有时，照片不仅仅是一个人生命中的瞬间"等方式与用户的自身利益需求相结合，从而达到引起用户注意的目的，推动用户打开推送的具体信息了解更详细的活动细节，以达到引起关注的效果。在线下，实体店经营者会通过微信二维码的方式，比如"利用二维码关注本店可获得9折优惠"的促销方式，或者通过微信扫一扫关注商家为用户提供超出其预期的产品服务体验的方式来引起其注意。

（2）产生兴趣（Interest）

在获得了用户注意之后，企业就需要激发用户兴趣，促使用户产生购买的意愿。企业通常通过产品宣传时的促销折扣或者在信息推送过程中提供新奇有趣的活动、幽默有趣的内容或者"心灵鸡汤"类型的软文等方式，与用户对于幽默诉求、情感诉求以及自身存在需要和自我实现需要的点相契合，从而使用户产生兴趣。例如，奔驰Smart的微信促销案例中，其前期通过关于Smart特别版的数量和设计上的详细介绍突出Smart的独特性和个性化，充分引起了具有购买力、追求个性的年轻一代的兴趣，创造了3分钟内销售388辆Smart汽车的成功案例。

（3）信息搜索（Search）

微信用户对企业微信推送的信息产生兴趣之后，会开始在服务号或者订阅号中进行更多的信息搜索和了解，这对企业微信页面内信息的排列和设计、产品信息的丰富度和深度以及页面的反应速度和用户的等待时间就提出了挑战。

（4）行动（Action）

企业希望将这种在促使用户产生了兴趣和相关的信息搜索以及了解后所产生的购买意愿转化为购买行为，就会利用创新的产品组合或者促销方式，如折扣促销、满减优惠等促使用户购买行为的发生，使得目标客户真正地购买和消费企业的产品或服务，为企业产生直接的收入。企业通常是通过这一阶段的实现结果计算微信用户转化率，从而衡量企业的微信营销效果。

（5）信息分享（Share）

信息分享贯穿于企业整个微信营销过程以及微信用户的消费行为过程，在用户获取引起注意的信息、感兴趣的信息、搜索到的相关信息以及产生购买行为之后所获得的用户体验过程中都会发生信息的分享，而信息的分享能够推动和迅速扩大企业的微信营销效果。因此，企业在微信营销的过程中，经常通过"集赞""转发有奖"的形式促进用户信息分享行为的发生，以提高企业整体的营销效果。

总之，在企业微信营销成交过程中，要注意各个环节的配合，假如有部分环节做得很成功，如产生兴趣环节、行动（即购买）环节和信息分享环节，但是引起注意环节做得不到位，就会直接影响整个微信营销活动的最终效果。由此可见，完整的微信营销活动的五个环节环环相扣，各个环节都会对整个营销活动产生影响。

6.2.6　团队建设

企业对于微信平台的运作往往没有专业的人员负责，大多是由市场部或是营销部附带管理，这样的结果就是负责微信营销的部门对其并不重视，抱着得过且过的态度，甚至是在本职工作的空闲时间来完成微信营销，其质量可想而知。

只有微信营销价值科学地灌输于企业每一个员工的心中，企业在打造微信营销平台时才会有足够的推广基础。对此，企业应选拔企业内部极为优秀的营销人员，建立科学系统的营销账号，让营销账号具备公信力与说服力，在此基础上，分配相应的策划人员、设计人员、宣传人员和售后人员共同经营企业营销号，从而保证营销号上的活动不断，花样不断，宣传手法不断及售后处理及时。企业微信营销团队建设主要包括以下内容。

（1）战略上重视

企业要从战略上重视微信平台的运营，聘请并培养专业的运营人才，真正运营好微信平台。企业可以依照自身的发展，培育企业自己的微信营销专业人员、组建营销团队。企业只有注重培养这方面的专业人才，使每个员工深入理解品牌内涵和实力，做到知己，通过打造和传递更有特色、更具价值的营销内容，才能吸引用户的目光，获得用户的青睐，并且通过不断完善其营销团队管理制度、优化微信营销信息等提高受众对企业及其产品的关注度。

（2）团队人员配备

策划人员：负责微信营销的策划、准备。

编辑人员：进行图片选择、文字撰写、监督执行、考核落地等工作。

设计人员：主要负责海报、推广的设计。

技术开发人员：主要负责公众号、小程序有效的开发，完善软件功能，提高用户对其的信任度。

微信营销培训师：建立微信营销专门的组织机构，同时要配齐专业的微信营销人员，并对这些专业营销人员进行有效的培训，使他们能够更深入地了解和掌握微信营销的特点和优势，特别是要结合企业自身实际情况，只有这样才能更好地开展企业微信营销活动。

微信营销运营师：企业在开展微信营销的过程中，必须高度重视自身运行体系的完善，通过建立科学化、规范化、制度化的运行体系，提升微信营销的整体效能。

推广人员：负责在各大新媒体渠道进行推广。

售后人员：负责售后服务。

（3）管理机制

管理机制的建立是为了推进微信营销绩效考核。因为企业微信营销团队如果缺乏有效的管理机制，就会造成混乱。同时企业对于其绩效管理大多处理得很简单，即将微信的宣传效果与点赞数和阅读量挂钩，而对于微信宣传效果实际的好坏企业并不了解。整体来说企业在微信这一块的管理十分松散，缺乏有效的绩效评定体系。

为了激发一线员工和管理层参与微信营销，企业应在引导用户加入微信平台、引导用户使用微信会员卡、朋友圈二次转发、利用微信进行跨店组合销售、参与企业微信群发、参与企业微信活动策划等工作上，设定绩效考核点。

（4）培训体系

培训是为了更好地提升员工的运营能力，更好地提升企业微信运营的效果。

① 员工微信营销培训。

企业聘请专业的培训公司，对一线员工和管理层进行微信营销测试，了解其对微信的掌握情况，据此制订相应的课程集中培训。如针对一线员工，主要从微信个人号和企业公众号的作用、微信会员卡使用、内部产品共享平台和用户微商场使用、朋友圈二次转发技巧四个方面进行培训。

② 管理层培训。

针对管理层，主要从微信营销与微信公众号体系建设、微信活动策划、微信软文撰写、微信开发模式四个方面进行培训。同时采用下店跟踪的方式对一线员工进行指导，对管理层制作的微信营销方案进行指导。

③ 人工客服培训。

针对人工客服培训，主要侧重于专业问题的解答。人工微信客服的核心优势就在于实现了人与人的实时沟通，此时，用户所面对的是真实的、专业的、服务质量优秀的客服人员，对于用户的咨询他们可以给出满意的回复。

（5）外包体系

外包体系即指企业采用微信营销外包形式，提高营销效果。由于微信营销是一种新型的模式，有些企业在操作过程中经验不足，可能出现各种问题，因此，这些企业可以选择将微信营销业务整体外包给专业的服务商，由他们为企业打造专业的微信营销方案。这样，企业可以减少一些基础性工作，如配备专门的员工与用户沟通及回复等烦琐工作，减少营销成本。专业的外包服务商能帮助企业制订更适合微信用户的营销内容，定时定量地推送消息，配备专业人员与用户进行及时互动，从而达到较好的营销效果。但由于这种模式比较新颖，还没有成熟的机制进行风险规避，所以，企业在选择外包服务商时要注意避免一些不法外包服务商趁机混入，造成市场混乱的局面。

6.3　企业微信营销与运营

微信营销能为企业带来多大的利润呢？这就要看企业如何有效利用微信了。企业只有正确合理地利用微信营销，不断地推陈出新，不断地增强与用户的黏性，才能获得丰厚的收益。

企业在进行微信营销之前，就应当意识到微信用户不仅是他们营销的对象，更是他们的朋友。倘若企业微信营销能以"服务用户"为核心准则，以"用户满意"为目标，企业势必能在提升形象的过程中，获得良好的口碑传播效果。

企业要想实现微信平台的有效营销，最为基础的即实现关注量的提升，获取更多的粉丝数量和目标客户数量。而要想实现这一目标，企业不应该借助于投机取巧式的噱头吸引，而应实打实地为用户提供服务，以用户为中心，实现用户满意度的不断提高，并且要努力做到让用户满意。

企业可从自身属性出发，一方面为用户提供相关领域知识信息的正确科普，提高用户的认知水平和知识水平；另一方面，可结合实际为用户提供针对性的贴心服务，如根据社会事件、天气和经济环境的动态变化提供对应的信息服务，让用户体验到企业的贴心服务，从而提高用户的好感度和满意度，进而吸引更多的忠实粉丝，为进一步的营销打下坚实基础。

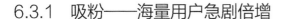

6.3.1 吸粉——海量用户急剧倍增

粉丝数是企业尤为关注的一项微信指标，粉丝是潜在的客户，粉丝越多，机会也就越多。因此，如何通过微信让自己的产品或者服务得到更多粉丝的关注或者认可，也就是实现关注人数翻倍，对企业来说非常重要。

在这里必须厘清一个概念：粉丝的数量是微信营销的关键，粉丝数量的多少，决定着企业微信的影响力，也决定着企业的微信营销效果。注意，大多数企业在微信营销过程中只在乎粉丝的数量，并把"增粉"当成微信营销的最终目标，一切工作都以粉丝数量作为考核依据。企业认为粉丝数量越多，微信营销效果就越好。但是在实际营销的过程中我们就会发现粉丝数量和销售效果不成正比关系。因此，企业在注重粉丝数量的同时，也要注重对粉丝数量的转化，尽可能多地把粉丝数量转化为粉丝质量，粉丝数量多并不代表所有粉丝都对企业的产品和服务感兴趣，若粉丝转化率很低，则表明粉丝的质量不高。因而只有互动频率高的粉丝才是企业利润的真正来源，所谓的僵尸粉带来的收益只是一时的。具有长远战略眼光的企业往往会注重培养"忠实"的粉丝，提高已有粉丝的质量而不是盲目拓宽粉丝群体。

吸粉，意味着用户积累、用户转化与用户拓展。吸粉通常分为前期吸粉、中期引导、后期裂变。

1. 前期吸粉 7 大技巧

微信营销第一步，是积累原始用户，用户基础是营销的前提。用户越多，营销效果越好，用户基础不足，营销无从谈起。因此，前期做好吸粉的工作相当重要。

（1）现有资源变现

企业应利用现有资源、购买推广资源以及配合现场促销活动积累微信用户进行转化。如果你本身就有实体店，你可以依托实体店将店里的新老客户加为好友，这样便于你和客户随时保持互动，也便于你上架新款的宣传。依托实体店加的好友对你的信任度更高，而且产品和实体可以看得到，利于微信上的销售。企业通过送礼品、会员卡的方式也可以快速锁定客户，通过经常组织活动，不断拉近与客户的距离，进一步深化微信好友的关系。

（2）开拓宣传渠道，拓展用户基础

曝光次数多，转化自然多。用户从看见信息到转化为粉丝，是一个漏斗模型，信息覆盖的基数多，最终转化成粉丝的一般也多。这种微信营销适合资金充足的大企业，最常见的是微信最近推出的信息流广告，在细分用户的基础上大规模推送广告，比较著名的就是最初的"宝马""vivo""可口可乐"广告。当然，增加曝光率还有一些其他方法，比如邀请大号转发，与其他企业置换资源、相互推荐等。企业开拓宣传渠道通常有以下几种方式。

① 网络推广。

这种方法包括了网络推广的所有手段，有网站单页、博客、论坛跟帖、贴吧、知道、QQ群等，企业将自己的公众号特点和优势展现出去，配合二维码或者微信号，在各个地方大量宣传推广。

② 通过同城交流平台挖掘用户。

企业可以通过 58 同城或赶集网等平台收集信息，这些平台有海量的资源，值得企业深度挖掘。此外，企业还可以利用 QQ 群搜索，搜索出同城 QQ 群，加入这些群，通过这些群挖掘资源，将其转化为微信好友。

（3）利益诱导

在众多用户拓展策略中，"利益诱导"是一个有效的策略。移动互联网最重要的商业模式之一是"免费"，这也是"利益诱导"的形式之一。

① 抢红包活动。

真金白银，立竿见影。通过"抢+分享""分享越多红包越大"的方式吸引用户参与，容易形成全民参与的病毒式传播。抢红包适合新业务上线或促销活动时的营销推广，用户得到红包即可消费，如天猫"双 11"、滴滴打车等。抢红包活动，既能大规模积累新用户，又能大范围提高品牌知名度。

② 转发有奖活动。

奖励的诱惑是难以抗拒的，奖励不在于大小，而在于是否戳中用户痒点。大企业有"土豪"玩法，送车送手机，用户广泛参与；小企业有创意玩法，例如，在大学生求职季开展"关注公众号可获得优秀简历模板 100 套"活动，推广效果也不可小觑。

③ 免费。

企业前期可通过免费策略吸引大量的用户资源。企业应在扫码时派发小礼物或是提供关注后有立减等新人优惠，往往只有这样扫码才会有效果。企业可以与各商家联盟，在商家店铺门口圈粉，包括自己派人邀请周围路人关注并送上小礼品；或者给商家员工返点，推广增加一个粉丝，就可获得收益；有门店的商家，通过客户转粉送礼品，也可以慢慢积累自己的粉丝群体；企业整合资源，为平台粉丝定期赠送各种福利。

（4）活动推广

活动推广分为线上推广和线下推广。

线上推广：包括互联网的活动和微信活动等，如在微博、论坛、QQ 群、社区、职业平台等发起活动。

线下推广：包括在展会、讲座、聚会、餐厅饭馆等发起和微信号相关的活动。

无论线上活动还是线下活动，主要都是将粉丝纳入企业自己的微信号里面。

（5）软文推广

软文推广就是写好软文之后，将其发布到大流量的平台，这样能吸引不少粉丝的关注。软文推广的重点在于软文的质量，还有发布软文的平台。企业将比较重点或者吸引人群关注的热点问题或知识写成软文，放到各大网络平台上，在里面植入企业微信号，随着这些软文的大量传播和阅读，可以吸引感兴趣的用户关注企业微信号。

（6）快递引流法

快递从业人员每天都要接触大量有互联网消费习惯的人，这类人群对互联网购物有着较强的依赖，习惯于网上购物，是非常好的微营销资源，值得企业深度挖掘。企业通过和快递员建立沟通和分享机制，让快递员将印有企业微信二维码和活动内容的广告发给客户，可以迅速提高企业的曝光率，大大提高企业的粉丝数量和质量。

（7）建立游戏微信群，用娱乐增加感情

企业建立微信群，充分利用微信的红包功能，通过建立发红包的制度或流程，让群里的好友快速熟悉，并让群友主动邀请其朋友加入群游戏，通过游戏增加群友间的感情，并主动吸引其他朋友的加入。玩这种群游戏，企业并不会多花钱，但是需要做好群规，活跃好群内氛围，让这个群始终保持活跃。在充分获得群友的认可后，企业便可以适当发布营销信息。

2. 中期引导

所谓中期引导，就是企业对用户持续关怀，通过一些活动、优惠等激发用户的参与。不少企业刚开始通过各种方式向用户表现出积极的热情，而用户关注后则对用户变得不闻不问或者置之不理，这样客户的热情就会变得冷淡，就会加速用户的流失。

因此，企业要给用户持续的关怀，这决定了用户最终的满意度。企业若想维护好已经关注的既有用户，提升质量才是核心；企业需要在后期注重和用户及时有效的互动、交流，在用户管理系统的运作上结合企业自身特点构建信息反馈平台；最后要注重与用户的互动与关系管理。

开发用户是短期的事，维系用户是长期的事。维系用户的稳定和忠诚，是一件富有挑战的工作。用户流失率高，是企业面临的严重问题。只有维系用户的稳定和忠诚，企业才有可能进一步将其转化和实现变现。维系用户，要时刻关心用户，让用户感到自己受重视。

（1）提高内容质量，保证原创、实用和趣味

在这个信息过载的环境下，用户面临众多选择，企业再也不能通过简单的抄袭复制来应付用户了。保证微信公众号信息的原创、实用和趣味，是企业长期留住用户的重要手段。原创就是基础，实用才有价值，有趣才能新鲜。

（2）构建以用户为中心的营销模式，积极进行线上互动，重视线下体验

与用户互动这一行为发挥着沟通和客服的作用，企业快速响应用户问题、积极进行活动交流，可以增强用户在线上的活跃度；同时，良好的线下体验有利于实现线上的有效转化，促进成交。

（3）关心用户，细节之处显真情

企业要关心用户需求，给用户想要的，提升用户忠诚度。第一，从平常生活着手，推送人们关心的生活小知识，比如冬病夏治、十大美食去处等，这样可以起到良好的传播作用。第二，送上节日关怀，通过发送微信电子贺卡表达祝福，恰到好处地进行传播推广；用户可对微信贺卡进行 DIY 设计，形成二次传播。

3. 后期裂变

当企业积累到一定用户时，就要让用户自动裂变。简而言之，就是让用户推荐或者转发信息。用户在关注企业的微信账号后，企业可通过各种形式，如有奖转发、游戏互动、生活常识分享等，让用户将企业信息分享到自己的朋友圈，以一个用户带动其背后的潜在用户。因为微信中的好友大部分线下就是朋友关系或者是拥有共同兴趣爱好的人，所以分享到朋友圈的内容很容易引起好友的关注。

（1）鼓励用户分享

我们要鼓励用户分享，现有用户是天然的传播渠道，借助老用户带来新用户，是企业长期低成本增加用户的有效方法。企业在花费较高成本吸引并稳定了第一批用户之后，后期用户的增长主要靠现有用户的分享和推荐。通过分析用户动机，我们发现"有趣""社会认同""权威"等都是有效促进用户分享的因素。

（2）裂变

谈到裂变，我们不得不谈到"口碑营销"。口碑就是对于一个好的产品，用户在没有利益的驱使下发自内心地将其推荐给身边的人形成裂变，是裂变营销的一种表现形式。

裂变营销最好的载体就是熟人社交圈。裂变营销有几个其他营销方式完全不具备的优点。

① 成本非常低：只需要有原始种子用户，再设计好裂变流程，便可源源不断地裂变下去，可谓是不花钱的广告；

② 效果持久：一旦启动，就会持续传播很长时间，经常有企业不得不强行中断传播；

③ 影响力大：150 定律告诉我们，每个人身后都会有大致 150 位亲朋好友，每发动一位用户传播，就可以影响几十个亲朋好友，因此影响力非常大。

在这里特别要提醒的是，用户为什么帮你去传播呢？核心就是两个字——价值。因此，

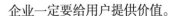
企业一定要给用户提供价值。

6.3.2 留存——用户转化及沉淀

对于企业微信营销来说，粉丝的留存率对企业的收益起着至关重要的作用。我们必须清楚地知道，企业如何才能保留原有的粉丝以及如何利用平台、产品及自身的魅力留住粉丝，如何有效地解决这些问题是每个微信营销者都必须关注的。接下来，我们来为大家一一讲解。

众所周知，通过企业公众号获取粉丝难，而留住粉丝更难。很多企业为了获得公众号粉丝，常以优惠、有奖等利益诱惑方式鼓励用户扫码，希望其关注企业公众号。如此做法表面上看推广成果显著，短时间内可获得粉丝数量的快速增长，但同时粉丝的易流失性也给企业带来了诸多无奈和抱怨。如果用户不是出自对企业产品或服务产生兴趣以及对企业公众号所推送的信息有需求，从而自觉自愿地对公众号发起关注，那么功利性的利益诱惑只会适得其反，最终造成用户对企业产品及品牌缺乏应有的认同度，忠诚度也不高，从而导致粉丝流失。那么，企业如何提高粉丝留存率呢？

1. 提升粉丝忠诚度

微信平台用户数量庞大，不同用户的身份不同，其需求点和兴趣点也各有不同。企业要想开展微信平台营销，就需要在分析用户普遍需求的基础上，认识到用户的个性需求点并针对相应需求提供对应的个性化服务，满足用户的需求点。如企业在提供常规性服务时，可结合自身产品特点为用户提供差异化的信息咨询服务，并依据用户兴趣点和爱好点的不同相对应地提供个性化服务，保证用户体验的趣味性和互动性，促使用户参与到企业的品牌宣传和具体的营销活动当中。同时，企业应充分发掘并应用微信的功能，使得平台服务更加新颖和全面，积累更多高忠诚度的粉丝。

2. 提高客户满意度

客户满意度高的微信平台才是有价值的平台。而提高客户满意度最直接的方法就是提高客服反馈能力。特别是目前我国很多企业在开展微信营销的过程中，由于不能及时回复粉丝的一些问题，使得微信营销的活跃度普遍偏低。

除此之外，企业要完善客户管理系统。动态把握客户的需求变化，包括通过大数据处理分析客户的基本信息、偏好、消费水平，为不同类型的客户贴上标签，同时对于客户的意见也要及时反馈，保证用户的体验质量；要做到在合适的时间、地点推送客户最需要的信息，其实这个也是为了保证用户体验。在充斥着大量同质服务、信息的今天，只有及时配合客户需求的变化，才能留住客户，进而吸引新鲜血液的注入，保持企业旺盛的生命力，这也是精准营销的最终要求。企业可通过微信平台实现与客户点对点的沟通，并根据其个性化的需求，提供贴心的定制化服务；及时解决客户的疑问，更深层次地挖掘他们的需求。在这个过程中，CRM 可将企业与客户之间的互动资料，进行收集、整理并归纳分析。这使得企业既能够应对客户对产品和服务的个性化需求，又能使客户感受到企业的重视，从而乐于为企业品牌进行口碑宣传，提高对品牌的忠诚度。

3. 提高客户参与度

提高客户参与度对留存来说，一是要有趣，二是要好玩，三是要增加客户的黏性。通常有以下几种方式。

（1）转发与活动

通过转发粉丝的文章或请求粉丝帮忙转发自己的文章、线下线上活动（答题参与抽奖之类的活动）、互动（转发行业大号的个人观点或者用软文方式替其宣传）、话题（抛出有争议的话题，激荡几方观点）、私聊、精彩内容、投票、分享资料等来提高参与度。

（2）微信测试和游戏

微信测试，如智商、情商、心理测试等，在微信甚是风靡。游戏和测试一般具有和朋友"攀比"的性质，兼具趣味性和互动性，传播和参与效果较好。

（3）温馨提示

通过微信，公众号可以对客户进行提醒。例如，如果你是化妆品企业，你不仅可以根据季节和客户所在的地域发送相应的护肤提醒，还可以根据客户的具体肤质对其进行分组，如缩毛孔、祛痘等，然后再根据这些关键词给他们发送相应的产品推荐。

（4）加大联系频率

你和你的客户的联系频率就代表了你们的关系，频率越大，关系越深厚，而关系很深厚的话，你给他推荐产品他就很容易接受。我们知道微信公众号的信息到达率可以达到 100%，营销信息的打开率可以达到 42%，而每 100 个访客中就可能会有 12 人下单购买。

（5）线下活动

"线下"活动通常能给人带来更多的参与感，而"线下"活动也能在最大限度上增强一个公众号的完整度。因此，公众号运营者或团队，可以尝试举办"线下"活动来增强自己的影响力，以达到优化公众号的目的。以"cafuc 飞行技术团委"公众号为例，该微信公众平台一方面策划举办了"最帅飞型""PCATD 模拟飞行比赛""执照技能大赛"等与飞行学生生活相关性很高的"线上"活动，另一方面也举办了诸如"吃货战斗团"这样"接地气"的"线下"活动。线下活动也可以和线上互动活动（比如微信大屏幕、云直播）同时展开。这些活动大大提高了客户的参与度。

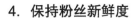

4. 保持粉丝新鲜度

企业要深入地把产品和微信公众平台功能结合起来，针对粉丝的特点不断提供即时的、有趣的内容，注意刷新粉丝的体验，保持粉丝对企业公众号的新鲜度。

5. 与传统结合

企业要将微信营销和传统营销方式相结合，发挥它们各自的优势，拓宽用户体验的途径，使用户对企业产品和服务有更加全面的了解，有助于抓住用户并留住用户。例如，大众所熟知的微博营销，它与微信营销并不是相排斥的，它们应该是相互支撑的。企业要分辨出这两种载体的优劣势，充分利用它们的优势，对自己的品牌进行营销；不断拓展自身的产品，两面突破，让品牌传播更为广泛。微博受众面更加广泛，微信营销更具精准性，两者结合可使企业不断发掘潜在市场，提高市场占有率。

总之，大部分用户关注企业是为了自身利益，期望以低价买到好的产品。所以，企业要满足用户的期望，不定时地采取某些促销策略和有奖活动，以吸引用户持续关注企业，在潜移默化中将他们转化为企业的客户，只有客户的期望满足了，企业的期望才能满足，才能获得利益。

粉丝发生转化最关键的问题就是解决发掘刺激粉丝产生购买欲望的因素是什么。经过相关调查我们发现：粉丝在线上领取优惠券后首先会发生购买行为，其次是如果有关注公众号的专属优惠也会促使其产生购买行为。粉丝对于定期的、制度化的优惠更为在意，如果企业的优惠能够做到定期化，那么他们往往愿意持续地关注企业。企业不应该虎头蛇尾，在关注之初给粉丝营造出十分优惠的感觉，久而久之这些优惠就不复存在，这会让粉丝感觉被欺骗，反而增大了粉丝的流失率。所以，企业可以每一次的优惠力度不用太大，但是要贵在坚持。同时，粉丝还比较看重新品信息的推送，这和粉丝关注公众号的目的相呼应，所以企业必须重视及时的信息传递。

6.4 企业微信营销实操技巧

下面我们分享几个比较实用的微信营销实操技巧。

6.4.1 群发消息主题策略

例如，企业根据微信公众平台使用人群多为中青年女性白领的特点，将群发主题设定为"您身边的美丽顾问"，采用拟人化的方式，将微信平台定位成一个虚拟的人，通过交流探讨的形式，同粉丝们一同讨论如何让自己变得美丽，为此，企业设定一些栏目巧妙地进行广告植入。开展微信营销，最主要的内容就是附加有关的广告信息，但是如果直接进行大篇幅的广告推送，很容易使关注用户厌烦。因此，企业必须巧妙地进行广告植入，目前最常用的就是软文推广方式，综合采取动态图片、故事植入、段子植入或者是热点植入的方式，将需要用户关注的信息植入其中，并尽可能地形成口碑效应，吸引粉丝，增加产品的知名度。

群发小技巧如下。

（1）分组

根据不同的会员特征和标签，只做不同的个性化内容。

（2）群发时间

选择微信使用高峰时段，早上 10:00 到中午 11:30，下午 16:00 到 18:00，晚上 20:00 到 22:00。

（3）内容

使用多条图文，每个页面都增加网站导航，增加用户黏度。

6.4.2　口碑分享

微信"朋友圈"具有信息分享功能。当你发现了一家美食餐厅、一家精美饰品店、一家时尚服装店时，都可以将其分享出来，这样的分享可以带动朋友圈的其他爱好者也去尝试与消费。这是一种口碑相传，企业要充分利用这种口碑营销促进销售。

当然，企业想让客户在朋友圈分享产品信息是要有销售策略的。

（1）特定条件下的免费策略

什么是"特定条件"？比如"点 60 个赞""连续转发 5 天"等，就类似这样的"特定条件"，只要客户满足了条件要求，就可以免费领取某产品。客户在集赞的过程中，肯定会号召其朋友圈的朋友一起来帮忙，这样又会吸引很多人转发集赞，就起到了非常好的广告效应。"连续转发 × 天"的广告效应也是不错的，当朋友圈其他人注意到此广告后也会有一部分人开始转发，客户会越来越多。

相比之下，点赞的广告效果要优于单纯转发。因为有一部分人可能不经常关注朋友圈，而点赞是需要号召大家的，有时候点赞数量要求高，还可能会使客户群发好友消息来请求点赞，这样，企业的广告就会更引人注目。当然，现在很多企业也已经将二者结合，如"连续转发 3 天并集赞 38 个"等。

（2）优惠与分享结合

给客户一定的优惠，让客户在朋友圈分享产品，这种方式多见于一些实体店。有一家火锅店是这样做的：就餐者分享至少三张图片并附上本店的地址和联系方式，就可以免费获取

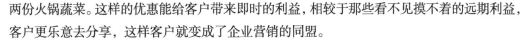

两份火锅蔬菜。这样的优惠能给客户带来即时的利益，相较于那些看不见摸不着的远期利益，客户更乐意去分享，这样客户就变成了企业营销的同盟。

（3）实行"关注立减"活动

此活动即是用户在成为粉丝后享有的首次消费的折扣优惠，这是一个一石二鸟的办法，一方面可以吸引用户关注企业公众号，另一方面又能促成用户的购买行为。用户关注实际的利益，而企业给予的用户让渡价值越高，用户越容易产生购买行为。在实际调查中，被调查者也普遍认可这样的营销方式。

（4）派发线上优惠券

企业在进行微信营销时应该将其线上会员的优势充分展现出来。如果用户觉得成为微信会员后得到的优惠远远多于直接购买的时候，其消费行为就会被激发。举个例子，当微信平台推出领取 50 元优惠券的活动时，用户往往就会因为这 50 元的优惠而产生本来不必要的消费行为。

（5）转发集赞

微信用户在看朋友圈动态的过程中会发现这样的现象：越来越多的好友在微信上转发一个链接后，分享到朋友圈内会请求好友点赞。微信用户请求好友点赞的目的是等到赞积累到一定数量后获得礼品或者换取某种优惠。让微信用户转发链接，分享到朋友圈是微信营销的一种新手段，微信用户所转发的链接通常是企业的产品信息及产品促销活动的资讯。企业通过这种方式来吸引微信用户对自家产品的关注，进而提升企业在微信营销商圈内的知名度和市场影响力。该种营销手段存在的弊端是：很难使微信用户自觉地转发链接，转发的链接内容很少有人去打开浏览。

所以我们要有应对策略，首先，应降低微信用户集赞的门槛，让微信用户能够很容易就集赞到指定的能够获得奖品或优惠的数量。其次，企业要舍得投入，提升奖品或优惠的分量来吸引用户，奖品应当兼顾实用性及时尚性，优惠也要实实在在地让用户感受得到；最重要的一点，企业一定要信守承诺，切实履行"兑奖义务"。最后，让用户转发有关自家产品的信息及优惠促销活动的链接，不仅可以节省链接转发所需的费用，而且在执行力方面也很强。

6.4.3　微信红包

微信红包为用户提供一些具有实际价值的红包，通过好友关系链条和群组的病毒式传播，可以吸引更多的用户参与抢红包的活动，有助于企业找到潜在客户，并实施针对性营销。

微信红包是最简单、有效的营销方法之一，抢红包的思维已经被广泛地运用到各行各业中，除了向用户提供现金红包之外，企业也可以向用户提供优惠券、代金券或是折扣红包等，这样能够使红包的形式更加多元化，增加用户的参与激情。

微信抢红包的营销思维非常适用于电商，企业通过发放一些现金红包，可以精准地找到自己的目标消费群体，用户抢到红包后可以进店消费，这样既达到了提升产品销量的目的，又有效地宣传了品牌。

2013年，微信"红包"诞生。2014年春节期间，许多企业发放了几千万的红包，"抢红包"活动得到800多万人的参与，其出人意料的市场表现使"红包"越来越红火。2014年，红包不再只是一种个人娱乐方式，越来越多的企业参与进来，"红包"也发展为企业的一种新型营销模式。

（1）企业与客户的"红包互动"

企业可以专门针对客户建立微信群，在特定时段在群里发放代金券红包等。这种企业与客户之间的"红包"互动不仅可以刺激老客户继续消费，而且老客户还会不断拉进更多的新客户，带来更多消费。例如，山东济南市一家餐饮店每天10:40和16:40这两个时间点会分别在群里发20个随机数额的红包，抢到最佳红包的可以去该店（仅限当天，可以转让其他群友）免费吃三个小菜（一荤两素）、一个葱油饼和一份粥。而往往获最佳红包者会带上家人或者朋友一同前往，这样就会增加客户对该餐饮店的消费。随着群友队伍的壮大，企业会得到更多的口碑相传，这无疑增加了客户数和企业的利润。

（2）与大型活动主办方合作

2015年和2016年春晚期间，全国各地乃至世界各地的人们都在通过手机"摇一摇"抢各企业发放的现金红包或代金券红包，其中，代金券红包最终要通过企业的销售平台来实现消费。企业通过春晚这一万众瞩目的平台扩大了知名度，获取了更多的客户。这也给其他企业带来营销启示：与大型活动主办方合作，这样不仅可以扩大企业的知名度，而且企业还可以发放代金券红包来刺激人们消费。

当然，这种营销模式也有其弊端，由于其受众广泛，针对性不强，许多代金券红包流入了并无消费需求的人们手中，而一部分有消费需求的人们可能并没有抢到红包。

案 例

微信红包的促销玩法

丁老板开了一家鞋城，营业面积200平方米左右。为有效吸引人流进店消费，丁老板准备尝试一下微信群推广。

他首先发动员工及自身资源，在3天内建立一个规模200人左右的微信群，对象主要是

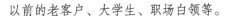

以前的老客户、大学生、职场白领等。

然后在群里发起一个活动：

珠海市×××靓鞋群再度时尚来袭，美丽每一天，好玩闹开心。群主或者指定人员每天下午 5 点发红包，每次 8 元发 38 个红包：

① 手气最佳的朋友，赠送价值 58 元的购鞋代金券；

② 红包尾数为 6 或 8 的朋友，赠送价值 68 元的购鞋代金券；

③ 红包为 0.58 元的朋友，购买任一产品，即送价值 58 元的时尚钱夹；

④ 红包为 0.01 元的朋友，购买任一产品，即送价值 38 元的保暖加绒手套；

⑤ 各获奖朋友可随性发出金额不限、数量不限的红包，以飨广大"吃瓜群众"（网络用语，指不关己事，不发表意见仅仅围观）；

⑥ 赠送礼品在 6 天内到店消费有效，每次只能兑奖一份。

珠海市×××靓鞋馆，和您一起永远走在时尚前沿。

靓丽热线：0756-×××××××

靓丽地址：××××××××

据丁老板介绍，这个活动定位在"好玩实用"上，活动好玩，赠品实用。目前这个微信群已有 380 多人了，丁老板又开了一个二群，目前也有 200 多人了。奖项兑现率在 80% 以上，营收增长 30% 以上。

分析：

这个活动可以说充分发掘了微信红包的营销价值。

① 每天固定时间准时发红包，一方面保持微信群的热度，增加粉丝黏度，另一方面培养粉丝习惯，下班前抢到红包，方便及时兑奖，提升奖项兑现率。

② 微信红包与门店的产品直接相关，商家通过红包将粉丝的注意力引导到店铺的产品上去。赠送的礼品，可以根据门店实际情况有针对性的调整，也有利于提升部分滞销产品的库存周转率。

③ 鼓励获奖的朋友继续发红包，在提升微信群活跃度的同时，扩大活动影响力。

④ 6 天的兑奖有效期，方便上班族利用周末、周日来逛街。

⑤ 据丁老板透露，鞋城定位中档，客单价在 200 元左右，58 元、68 元的购鞋代金券，相当于 71 折、66 折，折扣力度比较有吸引力。对于 0.58 元、0.01 元红包的获得者，则赠送相应礼品，增加了促销玩法，若赠送代金券则较为雷同。

此外，不同于许多要求转发朋友圈且@好友的活动（粉丝不愿意参与、容易骚扰到好友），这个红包玩法，粉丝们的参与度、接受度与美誉度肯定很高。

6.4.4　二维码营销

企业在推广微信公众号时，不仅在传统的报纸、电视、公交站牌上放置微信二维码和微信账号域名，而且在产品包装上也印有微信二维码，这样有利于客户在体验产品后第一时间继续关注该产品甚至该企业的一些动态。例如，美的空调在二维码推广方面就做到了全面推广，客户进入商场后不管是在每款空调的演示机还是洽谈桌、封面杂志、海报上，随处可以见到美的空调的微信二维码，有购买意向的客户，会主动关注二维码，搜索美的空调促销信息。

通常企业的二维码营销模式中，最简单也最主要的方式就是通过二维码发展会员，使其获取相应的折扣。此外，企业也可以为其产品或某一次活动信息设立一个二维码，这样就不需要浪费大量的人力物力用于一对一的客户信息沟通；同时，用户也可以实时读取二维码获取需要的信息。

（1）诱导扫码

许多微信营销商为了能吸引更多的用户添加自家的公众号后关注产品，进而产生交易，往往会在新用户扫描添加为好友后给其一定的优惠或者奖品，比如发放红包。该种方法确实能够在短期内吸引用户扫描二维码关注公众号，但很多用户在领完奖品或获得一定的优惠后就取消关注。企业的投入和回报不成正比。

（2）自觉扫码

虽然"扫一扫"是当前比较便捷的添加关注的微信营销方式，不过其前提条件是要让微信用户自觉地扫描企业二维码。所以，企业应采取更能吸引微信用户扫描二维码的方法和手段。以电影院为例，通常到电影院观看电影的人都会提早来到影院购买电影票，购完票后离电影开始还有一段时间，他们通常会选择玩手机来打发这段时间，而为了能够节省手机流量，他们通常会向影院的工作人员询问是否提供免费 Wi-Fi。此时，工作人员可告诉观众如需免费的 Wi-Fi，只有扫描墙壁上粘贴的影院公众号二维码，添加关注，关注成功之后影院公众号将会把 Wi-Fi 名称及密码发给用户。这种方式不仅可有效节省影院推广的费用，而且也能吸引一大批的影迷。

再以人气颇高的星巴克为例，其通过在咖啡杯的外包装上印刷二维码，借助活动、优惠给予一定让利，在消费能力较高的年轻人或中年群体中提高了消费的积极性。同时，因为微信营销建立在社交的基础上，这类优惠信息又通过扫描的用户分享名片或者链接，迅速通过人际网络扩散开来，并且利用用户个人的判断帮助企业减少筛选的成本，因为用户在分享时往往会考虑对方的喜好、消费能力，不知不觉中，用户就帮企业完成了目标定位的工作。

6.4.5 互动策略

企业在实行互动策略时，需要不断创新与客户的沟通策略。例如，在公众平台注重增加与用户间的互动，包括人工互动、游戏互动、促销互动等。企业可以通过互动了解用户的即时需求，增加信息的有效性。

我们知道，在微信的功能上，中小企业目前大多常用的就是群发消息、投票、留言评论。企业首先通过群发消息将自己的活动内容、新产品信息传递给粉丝，使得粉丝可以主动参与活动，提高活动的参与度。而投票往往运用在营销促销的活动中，通常类似的还有点赞、集赞活动。

除此之外，还有以下几种互动方式。

（1）转发福利式

结合大众心理的利己性、利他性，企业利用红包内的优惠券刺激用户消费，从而激发用户的消费行为，带动整个平台的营业额。这种活动的持续有效性较高，而且人们对代金券也有长期的使用需求。

（2）游戏炫耀式

微信平台中的游戏除了本身所具备的趣味性，还可以被企业使用，其通过用户转发朋友圈炫耀分数的形式为用户提供获得公众认可的平台。成功的游戏病毒式传播利用游戏的形式，刺激用户对宣传内容产生兴趣，进而增强用户与企业公众号的黏性，迅速提升知名度。

（3）测试表达式

在微信中传播载体不仅可以使用游戏体验的形式，更可以用自我评测，即提供自我展现平台的形式，为同一个微信朋友圈内相关联的个体之间寻求可以引发微信用户共同兴趣的体验，如性格测试、情感测试等。

（4）游戏福利式

为了获得用户更长久的关注及其与企业的黏性，企业也可采用游戏福利式，即促使用户配合企业完成一定指令，进而回馈给参与用户一定的物资或体验赠礼等。例如，赫莲娜在2014年伊始曾做过送"赫"礼的活动，用户在微信中回复"我爱 HR"即可参与。用户参与游戏可马上领取赫莲娜 2014 年全新上市的极致修护晚霜体验装，同时，用户如果分享活动，能得到更多的游戏机会和神秘好礼。这种形式除去品牌自身的影响力外，活动趣味性相对较强，礼品设置需要充满诱惑力。参与游戏之前的会员注册，不仅可以提升品牌知名度，也可以促进用户量的增长。

（5）互动分享式

此种方式是基于微信的互动营销平台，活动内容的设定需充满创意并且新鲜有趣，容易抓住浏览用户群体的注意力和关注兴趣。参与用户在关注微信公众号的同时，也有意愿通过在其他平台的分享将该活动传播开去，形成关系网内的二次宣传和传播，完成多平台粉丝的双向导流。

（6）投票福利式

投票福利式也是非常普遍的一种互动方式。例如，近年来健康宝宝评选活动在微信上进行得如火如荼，微信平台上母亲身份的用户群体通过上传宝宝的照片到平台，鼓励并促使朋友圈为其宝宝投票，进而评选出健康宝宝以获得活动发出方送出的奖金，以此获得社会或者朋友圈内的虚拟认可。此活动为宝宝提供一个虚拟的展示平台，然而其中的主要传播主角并非事件主角，即并非宝宝，而是母亲通过平台塑造外界对宝宝的认可，平台满足母亲对宝宝的自豪感和初为人母的表现欲，再加以奖金诱惑，让母亲们主动在朋友圈传播。

（7）活动集赞福利式

运用这种方式时，活动自身需要有趣有料，这样才会有更多的用户进行传播，促使活动信息强制性曝光，快速提升知名度。

6.4.6　促销策略

微信营销有其他营销方式无可比拟的优势，但成功企业的营销活动一定是线上和线下的有机结合、相互配合，从而保证用户对企业品牌不同来源认知的一致，使企业自身对品牌的认知信息和外界向用户传播的信息不会产生偏差。

企业要多组织些形式多样的用户体验活动，注重与用户之间的情感交流，让用户对企业品牌的喜欢是真情实感的流露。因为微信是一种社交平台，这种属性就决定了企业做微信营销务必要搞好线上和线下的活动，如扫描抽奖、在线有奖答题、促销活动预告、秒杀活动、线下粉丝见面会、线下拍卖会、线下展销会等，将线上和线下有机地结合起来。但是，无论线上还是线下的活动都要接地气，要先征求用户的意见，看礼品的设置和奖励是否能够吸引用户的积极参与，看推广的方式是否会引起用户的反感。

（1）针对特定不同的用户，开发不同的消费模式

一是根据每日的成交额和人均消费的高低调整各类产品的售卖数量和发货日期。二是与微信公众平台订阅量较大的账号合作，在适当的方式下将产品转让给他们进行推广。三是建立以用户需求为导向的模式，重点围绕用户喜好分类，定时创造新的卖点。

（2）开发具有特色的微信购物节庆活动

针对当前"双11""双12"的火爆销售形势，企业可开发定制类似的微信购物狂欢节，在此日期内，凡是通过微信平台进行消费的客户，企业均进行一定程度上的让利。针对微信平台的特点告诉用户，凡是在朋友圈进行消费展示、晒单等正面评价的行为，企业都会给其

一定的奖励。企业根据客户的转发数量、点赞数进行其信用等级和消费等级的量化评定。

与传统商家的减价促销不同，微信电商一般情况下不太会采取降价的促销方式，它们经常以转发推广消息送礼品、加好友送礼品或加群领红包等方式进行产品的营销，这类方式更加个性化，具有很强的互动性。此类营销活动开展的原因在于，微信电商需要通过微信好友的增加来扩大目标市场规模。不同于传统电商，微信电商以朋友圈信息为其主要的营销工具，这些信息只能让微信好友看到，所以微信电商要想扩大营销并增加销售额就必须添加更多的好友，以增加潜在客户数量。

（3）线上线下统一互动推广

企业微信营销除上述两种有效策略外，还有一种最直接、最实际的方式就是线上线下统一互动推广。线上线下统一互动推广形式主要是以微信及企业微信公众号为平台，结合企业宣传策略推出线上参与、线下领奖的促销活动。企业可以用图文推送、动态视频以及文字等形式对其产品进行宣传，根据节日、季节等变化有针对性地推出促销活动。例如，在结婚高峰期，某婚纱摄影机构推出"集赞免单"活动，具体内容为用户转发企业活动链接并在此链接下集满 20 个心形赞，即可享受免单。这样一来，所有有拍摄需求的用户都会积极参与，大家在互相转发集赞的过程中，为企业进行了无形的宣传。诸如此类线上线下统一互动的推广模式，不仅对企业宣传起到良好的促进作用，更能为企业节约开支、减少成本投入做出贡献。例如，企业利用微信进行促销宣传活动，可以省去场地费用、宣传资料费用以及人工开支等，企业只需要设立一名专业的客服人员对微信线上活动进行推广与回复即可获得较大的收益。因此，有效的微信营销不仅能够帮助企业快速占领市场、准确发掘潜在客源，更能帮助企业迅速实现产品销售目标，有利于企业提高经济效益。

6.4.7 活动策略

良好的微信营销策略和活动的开展能帮助企业打开微信用户市场，实现潜在客户的有效转化和企业既定的营销目标，为企业带来经济利益和社会效益。

大家都知道做微信活动好处多多，但是大家有没有注意到这样几个问题：微信活动具体实操起来应该从哪儿入手？微信活动的策划和运营有哪些地方是值得注意的？已经开始实施的微信活动，应该怎样去提升效果？微信活动应该注意什么？

（1）奖品

奖品要创新，至少要有特色、有新意，最好能够出奇制胜。奖品的设置尽量要靠谱，不要写得太离谱让人觉得不可信，同时又不能太寒酸让人觉得参与了没有价值。

（2）活动周期

活动周期通常为一周，不能太短，这样可以让目标人群有充分的时间加入你的活动，避免人家想起来的时候你的活动已经结束了。

（3）简化活动流程

互联网有一个特性就是把很多复杂的东西简化了，很多需要烦琐的手续或者流程的东西经过互联网的改造之后变得便捷了。如果你的活动没有一个简单明了的流程体系，用户是不会参与的。

（4）注意推送

企业在微信上做活动，必须经过一段时间的传播和预热才可以。同时，活动预热的文章推送一定要注意时间，总结来说就是上、下午推送不如早上推送，早上推送不如晚上推送。

微信活动通常有以下几种形式。

形式1：留言回复有礼

一般是根据当下热点、近期活动、节日庆典等，准备一个话题，让用户在活动时间内到图文的留言区进行回复，企业进行随机筛选或者按照点赞数等规则选取中奖用户。

有一种方式，直接就要求用户留言指定的内容，企业随机抽选中奖用户，以最简单的方式测试有多少用户愿意参与互动。

此外，还有一种方式是征集报名类的留言，即留言本身还与其他的活动挂钩，用户通过留言回复获取其他活动的参与资格。

活动形式评点：

这种形式简单易行、用户参与度高、可控性强。但是用户容易产生疲倦心理，这种形式的话题需要互动感强。

形式2：晒照有礼

一种方式是设定照片方向。然后，用户将照片发至公众号后台，运营者进而按照活动规则抽选中奖用户。例如，用户根据以下类型：亲子照、全家福、婚纱照、造型照、风景照、美食照、萌宠照等不同主题的照片，或者其他趣味的照片类型；手机里的第三张照；做过的最怪表情照；收到的最哭笑不得的礼物照等选择照片。

还有一种方式是促进分享、促进交易或者促进其他 KPI 的晒照活动。例如，用户将某个指定图片、指定文章分享到指定的朋友圈、微信群或者其他平台，然后截取相应的图片。或者，用户拍摄购买的物品或者购物小票等，将其发至公众号后台，运营者收到后再进行选取与奖励。

活动形式评点：

这种形式互动感更强、能与运营目标结合。但用户参与难度较回复有礼更高，收到的图片只能够在微信后台保存五天，需要运营者及时收集用户参与信息。

形式3：口令发红包

如果问用户公众号里最受欢迎的礼品是什么，用户一定会说实在点，来个红包吧。做公众号运营，发红包活动也很常见。

一般是公众号发布预告，并在活动周期的某个整点公布红包口令，用户收到红包口令后，在微信中回复相应的红包口令，或者去支付宝口令红包中输入口令内容，即可获得红包。

为了控制成本，一般红包数量有限，抢完即止。

活动形式评点：

这是聚集人气的有效手段，但现在存在微信薅红包团队，企业需要警惕无效用户的集中性攻击，避免活动意义的丧失。

形式4：抽奖有礼

活动期间，用户完成指定要求后，或指定类型的用户，通过公众平台进入活动页面即可进行抽奖，有机会获得奖品。

抽奖活动的表现形式既可以是常见的大转盘、九宫格、砸金蛋、刮刮乐、翻翻乐等，也可以根据自己的创意性活动主题，将呈现给用户的表现形式做一定的花样，增加趣味性和新鲜感。

活动形式评点：

这是回馈用户的常见手段，建议除了大奖，设置更多丰富的小奖，以保证更多用户都可以参与或者中奖，以加强用户与平台之间的关联。

形式5：互动游戏有奖

现在有不少的平台，提供免费的互动游戏的接口，这些小游戏通常与以前一些流行的单机版游戏类似，比如连连看、消消乐、切水果、跑酷、摇钱树甚至斗地主、打麻将等，用户通过小小的游戏比赛，既可以获得娱乐的乐趣，同时又可以赢取奖励。

企业如果担心接入其他平台会导致自己平台的数据外泄，那么，也完全可以找自己的技术团队进行互动游戏开发，将后台与数据掌握在自己手中。

活动形式评点：

这种形式娱乐性强，能够带给用户一定的新鲜感与参与兴趣。

形式6：病毒式H5互动

不是每个活动都需要有奖励才能够有参与度。现在很多病毒式H5活动形式也可以供企业参考。

其具体包括以下几种。

（1）生成器型

用户在H5页面输入指定信息，即可以生成趣味的工资单、证件、微信对话、照片、海报、数据信息图、表情包等，通过好玩、有趣或有价值的内容促进病毒式传播。

（2）测试型

例如，用户回答指定的问题进行智商测试、情商测试、专业度测试等。

或者是对用户的照片、其与家人的照片、其与爱人的照片进行水平打分、契合度打分、相似度打分；又或者，是用户设置好问题让其朋友回答，测试彼此的了解度、真情度、信赖度等。

活动形式评点：

这种形式是传播的一大利器，策划得好很有可能成为平台有利的招新手段之一。

形式7：投票/评比活动

这是朋友圈、微信群中据说最让人烦恼的一种活动形式，偏偏又是最有效的活动形式之一。

活动形式一般是比赛制，通过设立大奖，吸引用户报名，然后进行微信公众号内的拉票，根据最终票数或者报名内容等决定中奖者。公众号中最常见的投票活动一般是萌宠比赛、孩子作品比赛、员工工作评比比赛等。

活动形式评点：

① 微信后台的投票系统过于简单，传播力不行，最好是搭建专门的投票平台；

② 投票过程不宜太复杂，比如找到想要投票的人都需要半天，别人就可能弃投；

③ 投票的机制需要防止刷单作弊；

④ 投票活动的目的如果是吸粉，就不要忘了进行需要关注才能投票的设置，投票后公众号最好有内容可以吸引用户。

形式8：有奖调研/问答活动

调研，对于公众平台的发展是一种很有用的采集信息的形式，而问答，又能够借助这种形式，引发用户对平台、对产品品牌的思考和认同。

活动形式一般是根据需求，设置好调研问卷或问答题目，用户参与并填写信息，即可获得指定奖励。平台如果有搭建自身的调研系统，完全可以做到用户完成调研后，直接给其发放奖励，这样更能刺激用户参与。

活动形式评点：

企业不要为了做调研而做调研，一定要考虑到目标对象，做有目的性的问卷。

形式9：用户拉新有礼活动

除了品牌推广，大多数公众号活动的目标还是希望能够吸引新用户，所以公众号一定要让所有已关注注册的用户都成为公众号的合伙人，有自己的专属推广码。

活动形式一般是在指定活动期间内，鼓励老用户进行二维码分享，每成功推广一次，老

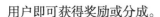

用户即可获得奖励或分成。

此外，公众号还可以在活动期间内进行分享的排名比赛，分享成功次数最多的用户还可以获得额外奖励。

活动形式评点：

建议公众号设置常规的老用户拉新机制，同时也有定期的老用户拉新活动，不断地拉动用户为平台发展做贡献。

形式10：猜谜活动

例如，元宵节很多平台都在做猜灯谜活动，猜谜这种形式确实与公众号本身的互动非常契合。

猜谜的活动形式包括2种：

① 通过文字、图片或视频构筑谜题，用户通过微信将谜底发给运营者；

② 运营者设计一些谜题的方向，让用户去挖宝。

例如，告诉用户，回复与生活中的"鸡"相关的词，即有可能挖到运营者设置的彩蛋。

活动形式点评：

这种活动形式的谜题不能太难，太难则门槛太高，也不能太容易，太容易则让用户没有参与成就感。所以好的猜谜活动与谜题的策划很有关联。

形式11：征文征稿活动

没有微信平台前，征文征稿活动很畅行，现在，平台反而很少举办类似的活动，可能因为现在很少有人愿意静下心来创作，但个人觉得对运营者来说，这不失为一种偷懒和互动的方式。

活动形式一般是设定征文征稿的方向，比如征集梦想清单、征集元宵主题的文章，或者征集诗歌、散文，又或者征集公众平台的宣传口号，让用户进行创作。对于用户创作的内容，可以在微信公众平台进行推广和发布，同时对优秀作品给予奖励。

活动形式点评：

这种活动形式对原创内容有一定的要求，同时适合粉丝会员的质量和黏结度都较高的平台。

形式12：用户访谈活动

每个人都是一个自品牌，不要以为你的用户都只是聆听的对象，有时候你也可以做个活动，让自己成为被聆听的对象。

活动形式一般是通过策划自己的主题方向，进而邀请用户报名，与其进行一对一沟通访谈，聆听用户的故事，并将用户的故事撰写成文或设计成图，让用户的故事成为运营素材之一，当然对于参与访谈的用户，也要给予一定奖励。

活动形式点评：

这种活动形式尤其适合专业媒体型的平台，或者是需要通过用户去感染其他更多用户的平台。当然，缺乏写作素材的平台也不妨试试。

企业微信活动范例

1．可口可乐——我们在乎

曾经有一段时间，可口可乐"我们在乎"席卷朋友圈，它的真身本是一份肩负企业 CSR（Corporate-Social-Responsibility，企业社会责任）重任的"可持续发展报告"，内容虽然力求形象，但依然难掩厚重。为了在社交时代更接地气，可口可乐尝试用 H5 为报告"瘦身美容"：选取报告中的部分核心数据，用十五页的画面，直观展现可口可乐的努力。报告形式变成适合网络传播特点、特别是移动端观看及分享需求的形式（见图 6-1）。

图 6-1

2．维多利亚的秘密

内衣品牌维多利亚的秘密（以下简称维密），可谓将触屏手机的特点发挥到极致！为了预热七夕，维密在 7 月初上线了一款形式炫酷的轻应用：首页是一幅经过雾化处理的照片，用户只需用手指摩擦屏幕，就会有一位性感女郎浮现，继续浏览下去则是品牌介绍，最后到达内衣抢购页面（见图 6-2）。

图 6-2

3．Burberry（博柏利）——从伦敦到上海的旅程

Burberry "从伦敦到上海的旅程" 的 H5 上，浑身上下散发着浓浓的文艺气息，共通过增加用户互动和交流的机会，扩大其品牌影响力，并得到消费者的认可，达到宣传推广的目的（见图 6-3）。

图 6-3

（1）先微信 "摇一摇"；

（2）再点击屏幕进入油画般的伦敦清晨；

（3）摩擦屏幕使晨雾散去；

（4）点击 "河面"，河水泛起涟漪；

（5）点击屏幕上的白点，达到终点站上海。

总之，你能想到的互动方式，Burberry 都用在里面了。面对中国巨大的市场，微信营销正成为越来越多的高端奢侈品牌拉近用户之间距离的形式。

4．天创时尚——亲们，爱吧！

作为行业内首款带有慈善捐款功能的 H5 互动游戏，"亲们，爱吧！"通过鼓励用户上传自己的语音或选择明星的声音定制专属的语音卡，呼吁大众要及时向亲人朋友们表达爱，而用户只要分享成功，品牌方即代用户捐出一定款项作为公益基金，同时，用户还能获得可以在品牌方门店消费的现金券以及产品等多种奖励（见图6-4）。

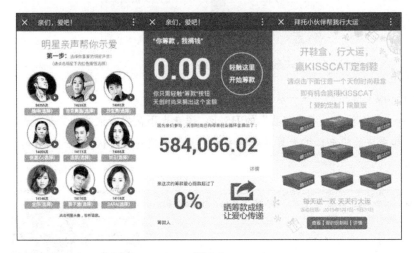

图 6-4

5．澳贝婴幼玩具——小鸡砸金蛋

不管是黑猫还是白猫，只要能抓到老鼠就是好猫；不管是靠技术还是靠情感的传播，只要能吸引到消费者就是好传播！这款界面有趣、互动简单的"砸金蛋"游戏，就将品牌传播回归基本，直接把产品软性植入其中，从而赢得了更多的曝光（见图6-5）。

图 6-5

6.5　企业微信

以往企业员工利用自己的私人微信和客户沟通，员工离职后，并没有对客户资源进行交接，对企业造成一定的损失，企业微信打通之后，客户资源将沉淀在企业微信中，随时可以被查看、更新与维护。——马化腾

企业号现已升级为企业微信，企业微信将继承企业号所有功能，原企业号管理员可在企业微信登录进入管理后台（见图 6-6）。根据企业微信披露的数据，目前企业微信已经渗透到 50 多个行业，注册企业数 150 万家，活跃用户数 3000 万，其中不乏长安汽车、贝因美、阳光保险集团等大型行业领军企业。

企业微信实际上是腾讯内部腾讯企业邮箱、微信企业号和腾讯通这三大企业级产品的升级融合。企业微信完全继承了微信的用户体验设计，除了工作台和朋友圈的置换以外，其他交互体验都是一致的。企业微信还能够对企业一些敏感信息进行保护和回溯等，并继承微信所有的沟通方式，包括红包、邮箱捆绑、视频会议和一些轻 OA 办公功能等，保障办公效率。此外，企业微信在安全方面通过国际公有云隐私安全保护认证，还包括公安部保护等级三保。而在开放 API（Application Programming Interface，应用程序编程接口）方面，企业微信支持 130 多个 API，包括通信录管理、外部联系人管理、应用管理、消息推送和企业支付等，统一进行多平台生态的深度整合，让企业内外部沟通更加便捷。

图 6-6

1. 企业微信的功能

（1）协作工作

企业微信从连接、生态系统和助力三个维度出发，为企业提供触手可达的连接能力；提供完整的 SaaS 服务商生态，满足不同企业业务定制化需求；通过开放生态赋予企业云计算、物联网、大数据和人工智能等各种能力，打破企业在人、信息、服务流程中的壁垒，为企业用户提供既能满足内、外信息沟通，又能做好信息管理和组织规划的协作工具。

（2）直达消费群体

在过去的几年中，企业微信在各行各业得到了典型的应用，从七匹狼到可口可乐，从合生元到京博控股，从欧普照明到南方航空，零售业、服饰行业、金融业、交通运输业、政企行业等都有渗透。如今，企业微信不仅是一个简单的沟通协作工具，而且是完美解决各行各业纵深融合、实现上下游联动、助力产业迭代的有效策略。未来，企业微信还将打破与微信

支付、小程序和公众号之间的壁垒，让企业能够直接触达消费群体，实现商业闭环。

（3）展示企业形象

企业微信和微信打通能更好地展示企业的形象。员工以前都是在微信里加好友，但是员工离职了以后，这些客户就流失了。在企业微信里添加客户，就是以企业背书的形式。一个员工在企业微信里加别人微信，这个人是实名制，而且其信息里会显示他所在企业的名称。一点开，就会看见这个企业名，上面还有一个勾，会显示这个企业是哪一天注册的，是什么企业，情况怎么样。这可以更好地展示企业的形象。

（4）连接

企业微信推出 API 接口，同时也把 CNR（Cisco Network Registrar，网络注册服务器）接入进来，这样就可以连接消费者。很多场景下，比如推一个旅游线路、在连锁门店推一个产品、推行一项服务等，最终都能跟用户进行连接。后续其还会跟小程序、支付等深入连接。

2. 企业微信的特点

企业微信是腾讯公司基于微信平台为企业、机构或组织等提供的移动应用入口，微信企业号开发平台可以帮助企业实现快速、低成本的移动轻应用，并且提供较多二次开发的接口，可以与第三方应用更好地集成。具体功能特点如下。

（1）安全性高

腾讯以及微信已经建立了可靠的安全保障体系和系统实现机制。在此基础上，只有企业通信录中的员工可以关注企业微信，分级管理员、保密信息等各种功能特点使得企业号具有更高的安全性。这些为企业信息安全提供了全方位的安全保障。

（2）可自行配置各种应用

企业可在企业微信中配置多个应用，用来连接不同的应用系统或实现不同的功能。对于这些应用，只有得到授权的企业成员才能使用。

（3）群发消息无限制

在企业微信中，群发消息没有条数的限制，能够最大程度上满足企业信息的传播。

（4）信息传递脱离时间和空间的限制

企业微信中的消息是通过微信进行传递的，这使得工作人员能够及时接收到最新信息，企业信息的传递脱离了空间和时间的限制。

（5）使用更加便捷

企业微信在微信中有统一的消费入口，用户可以更方便地管理企业微信消息。

此外，结合微信已经开放的接口能力，企业微信还可使用微信原生的功能，带给企业更丰富的多移动化办公解决方案。

3. 企业微信的优势

（1）开发成本低

平台基于微信企业号的基础框架和接口进行开发，开发成本相对较低。

（2）操作简单，易学易懂，学习成本低

无须安装专门的 App，所有操作都是在微信上实现，用户可以熟练使用，无须再进行专门的培训，降低学习成本。

（3）信息传播及时、准确

根据微信的特点，消息能够及时推送给相关用户，信息抵达率几乎达到 100%；另外，用户分组等功能为信息的准确传播提供了保障。

（4）第三方应用

企业微信为企业提供了优质的第三方应用，覆盖移动办公、团队协同、客户关系、文化建设等多个领域。

（5）打卡

—— 员工迟到或早退时可提交补卡申请，管理员审批通过后会自动补卡；

—— 员工打卡不在范围时，会显示具体偏离情况，方便调整位置后打卡。

（6）管理后台

—— 可根据请假、出差等审批单据校准打卡状态，自动生成精确的出勤报表；

—— 可在上面查看审批、打卡记录的附件和图片，并支持导出 Excel；

—— 对离职人员的审批、打卡记录将继续保留，方便核算；

—— 可设置日报自定义模板，使日常汇报更加规范；

—— 优化图片和文件传输，传输速率再提升。

第七章
微信营销的量化与评估

微信营销的量化和评估，无论对个人和企业来讲都意义非凡，可以让企业明白微信营销是否产生了预期的效果，是否较前期投入的成本更多，是否应该坚持现有微信营销的营销方式。因此，对微信营销进行量化和评估，可以以更加全面的角度帮助运营者了解微信营销的薄弱环节和优势环节，扬长避短，从而更好地提升运营效率。

王易微信营销小课堂
第七讲

7.1 微信营销量化的 4 大指标

在移动互联网时代，微信颇受社会各阶层的喜爱，从而使微信营销成为企业青睐的营销模式。然而，企业在评估微信营销效果时，通常会遵循传统思维模式，仅仅考虑在微信营销结果下，潜在客户通过购买企业产品转化为实际客户的比例，即微信客户转化率，从而忽略了从全局观的角度看待企业微信营销效果，结果导致企业只能通过该指标判断微信营销是否达到预期目标，因而无法帮助企业在营销效果不佳时，找出根本的问题并解决。本节我们从增粉量、转化率、购买率、转发量四个方面入手，来评估微信营销的效果，从而帮助企业更好地实现微信营销的最大化效果。

7.1.1 增粉量

增粉，可以简单地理解为加粉量。粉丝意味着流量，也意味着拓客，更意味着客源。对微信营销运营者来说，通常把粉丝分为个人号粉丝、公众号粉丝及其他粉丝。无论是哪种粉丝，我们从加粉的方式上来分，主要分为两种，一种是主动加粉，另一种是被动引流。注意，这里的粉丝不包含"僵尸粉"（虚假粉丝，花钱就可以买到"关注"，有名无实的粉丝）。

在这里，我们重点提下，不论从外部如何引流，还是通过其他方式引流，最核心的一个环节是把意向客户加到个人微信号上，这样成交才快，当然也可以通过公众号的菜单进行成交。表 7-1 所示为流量获取的一些主要渠道及介绍。

表 7-1

流量获取渠道	具体获取方式	获取粉丝目标/天
外部流量	陌陌、探探、兴趣部落、微博、贴吧等第三方平台	200 左右
媒体流量	百家号、头条号、熊掌号、搜狐号、网易号、公众号等	100 左右
内部流量	微信群加粉、朋友圈加粉	100 左右

除此之外，增粉还应该注意以下几个法则。

（1）鱼塘法则

鱼塘法则的优势是增粉速度快、数量大。思路是充分利用人性的弱点建立与粉丝的联系，短时间内加入大量"粉丝"，后续通过二次营销筛选出真正的消费者。

实操举例：利用微信红包功能诱使用户关注，引导用户转发红包链接，形成粉丝增长的裂变。

此方法的劣势是粉丝精准度低，后期会有大量掉粉现象，加粉成本高。

（2）鱼钩法则

鱼钩法则的优势是粉丝精准度高，掉粉率低，实时转化与后续转化效果好。思路是根据需求场景的特点策划有针对性的活动，直击用户痛点，刺激用户产生购买行为。

实操举例：通过发放免费试用装过滤用户，以诸如"再领一份"等方式刺激用户转发，形成精准粉丝的增长。

此方法的劣势是粉丝增量相对较少，成本较高且对品牌价格有一定的打击。

（3）渔网法则

渔网法则的优势是粉丝精准度较高，加粉成本低，可持续性强。思路是充分利用任何与粉丝可能的接触点，在每一个接触点引导用户关注，要注意的是，需要给用户一个有力的关注理由，仅仅放置一个二维码是没有用的。

实操举例：充分调用所有的企业资源，在其中放置微信二维码，包括企业官网、微博、DM 传单、易拉宝、快递卡片、产品包装等，并给用户一个扫码的理由。

此方法的劣势是操作较繁复，加粉受入口流量限制，且对策划方案要求高。

接下来，我们介绍两个具体的加粉方法。

（1）场景加粉

场景加粉，就是通过某一场景，你认识了一些人，并激活了这些人加你为好友，或者你激活了很多微信里面的好友，不管是强关系还是弱关系，他在某一场景下和你发生了联系。比如说你在朋友圈发你的产品的广告，有的人会点赞，有的人会留言，那么这一类被激活的与你互动的人就是你的比较有效的粉丝；或者你在一些群里面做产品的交流分享活动，或者就是发布产品的广告，你可以扔下几个大红包，那么大家可能会觉得你这个人是值得交往的，对你产生认同感，从而加你为好友，成为你的粉丝，这就是场景加粉。当然你也可以在线下的零售店里面做促销活动、体验活动等，通过这些方式获取粉丝，这也是一种场景加粉。

（2）微信群加粉

很多人为了加粉，就不停地加群里的人，但是很多人都不会同意加他；或者即使加了群里的好友，之后互动也很差；或者你加了很多人之后，他们根本对你的产品不感兴趣；或者直接把你拉黑了。因此我们在通过微信群加粉时，要注意一个原则：就是让别人主动加你。增加粉丝可以从以下两点进行考虑：①趣味型，是否好玩、有趣；②利益型，是否让他觉得有收获。趣味型的玩法，即我们通过发布大家喜欢的话题、文章、网络段子、搞笑视频等方式来增加吸引粉丝。利益型玩法，即我们通过抽奖、随机抽取幸运儿、签到、积分兑换、会员活动、转发朋友圈凭截图领红包、收藏、加购送积分等方式来增加吸引粉丝。

7.1.2　转化率

这里我们提到的转化率主要是指粉丝转化为客户的比率。什么是粉丝呢？由于某种主题、某种原因，他对企业品牌/产品或者对你个人产生了一种兴趣，这种兴趣在一定的时间里还是比较有感情的，是一种喜欢一种热爱，我们就把这一类人叫作粉丝。

什么叫客户呢？客户就是你提供的一种有价值的产品或者服务能满足他的需要，他对你的品牌或者你个人产生认同以后愿意花钱去购买你的产品或服务的人。一旦粉丝变成客户，他对你的要求就发生了改变，粉丝是出于对价值、对理念的认同，对你或你的产品、服务仅仅是一种喜欢，但是客户购买的就是产品或服务，其对产品或服务的要求是苛刻的，要求它们有质量的保证。因此我们要注意，当粉丝变成客户以后，你就不能按照原来对待粉丝的方式去对待他了，你要按照客户的标准为其提供服务。

1. 粉丝关系到客户关系

粉丝和客户之间有什么关系呢？粉丝可以转化为客户，客户也可以转化为粉丝。在微信里面，比如说在微信公众号里面，有很多是你的粉丝，但他们可能不是你的客户。因此，我们要学会与他们进行有效的互动。最核心的就是通过内容的输出、沟通、分享获得粉丝的信任，从而将粉丝转化成客户。

2. 买卖关系到朋友关系

如何把买卖关系变成朋友关系呢？你可以简单地理解为把客户变成你的朋友或者粉丝。客户不仅想购买你的产品，他更希望和你进行交流，他希望和你分享、互动，他甚至希望你可以给他提供更多的东西。而这些东西是在产品和服务之外的人格化的东西，通过这些东西，你可以和客户培养感情，将彼此之间单纯的买卖关系变为朋友关系。所以无论是在公众号，还是在朋友圈，抑或是在微信群里面，我们每一个人或者每一个产品的服务，它背后都有一个人格魅力体。你营造的人格魅力越大，你的关系转化率就会越高。

3. 粉丝经营与客户维护

无论是粉丝还是客户，我们都一定要记得对其进行分类和维护，客户不维护，最终会"竹篮打水一场空"。如果是粉丝的话，你长期不关注他的感受，对他不理不睬，对他提出的很多问题，你不去解决，那么他渐渐地就会对你失望，从而不再关注你。

最主要的维护粉丝的方式有两种：一种是我们在群里面和粉丝进行交流，另一种方式是大家可以在闲暇时组织一些线下活动，彼此增进一下友谊。小米在粉丝维护方面就做得非常到位，经常举行米粉节。

在客户的维护方面，你要及时地和客户进行互动，要把你的产品、信息及时推送给他，同时你要和他交流，问他需要什么，听听他的想法，对他进行标签化，并对沟通内容进行记录，比如哪一天见的他？他的需求是什么？对新产品有哪些问题？然后要定期进行反馈，出现问题更要及时地解决处理。

4 种让粉丝变为客户的实际做法

（1）"粉丝独有"的折扣券促使其产生购买的意愿

折扣券是搭建粉丝和客户之间桥梁的好方法。这种方法不是硬销售，只是激发起人们浏览你的产品的意愿。粉丝在你的朋友圈点赞，表示他对你的产品感兴趣。但是这可能只是因为你贴出的内容有趣，而不是因为他想买你的产品。对于那些从来没有买过你产品的粉丝，一个"只供粉丝""谢谢你给我们的赞"之类的折扣券就很可能会诱使他们做出第一次的购买行为。

研究发现，40%的人会为了获得优惠和折扣券而在朋友圈点赞。

（2）说一个包含你的产品的故事

单纯地展示一个产品很容易让人感到无聊，只有当你展示使用你的产品会发生各种酷的事情时，才会让人觉得有趣、产生兴趣。如果你贴了一张产品图片，可能没有人会在意。但是如果你展示了一张长得像长颈鹿的产品图片，再加入一个网站链接，让大家知道那是如何做出来的，他们可能就会有兴趣了。

优化"产品的故事"的贴文有4种方法。

① 不要把重点放在产品上：把所有注意力放在"结果"和"活动"上，多展示趣味性，只把产品当作一个辅助用的东西。

② 图片优于文字：用图片来说故事——把过程或使用产品可以达成的效果通过图片展现出来。

③ 名人效应：谈论名人是如何使用你的产品的（或某种类型的产品）。

④ 解决一个难题：如果你能展示你的产品如何解决人们的某种问题，你就等于给了他们一个很好的理由去购买了。

（3）运用你的产品和事业的幕后作业情况建立信任度

除了可以享用免费的美酒以外，人们之所以喜欢参加酒庄行程是因为想知道酒是如何制作的。当一个人了解了一个产品的制作所涉及的材料和程序时，他会更欣赏它。就像当你目睹你的同事放了很多精力在他的案子上时，你会更欣赏你的同事和他的案子一样。因此，我们也可以运用产品和事业的幕后作业情况来建立粉丝对我们的信任。

以下是运用幕后花絮式的自媒体贴文带动销售的两种方式。

① 访谈：产品背后的人和产品本身同样重要。把他们视为专家、问他们对产品的意见，以及他们在家中如何使用该产品等，会让人们对产品产生一种亲切感，从而促进购买。

② 你的产品是如何制作的：当人们越了解你的产品的制作过程，他们会越尊重你的产品。有些人可能会认为你的产品是用很廉价的方式做的，或是用廉价的材料制作的。但如果你展示给他们看你付出的时间、精力和产品背后的品质的话，他们将对你的产品刮目相看。这会让你比所有其他的竞争对手更有优势，更容易促进销售。

（4）客户见证是你的秘密武器

根据调查："70%的美国网民相信来自朋友和家人的对产品的推荐"。同份报告还指出："46%的人相信客户写的评价，但只有10%的人相信广告和公司写的文字讯息"。

粉丝会对朋友和同事（而不是你的公司）所说的事有兴趣。他们不想看到自我推广；他们要看到真实世界的人所做的真实的事。而客户见证就是这样的方式。

如何运用客户见证带动销售呢？通常可以应用逆袭法，也就是发一些某人使用了你的产品后如何解决了一个难题，或人生变得更好的见证。例如：售卖减肥产品的会向其他客户展示别人通过使用该减肥产品如何改善了他们的体态和人生的图片和访谈。他们用说故事的方式告诉你产品如何解决了客户的难题，并如何让他们变得更快乐。

7.1.3 购买率

微信营销的最主要表现就是微信购物，而提到购物我们就不得不提到购买率。购买率是最具有结果的营销指标。

为了增加购买率，我们要从以下几个方面进行核查。

（1）商家粉丝数

粉丝数的评估要基于企业对微信营销的要求，还有功能的使用情况、企业品牌的传播力度等。微信营销要带动粉丝，以粉吸粉，商家可以设计一连串针对目标人群的活动，从引发注意、引起兴趣、搜寻相关资讯、诱发渴望到最后关注、成交。

（2）粉丝对商家的评价

粉丝对商家的评价是所有商家最直观的看到微信营销效果的方式之一。粉丝对商家微信公众平台上的内容和功能是如何评价的，粉丝对这些功能会不会产生依赖，这些功能和内容是不是受粉丝欢迎，商家只需一次粉丝评价调研就可以知道了。

（3）商家公众平台的功能受欢迎度

微信公众平台的功能有三种：营销设计功能、内容功能和实用功能。营销设计功能是指企业根据自身营销需求而设计的营销功能，如跨平台传播二维码，吸引用户；O2O二维码模式，社交分享；微博微信联动，微信大号推荐等。内容功能就是基于粉丝需求和企业之间对应的命令端口以及内容页面的功能。实用功能就是一些类似天气预报查询、股票查询的功能。商家公众平台的功能受欢迎程度，决定了粉丝对企业的依赖程度。通过改善用户体验后所反馈的功能不足，商家可以提高用户的忠诚度。

（4）跳转

公众号菜单的转换，有点类似 Wap 页访问量的转换，商家通过建立微信客服可实现与用户的交互，通过 Online → Offline 模式维系客户关系，并有效提高订单转化率。

除此之外，还要考虑两方面。

（1）用户的满意程度

用户的满意程度决定了其是否会进行二次消费或多次消费。如果用户对微信营销很不满意，认为自己的购物体验并不愉快，就不会再进行消费。但如果用户对微信营销很满意，认为微信营销的服务性能很好，就会进行再度消费。

（2）用户的心理因素

在一般情况下，我们都会受到外界环境的影响，从而发生心理上的变化。以从众心理为例，当大家都在微信上购物时，我们就会受到影响，也在微信上进行交易。当大家都对微信购物有很差的评价时，我们也会对微信营销产生抗拒。

综上所述，微信平台的质量对用户影响很大，如果微信平台的质量较高，用户对微信购物的信赖程度就会上升，对微信交易服务的整体满意程度就会提高，与此相应，用户的心态也会朝着积极的方向转变。心理因素对用户的满意程度影响较大，当用户在微信购物中感受到了乐趣，就会提升其满意的程度。用户的购物习惯会影响用户黏性，当用户对微信购物形成了习惯，用户黏性会相应增大。相应地，购买率就会得到提升。

7.1.4　转发量

这里我们提到的转发量主要指内容转发和活动转发、朋友圈图文转发以及其他微信类链接转发的数量。

人们都希望自己看起来"高端大气上档次"，希望别人能够喜欢自己，给予自己很高的评价，这是人的本性使然。仔细观察一下你的朋友圈，你会发现大多数人分享的内容都不是无趣的、无用的，因为他们潜意识里都希望自己的分享能有人点赞、评论，因而会对内容精挑细选。这里我们重点讲一下朋友圈的分享。

朋友圈是微信最重要的功能之一，朋友圈营销备受企业青睐，如何提高朋友圈转发量是企业关心的重要问题。企业应当准确洞察用户动机，刺激用户分享行为，提高内容的转发量，从而达到营销目的。

信息分享是互联网用户分享其（意外）发现或他人需要的信息的行为。分享是一种重要的社会行为，分享动机是用户分享行为的最直接影响因素。本节主要分析微信朋友圈的分享动机，以马斯洛需要层次理论对动机进行归类，并在此基础上，提出相应地朋友圈营销策略，以提高转发量。马斯洛需求层次理论是行为科学的理论之一，是动机研究的经典理论，他将人类需求从低到高按层次分为五种，分别是：生理需要、安全需要、社交需要、尊重需要和自我实现需要。

1. 生理需要的动机

朋友圈分享的生理需要动机，是用户分享信息最基础的需要。微信朋友圈分享的生理需要动机很少，但仍然存在，也就是说这种动机下，用户并不是主观地想要分享信息给他人，没有想要朋友看到的目的。生理动机的营销策略：发现用户的最基本需求，满足用户的信息搜集需求，这就要求企业能够发现并整理出用户当下最迫切需要的信息，解决用户的燃眉之急。

2. 安全需要的动机

朋友圈分享的安全需要动机，是用户在选择是否分享信息的时候对自身安全的考虑，同样是用户分享信息的基本需要。用户分享信息的时候，首先会考虑到信息是否会涉及自己的隐私，是否会造成隐私泄露，是否会损害自己与他人之间的关系。如"输入真实姓名预测前世今生"的游戏，输入真名会造成微信号与姓名的关联，而一旦个人信息泄露，接踵而至的就是不厌其烦的广告，甚至更严重的骚扰。

3. 社交需要的动机

朋友圈分享的社交需要动机，是用户通过信息分享的手段拓展、维护关系的一种需要。微信是一种社会化媒体，与传统媒体不同，微信朋友圈能够进行用户之间的交流，是认识朋友、增进情感的社交工具。

（1）寻找谈资：寻找共同感兴趣的谈资，是社交的第一步，同时也是和老朋友增进友谊的有效方式。用户在分享某个话题的信息时，可以有针对性地将信息发给特定好友，提醒他们阅读，从而增进朋友间的交流互动。

（2）表达关心：关心他人可以获得他人的信任和爱戴，同时能够增进感情。微信用户大多喜欢分享一些关于"歌颂兄弟""赞美知己""祝愿爱情"的文章。这种在公开场合表明态度的行为，非常有利于情感的升级。

4. 尊重需要的动机

朋友圈分享的尊重需要动机，是用户为了得到精神层面上的满足而想要获得他人的尊重和认可的需要。用户一般通过分享一些能够体现自己身份地位、成就威信、精神追求的信息达到此目的。针对这种动机，企业的营销策略为：抓住社会热点，引导用户关注热点表达想法。企业要第一时间推送突发性新闻或热点事件，借此引导用户去分享。在此过程中，用户能够表达自己的观点，争取朋友的尊重。

（1）名誉动机：用户通过分享一些被社会广泛关注的事件的信息，来表明自己是个关心社会的人；或者某些成功人士分享一些鼓励年轻人创业的信息，来维护自己高大的个人形象；或者用户在朋友圈里分享自己去欧洲旅行的照片，标榜自己是个积极生活的人。

（2）呼吁倡导：这是指分享者通过分享社会热点事件来表达自己对事件的关心或支持。用户分享包含自己支持或反对观点的事件或活动，并呼吁其他人能和自己一起对事件或活动保持相同的态度或行动。

5. 自我实现需要的动机

朋友圈分享的自我实现需要动机，是指发挥个人的能力到最大限度，达到自我实现境界的需要。自我实现动机具体体现在用户分享信息是为了帮助他人的"利他主义"，以及自我内心的升华。

针对这种动机，企业的营销策略为：结合自身营销目标，引导用户帮助他人，使其得到精神需求的高度满足。一方面，企业要创造有价值的微信信息；另一方面，企业要引导用户参与活动。

（1）利他主义：利他是不追求任何回报的一种动机。用户通过分享有价值的信息给他人，期望自己的分享能给他人带来帮助或快乐。朋友圈常见的关于"生活小窍门"等的分享，就属于利他分享。

（2）内心升华：内心升华是对自我行为的肯定。当一个人完成了一件价值得到体现的事时，他的内心便会得到满足。这种满足也同样体现在其微信朋友圈的分享上，分享的形式可能只是一句感慨，但是重要的不是内容本身，而是通过分享的内容体现自己已经达到了另一个高度。

7.2　微信营销评估的 7 大指标

微信营销在中小企业中尚处于摸索试行阶段，许多企业虽然对微信营销有较浓厚的兴趣，但缺乏具体运营的合理规划，带有很大的盲目性。为了更好地实现微信营销效果的最大化、落地化，我们必须从前中后期对其进行评估。

无论是何种营销活动，其效果都是可评估的，效果评估可分为活动前评估、活动中评估、活动后评估。营销策划方案的好坏都要通过效果评估来决定。效果评估不好，那么这个营销策划方案也就是失败的。

微信营销的效果评估是有指标和相关标准来衡量的。对于效果而言，狭义地讲，其实企业最期待或者最想要的效果一定是销售的提升。电商类企业更适合用这种方式分析，相关的指标可能有销售业绩指标、客户数量或者图文转化率等。广义地讲，对企业品牌、产品的传播和推广以及良好的客服体验等都应该算是效果的体现，笔者并不推荐用狭义的方式去评估微信营销的效果。对于大多数中小企业而言，做微信营销是需要一步步积累的，不论是粉丝数量、运营策略还是经验的积累等各个方面。

微信营销效果评估的四个环节：首先，"吸引"用户使用；其次，促使其"转化"为自己的订阅用户；再次，已经订阅的用户能否"持续"订阅；最后，用户是否"购买"了微信推广的产品或"参与"了微信推广的活动。其实还有一个重要的环节，即用户在一次购买产品或参与活动后是否满意，是否会持续进行购买或参与，以及一个更为深远的效果——他是否向他人推荐了微信公众号或者推送了产品或活动。这三个"是否"决定了企业能否持续获利以及扩大客户规模。而且，这三个"是否"其实就是测量用户忠诚度的三个指标。

7.2.1　前期评估的 3 大指标

针对微信前期运营的内容，我们主要从运营规划、执行进度及考核标准（即执行细则）入手进行评估。

1. 运营规划

对于微信运营者来说，前期的运营规划相当重要。这决定着微信运营的长期发展。表 7-2 所示为前期运营规划的具体内容。

表 7-2

运营规划	具体内容
定位	要明确微信运营是为了推广产品还是实现销量的增长或者品牌的传播
营销策略	根据微信运营的不同阶段制定不同的营销策略
推广策略	通过各种渠道对公众号进行推广或者个人品牌的打造
内容策略	企业要想能继续占领市场并开拓更大的市场，就需要从微信上推送的广告内容入手，不断对其进行优化创新，让内容变得丰富多彩，从而吸引微信用户观看，由此来使用户接受产品信息
客户的维护和培养	对客户的需求提供指导性的意见，帮助客户解决困难，挑选产品
内容营销	信息版面符合手机屏幕的大小，确保图文清晰，图片大小合适，开头好的引导语有助于吸引用户阅读，极大地得到用户的好感，使其进一步阅读文章

2. 执行细则

当有了运营规划后，我们必须安排人员去执行，主要执行的内容有以下几个方面（见表 7-3 ）。

表7-3

	执行细则	
内容运营	文章标题优化	目的是提升打开率也就是浏览率
	文章内容优化	目的是打造十万级以上的阅读
	朋友圈内容优化	目的是提升点赞、评论、互动的数量
活动运营	内部活动运营	具体包括朋友圈集赞、举办讲座、随机抽奖等
	外部活动运营	具体是让用户参与传播，同时要注意突发状况如何解决、活动的奖品怎么设置等问题
用户运营	建立微信群	让感兴趣的粉丝到群里交流
	加微信私人号	与需要沟通的人加为好友

在执行的过程中，我们不仅要关注执行进度，也要制定考核标准。我们最好对执行进度规范化、时间化。

例如，我们现在有一个公众号，现有粉丝1000人，而我们要30天内实现增粉9000，那么我们就需要做一个执行进度表及考核标准（见表7-4）。

表7-4

执行进度	执行目标	是否完成	考核标准
第一周	增粉2000		最少加粉量不能低于1500，未完成扣3分，超额完成奖励5分，满分为10分
第二周	增粉3000		
第三周	增粉2000		
第四周	增粉2000		

7.2.2 中期评估的2大指标

中期评估的指标主要是微信客户转化率和复购率。

1. 微信客户转化率

微信客户转化率是指企业在进行微信营销活动时所获取的实际客户数量与企业目标客

户数量的比值。在企业实际营销活动过程中，企业目标客户数量总是大于通过微信营销手段转化为购买企业产品或服务的实际客户数量。因此，该指标用百分比来表示即为：

微信客户转化率=通过微信获取的实际客户数量/企业目标客户数量

微信客户转化率是企业衡量利用微信营销把潜在客户转化为最终客户能力的一个重要指标。当该数值偏小时，表明企业微信营销活动的效果较差，企业需要对正在进行的微信营销过程进行改进；数值越大，则表明企业的微信营销效果越显著。这一指标能够从量化的角度帮助企业经营者评估企业进行的微信营销的效果，是企业在进行营销实践过程中最关注的指标之一。

2. 复购率

复购率就是回购率。我们知道开发一个新客户往往要比维护一个老客户的成本高出 3 倍左右。在这种强压下，如何提高客户的复购率就显得非常重要了。

首先我们分析一下客户购买后的一些常见行为。

第一：分享，即给你做分享，推荐朋友购买你的产品；

第二：回购，即回来继续购你的产品或关联产品；

第三：流失，即对你的某些产品不满意最后流失了。

所以，产品售出并不意味着交易的结束而是与客户建立、维护关系的一个开始。要时刻记得维护一个老客户比发展一个新客户要容易得多；客户推荐朋友给我们也比我们陌生推荐要有效得多！客户收到产品后，我们一定要做好售后服务。例如，客户买了一款护肤品，我们就可以经常和她打打招呼，问问她"产品用得怎么样啊？""抹在皮肤上的感觉好吗？""产品的清香喜欢吗？"等，以表示我们对她的重视。

7.2.3 后期评估的 2 大指标

后期评估的指标主要有参与度和忠诚度。

1. 参与度

参与度主要是指用户的活跃度，用户活跃度越高，参与度就会越高，参与度越高，营销也就会变得容易。用户的参与对营销起着至关重要的作用。我们知道，微信营销先从用户的信任和参与开始，因此，在后期评估时，要特别注意参与度。

在提高参与度时，首先我们要引起用户的关注，其次要利用微信多样化的互动形式和营销手段鼓励用户主动参与，进而利用微信与用户建立持续的互动关系，如定期发起话题讨论、举行有奖活动或在线问答等，从而引起用户的参与、回复、转发。

具体的实施细节可参考以下几项。

（1）利用社交元素和数据分析获得用户

同学、同事、亲朋好友等，每一类社交关系都具有营销性，我们要利用社交元素和数据分析，提高用户对企业微信的认知价值，从而促进用户的参与感和活跃度。

（2）通过转发与活动吸引用户

通过转发用户的文章或请求用户帮忙转发自己的文章、线上线下活动（线上答题参与抽奖之类的活动、线下沙龙）、创建话题（抛出相对有争议的话题、汇聚几方观点）、私聊、分享精彩内容或资料、举行投票等来增加活跃度。建议定期举行热点话题的讨论，有奖转发，联合第三方做留言，献爱心活动等。

（3）培养用户信息浏览的习惯

微信运营者应重点关注一下用户信息浏览的情况：如用户是否经常性地在公众平台和朋友圈进行信息的浏览、是否经常性地与其他成员开展互动和交流、是否经常性地参与到组织的互动当中等。用户与其他成员之间的互动以及参与活动的行为越频繁，就越容易形成相互交流与相互合作的习惯，也更倾向于将自身当作这一集体中的一部分。运营者在进行微信营销时，应注重培养用户信息浏览的习惯。习惯一旦养成，未来的成交概率就会加大。

（4）为用户营造归属感

当微信中的内容或者讨论话题能够激发用户兴趣时，也能够有效地吸引用户积极参与互动。如果一个用户将自身在现实社会中的社交关系转移到微信中，这就使其与微信有了更紧密的关联，用户会自觉地参与到微信营销活动中，也会产生较为强烈的归属感。

（5）塑造良好的用户交流氛围

微信运营者若能够塑造出良好的用户交流氛围，用户则能够积极参与微信营销活动，并找到与其他用户之间的相似性，继而将自身当作用户群体中的一员并产生集体意识。

（6）加强与用户的沟通频率

你和你的用户的沟通频率就代表了你们的关系，频率越高，就代表关系越深厚。而关系很深厚的话，你推荐给他产品，他就很愿意接受。

（7）给予用户人性化关怀

通过微信，公众号可以对用户进行提醒给予其人性化关怀。用户越觉得受重视，其参与度就越高。例如，如果你是化妆品企业，你不仅可以根据季节和客户所在的地域发送相应的护肤提醒，还可以根据客户的具体肤质进行分组，如缩毛孔、祛痘等，然后再根据这些分组给其发送相应的产品推荐。

（8）通过线上群聊、线下聚会稳固与用户之间的关系

通过微信群、朋友圈与用户建立关系，然后通过活动的形式进行线下聚会，线上线下相

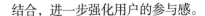

结合，进一步强化用户的参与感。

2. 忠诚度

忠诚是一种情感的特点，是一种相互信任的关系。客户忠诚是指客户在产品或服务的消费过程中对其有一定的依赖性，产生某种偏好，会对同样的产品和服务重复消费，不容易被其他竞争品牌所诱惑，并且还会积极为品牌做推广和宣传。

个人或企业通过微信的长期运营，应该培养客户对个人或者企业的好感，从而沉淀忠诚的客户。那么如何提高客户的忠诚度呢？

（1）提高用户感知价值

用户感知价值是用户黏度的根基，他们会通过对价格、需求和其他人对产品的评价等方面的考量对产品进行判断，最终购买对自己来说价值最高的产品。因此，运营者一定要根据用户的考量点来有针对性地提高其感知价值。

（2）建立用户信任

用户的信任是激发其忠诚度的重要条件。微信购物给用户带来了便捷，同时也带来了交易风险。因此，个人品牌的塑造与企业的形象对用户交易起着决定性的作用。用户的风险规避心理使他们更倾向于选择具有稳定性和可靠性的平台。在微信运营过程中，运营者应逐步建立起用户的信任。

（3）提升用户体验

随着生活水平的提高，用户更加注重个性化服务的消费体验。微信营销必须以用户为中心，让用户参与到产品创新和品牌传播的环节中，做到"用户即生产者"，用户感到满意后，品牌传播自然会在用户的良好体验和分享中完成。

（4）注意联络感情以稳定客户，提高关系强度

成功地把产品卖给客户并不表示工作已做到了家，个人或企业还必须努力让客户再次来买其他东西。个人或企业应设法记住每一位客户的名字和需求，并适时地通过多种方式（如发语音问候）询问他们产品使用情况并征求他们的意见，这会让客户感到亲切，是一种维系客户的好方法。提供满意的服务并注意联络感情，有助于提高（个人或企业）与客户之间的关系强度。

7.3 微信营销的 KPI 标准

无论你从事什么工作，都会有个标准或者指标来衡量你的工作质量。那么对于微信运营的工作，什么才是衡量的指标呢？我认为最直观的就是数据，通过对数据的分析，我们可以

清楚地看到工作效果、效率。现代社会越来越重视数据分析的作用，本节我们来重点介绍一下微信营销的 KPI（Key Performance Indicator，关键绩效指标）标准。

7.3.1　微信营销 KPI 要素

微信营销的结果无法直接用确定的数字来计算，所以就必须有一个核算的 KPI 标准。KPI 是企业用来衡量一个人工作的评价指标，而微信营销一定要本着互动、服务、为客户创造价值的原则来进行。因此，我们要根据这个原则来设定考评公众号运营的 KPI，从而观察和分析营销的效果。

1. 粉丝数

粉丝数（累积关注人数）=原有关注人数+净加关注人数（=新关注人数-取消关注人数）

粉丝数是第一指标，决定了传播的直接效果。粉丝数越多，消息到达数会越高，受众人群就会越广，但是在增加粉丝数的过程中，应努力获取精准粉丝。

2. 流失率

微信公众号不能主动添加好友，而且公众号的好友可以随时取消关注，这种取消关注的现象体现在数字上就是流失率。在微信运营过程中，绝不能因为好友增长大于流失而忽略对流失率的关注。

3. 传播率

理论上，微信传播的到达率为 100%，但是，要实现传播效果的放大，需要打破微信闭环，通过定位精准的内容诱发爆发性传播，发生不亚于微博的开放传播，提高传播率。

4. 转化率

从在线的关注到线下的消费，或是从线上的关注到线上的消费，每一次好友到客户的转化，以及转化的比例，都是最终考评营销效果的关键。这是营销的终极目的，考评时必须关注。

5. 好评率、分享率、反馈率、互动频率等

这几个指标也可以作为考评时的参照，考评者应针对公众号实际营销行业、内容的区别，选择合适的 KPI 指标，用以评估营销行为是否有效。

7.3.2　巧用微信数据统计

微信公众平台的数据统计功能，共包括用户分析、图文分析、消息分析和接口分析四个

模块，这让企业可以轻松掌握微信的实际运营情况，并可以监控微信运营效果，可谓是一举两得。

1. 用户分析

企业管理者可以在这个模块了解账号的用户增长情况及用户属性（见图 7-1）。用户增长关键指标包括新增人数、取消关注人数、净增关注人数、累积关注人数等，在该模块中以相应的曲线图和数据表来显示数量发展趋势。在用户属性中，企业管理者可以看到用户的性别、语言、省份分布情况以及各自所占的比例。企业管理者能够从这些数据的变化中初步了解微信运营的好坏。账号总粉丝数是我们公众号运营情况最直观的体现之一，新关注数可以让我们清楚最近的公众号运营行为吸引了多少新的用户数量，一定程度上表明了运营的被认可程度，一般来说增加数量越多，运营得到的认可程度越高。取消关注数与新增用户数相反，一般来说取消关注数多，一定程度上能够反映出运营方案存在问题。

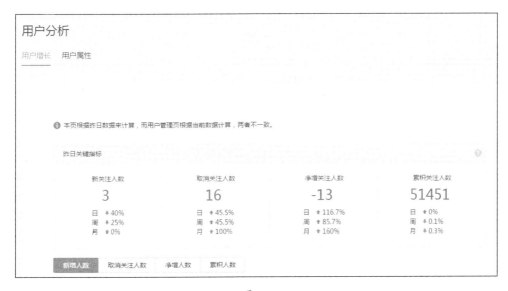

图 7-1

2. 图文分析

该模块包括图文群发和图文统计两部分。在这里，管理者可以看到图文消息中的每篇文章有多少用户接收、图文总阅读次数、原文阅读次数以及文章的分享转发次数和微信收藏人数等（见图 7-2 和图 7-3）。此外，后台也提供了按照图文页阅读人数、分享转发人数进行排序的功能，相应的时间段内，哪些文章最受欢迎一目了然。

图 7-2

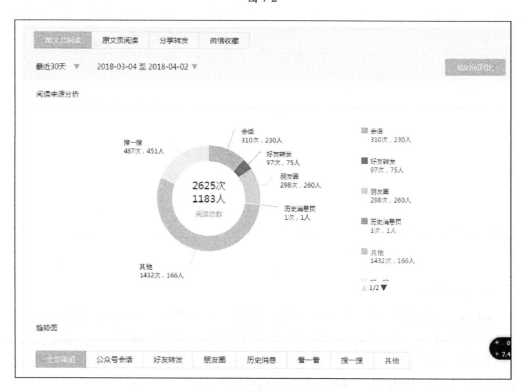

图 7-3

微信运营最直接的方式就是发布文章和活动，所以微信图文方面的数据指标尤为重要。微信公众号后台针对图文消息的统计，提供了两种方式：一是图文分析里面的图文群发页，二是图文分析里面的图文统计页。

图文群发页统计每篇文章群发后 7 天之内的总阅读数、文章总转发数，可以看出单篇文章的受欢迎程度。如果你想了解单篇图文具体的数据消息，可以单击每条信息右边的查看图文详解，里面有你需要的各种数据。

图文统计页同样也提供了大量的非常有用的数据，它统计了当天所有图文的阅读人数、阅读次数、转发人数和次数等。

现阶段笔者认为我们应该仔细地分析每一篇图文的效果，所以我们应该更注重图文群发页的数据统计。

有了每篇文章的阅读次数、转发人数和次数等这些数据，我们就可以计算一些微信运营的数据指标。

① 文章阅读率=图文阅读人数/图文推送人数

文章阅读率不仅可以衡量文章是否吸引人，还可以衡量公众号粉丝的活跃度，如果阅读率一直很低，则说明粉丝活跃度很低，那么即使粉丝数量再多，其实也没多大影响力。

② 转发率=转发次数/图文阅读人数

顾名思义，转发率的意思就是统计那些所有阅读过文章的人，有多大比例的部分选择了将其分享出去。很多文不对题的"标题党"文章打开率高，但是用户转发率极低。

③ 转发拉粉率=粉丝净增数/转发次数

这个指标表示每次转发可以带来的粉丝的比率。这个指标很关键，很大程度上，绝大部分的新增粉丝就来源于关注转载的文章。所以我们要提高文章的质量，带动更多的人转发，吸引更多的人关注，从而提升拉粉率。

④ 图文转化率=原文页阅读人数/图文页阅读人数

该指标用来判断文案的转化情况，电商企业用微信公众号卖货，如果用图文作为产品的载体促使用户跳转到电商平台，就需要关注该指标，通过微信号为网站导流的企业也要看此数据。

这些基础的微信运营数据和衡量指标可以对我们的微信运营起到实际的有效指导。

3. 消息分析

这里主要是查看用户向公众号发送的消息数统计，可以帮助管理者了解用户与公众号的互动情况（见图 7-4）。消息分析主要包括消息发送人数、次数等分析。此外，该模块还增加了消息关键词页，管理者可在此处查看用户发送给公众号的消息中有哪些关键词，便于其了解用户需求。

消息分析

消息分析　消息关键词

小时报　日报　周报　月报

昨日关键指标

消息发送人数

1

日 ↓ 66.7%
周 ↓ 50%
月 ↑ 0%

消息发送次数

2

日 ↓ 60%
周 ↑ 0%
月 ↑ 0%

人均发送次数

2

日 ↑ 20.0%
周 ↑ 100%
月 ↑ 0%

关键指标详解　消息发送人数　消息发送次数　人均发送次数

图 7-4

4. 接口分析

使用开发模式的管理者可以在此查看接口调用的相关统计，比如调用次数、失败率和平均耗时等（见图 7-5）。

接口分析

ⓘ 接口分析仅统计了基础消息接口，暂未统计其他高级接口，请知悉。

小时报　日报

昨日关键指标

调用次数	失败率	平均耗时(毫秒)	最大耗时(毫秒)
暂无数据	暂无数据	暂无数据	暂无数据
日 --	日 --	日 --	日 --
周 --	周 --	周 --	周 --
月 --	月 --	月 --	月 --

关键指标详解　调用次数　失败率　平均耗时　最大耗时

图 7-5

另外要注意一点，每日的数据会在第二天上午更新。

微信营销和传统营销的区别在于社会化媒体营销可以建立与客户的关系，并产生互动。企业通过和客户互动可以更多地了解客户需求，也让客户可以更多地了解产品，从而与客户建立强关联。当企业明确了营销的目的是和客户建立强关联和产生互动后，可以把指标定为以下几种。

① 有多少人看见了信息：覆盖用户数、粉丝数等。

② 有多少人反馈了信息：转发数、评论数等。

③ 有多少人对信息产生了兴趣：参与活动人数、分享人数等。

④ 其他可判断影响力的因素，如被其他媒体转载、引起话题领袖的关注等。

7.3.3 微信公众号运营 KPI

企业开设微信公众号通常出于企业形象宣传和企业产品营销的考虑，因而，企业公众号的建设应当关注企业的精神文化内核，应将是否有利于企业正面形象、企业优秀文化的宣传，以及企业产品销量、良性客户的积累、用户美誉度等，纳入评估体系，应当借助智能化的数据分析手段，对用户自发的信息转发行为、产品消费与服务参与的活跃度、使用黏性等进行量化数据分析，对用户点赞、评价、打赏等互动内容进行严谨的质化分析，这样才能更加精确地反映用户对传播活动与服务活动真实的满意度、美誉度，反映出微信这一新媒体平台对企业软实力提升的效果。企业只有真正注重用户服务的满意度和美誉度，才能保持其恒久的信誉和品牌价值，从而进一步强化企业文化软实力，形成螺旋式良性循环。

基于粉丝数和阅读量的微信公众平台，如何扩大其用户群体，维系长久的关注度，有效实现产品和价值的交换，是保证其影响力和生命力的重要方面。微信公众平台的运营团队、营运形式、互动性以及推文内容等都举足轻重，这些因素是运营好公众号的必要条件。

通常我们主要从以下几个方面判断微信公众号运营的好坏（见表 7-5）。

表 7-5

KPI	意义
阅读量	反映信息的热度
点赞量	反映内容对用户的实用程度
留言量	反映用户的参与热情及对公众号内容的认可度
转发	反映内容是否对用户有用
粉丝数（增粉量）	反映运营的好坏

阅读量高，则说明文章的标题与封面能够吸引用户，而用户是否真正关注文章的内容，则需要研究其将文章转发在不同平台时，不同环境的读者对文章的评论、再次转发、关注公众平台进而查看历史文章的一系列动作。

运营者在运营上可以针对粉丝数据分析发起线上的话题，引发线下的活动，加大同粉丝的互动，利用微信朋友圈功能的"面对面、点对点"转发的互动模式发挥其互动传播价值，逐渐提升微信公众平台的影响力。例如，《人民日报评论》设立了微信精选、招牌栏目、评论范儿等栏目与粉丝互动，并向粉丝征稿，这些都是注重粉丝"存在感"的体现。粉丝是活的不是死的，要让他们产生体验的满足感。互动最常见的形式就是后台互动、评论回复、搭建微社区，深入一点的就是对外的互动传播，比如分享内容可以获得某个礼物，投票后可以参加抽奖，邀请好友体验可以获得某个福利等。

在当下这个新媒体大热的时代，每一位粉丝都会关注多个公众平台，但并不会阅读每一个公众平台的每一篇文章。研究表明，通常情况下，一篇文章的阅读量大概是其粉丝数量的十分之一左右，当然也有特殊情况。在这些读者当中，有转发欲望的读者会将这篇文章转发到微信朋友圈、微信群聊、其他社交网站等。因此，运营者需要对不同的传播渠道进行分析，将传播内容与粉丝的增减、阅读量的增减相联系，以更好地优化内容。

第八章
微信营销案例篇

随着微信受到越来越多人的追捧，微信用户数量不断增长，吸引了大批个人和企业纷纷利用微信开展微信营销。微信营销因逐渐取代传统守在计算机前销售的模式，具有很强的互动及时性，而广受好评，成为许多个人和企业的主要营销平台，他们通过微信这个载体向用户发送营销信息进而宣传自己的产品，进行营销活动，从而实现产品的销售、推广等。

王易微信营销小课堂
第八讲

8.1　个人微信营销案例

随着微信营销的火热，个人通过微信营销创业或通过微信打造个人品牌等的案例层出不穷。

8.1.1　个人微信营销

个人可以通过微信销售农产品、生鲜、化妆品等，可以通过微信建立个人品牌、打造朋友圈，从而提升产品的销售。例如，俊俊，18 岁开始创业，用 4 年的存款，在市区开了一家以做美妆产品为主的小型实体店，虽然店里每天来往的客人不多，但这是一个女孩追求梦想的开始。随着越来越多的国外品牌充斥市场，竞争越来越大，实体店生意每况愈下，有很多同行都选择关闭门店，但是俊俊并没有放弃，一直寻找新的商机！一个偶然的机会，她发现了一款素白养颜果粉，于是，她带领自己的小伙伴，通过微信引流加粉，在朋友圈宣传推广该产品，并在微信群里开展各种活动，将产品快速推向市场。她每天晚上都坚持在微信上给团队的代理商培训，与代理商交流事业心得，每天忙到凌晨。仅仅 5 个月的时间，她的团队从几百人，迅速裂变为几千人的活跃大团队。

诸如此类的个人微信营销案例还有很多，我们就不一一列举了。

8.1.2　个人微品牌案例

个人通过微信自创品牌，通常有以下几种方式。

1.　亲身经历（或与生活相关）

没有什么是比自己的亲身经历更有说服力的了。个人通过微信打造品牌的时候，自己与品牌之间的联结更能给人带来真实感，品牌创始人自己的故事就是产品最好的证明。某关于艾灸的养生品牌的创建就是基于其创始人高小艾自己的经历。高小艾之前身上起湿疹，她用了很多种方法、吃各种药去治疗，但是药一停，湿疹便会复发，这种情况持续了五六年，高小艾的身体越来越虚。后来高小艾通过艾灸来调理，湿疹竟然就没再起了。她与湿疹对抗的这个过程促使她创建了自己的品牌。她通过微信组建团队，以自己的亲身经历背书，和用户沟通整个过程，得到了用户的一致认可。最终，品牌越做越大。

无独有偶，基于生活，利用微信"白手起家"的家庭主妇也有很多。有这样一个家庭主妇桂华，她由于自己太胖，体重好几年都减不下来，生活遇到了很大的变故，家庭开始出现裂痕，来自周围社交圈子的嘲讽也令她无所适从，就在她快要绝望的时候，她接触到一款神奇的减肥产品，开始只打算试一试的她没有想到，这款产品竟然真的起了作用，帮助她成功减肥。

在接下来的日子里，桂华成了朋友圈里的风云人物，从"胖姐"变成"白骨精"，不仅是外貌的改变，更是一个心态的改变。于是，她用一部手机开始了自己的创业之路，创建了自己的净××品牌。

她把自己作为一个真实的客户见证，然后，每天都亲自在微信群里开课培训团队，教大家如何把自己的朋友圈打造成一个专业的店铺，并进行各种专业产品知识培训、销售技巧培训……

桂华厚积薄发，短短 3 个月，业绩便有了爆发式增长，团队中有 30 位被晋升为总监，有 70 位被提拔为专业讲师，从前那些嘲笑她的邻居、市场里卖菜的大妈等都加入了她的创业团队。

2.　与过去从业经验有关

某专业洗发水品牌创始人石俊贵，最早是做实体生意的，他的洗发水的主要销售渠道是发廊，做了将近 10 年。他慢慢觉得不能只局限于现有的发廊批发。自从他发现个人微信营销的魅力之后，他结合自己对产品的了解以及常年与发廊打交道过程中对用户需求的洞察，在微信上凭借自己对洗发水的专业了解程度赢得了一大票粉丝，并且通过将之前线下的渠道引流到线上（即微信上），迅速拓宽了产品的覆盖面。他利用微信深社交、紧关系的特点，再以自己之前的从业经验加持，将个人品牌做得风生水起。

3. 与情怀有关

笔者自身也通过微信创建了一个姜茶品牌。2015 年的冬天，笔者和几个朋友出去喝咖啡，在如此寒冷的天气里，笔者突然想到，如果有一杯姜茶能捧在手中，该是多么温暖的事情啊！于是笔者就结合此前在微信创业、营销和运营方面的研究和实践，迅速将这个想法落地，始终秉承一个宗旨：以健康为前提，做一杯给自己和家人喝的姜茶。这是笔者的一种情怀，同时，这种情感化设计，也是用户体验的重要一环。而微信是一个展示自我、了解他人生活的绝佳平台，我们可以通过微信朋友圈将这种情怀传达出去，引发好友之间的互动，形成情感共鸣，进而促使他们产生高度有效的情感认可，这对增强用户的使用黏性有很强的积极作用。

8.2　企业微信营销案例

朵××：用极致单品决胜市场

2018 年，朵××品牌运营者蝉禅用爆品思维，缔造了一个微信营销的传奇。2014 年 7 月，蝉禅刚刚从济南到上海创业，从某工厂接手了朵××品牌，将朵××的营销从原来的天猫商城渠道进行了微信营销的转型，开始了在微信上的创业之路。

在微信营销的大潮中，蝉禅深知，要想把产品卖好，就必须清晰定位，精准用户画像，极致用户体验，转换思维。于是，朵××在 2015 年 6 月，重新启航，推出了第一款单品：朵××舒缓保湿修护乳，并策划了"敏感肌肤，用朵××"的精准定位。

接着，蝉禅策划了全新的品牌营销模式，他们第一波打的是情感营销，每一个箱子里都配上一封手写感谢信与开箱器，只要用户转发朋友圈，就有现金红包奖励，红包活动给朵××带来了第一批流量用户。

最后，蝉禅在招商模式上也做了一个大胆的创新，不公开招代理，只有每个用过朵××产品的用户，受益之后，才能成为朵××的代理。

朵××提出了"用户即代理"这一理念，这种大胆的商业模式恰恰体现了朵××的过硬品质。用户受益后成为代理也就顺理成章，朵××的代理团队迅速爆发而且黏性极高。在蝉禅的带领下，朵××凭借一个单品实现了 100%动销、100%复购、85%的转介绍，而且团队0%的流失，朵××打造了一支铁军销售团队。

朵××这一款单品就卖了 4 年。其成功的关键在于善于复制，公司采用直营模式去经营产品，在微信上通过引流、成交、复购这三个步骤，把成功的经验 100%地复制给自己的代理，代理不需要招募代理，而是直接招募客服团队，就能 100%出货。

同时，朵××针对医生、护士、幼儿园的老师、大学校园的学生等群体进行销售，并打造客户见证案例，为品牌建立了信任背书，使品牌形成裂变式口碑营销，赢取了更多用户的信任。朵××在管理团队方面也是相当用心的，其让团队实现与用户的一对一对接。其修护方案独一无二、贴身 24 小时服务等细节事项的执行以及服务质量的飞跃也为朵××带来了另一波裂变的高潮。

企业在营销过程中，为了取得良好的营销效果，单靠自身难以实现。企业营销的最终目的是实现产品的销售增长，扩大企业的知名度，提高企业利润，而这个目标的实现必须借助于消费者，只有企业和消费者形成互动，并与其建立起紧密的联系，才能在最大限度上提高营销效果。从这一点来看，微信平台的运用，对加强企业与客户的联系，提高企业与客户的联系程度具有重要作用。对许多产品而言，目前成型的销售模式是用户体验式营销。微信平台的运用，能够直接推动体验式营销的全面发展，使客户与企业通过微信营销平台形成良好的互动，这不但加深了客户对产品的体验，同时也加强了客户与企业之间的联系，对推动营销过程、提高营销的实际效果，具有重要的促进作用。

8.2.1　化妆品行业微信营销案例分析

化妆品作为一个重体验、重口碑分享的品类，碰上微信可谓"相见恨晚"！微信的随时、随身、随地，个性、分享、强关系等特点，正好给了爱美人士"臭美"的平台；同时，由于用户的个案性，在传统条件下，一对一的指导显然要耗费极大的成本且效果不明显，微信正好给了品牌与用户面对面的窗口，无论是产品的解说，还是肌肤的保养，企业都可以实现与用户的精准指导交流，企业在树立品牌形象的同时，还可以提高品牌忠诚度。卡姿兰、美肤宝、自然堂、欧莱雅、相宜本草等知名化妆品品牌都开设了微信公众平台。我们用以下案例，简单梳理了目前化妆品行业微信公共平台所使用的策略，供大家参考。

1. 保质保量

产品的质量和安全是让化妆品在微信营销中持续发展的关键。人们希望得到的是安全可靠的产品，也只有这样的产品才能够赢得消费者的信赖，才能够越走越远。

2. 多元化活动

目前，在微信中发展的化妆品行业已经不计其数，企业要想在其中脱颖而出，需要有独到的营销模式。人们不再关注于那些在微信上只单纯具有图片文字的产品，他们更容易被产品的活动所吸引。企业可以通过微信来制作一些创意性的活动或者游戏，以此来吸引消费者的眼球，通过这些活动的推广使更多人了解该品牌和产品，使自己的品牌和产品得到广泛的宣传。另外，借助线下店面的平台优势，企业在进行缜密的计划和预算之后完全可以以小成本打造一场效果显著的活动。以签到打折活动为例，企业只需制作附有二维码和微信号的宣传海报和展架，然后配置专门的促销人员，在现场指导到店的消费者使用手机扫描二维码。消费者扫描二维码并关注化妆品专营店的公众号即可收到一条确认信息，凭借此信息在买单的时候可享受一定优惠。化妆品专营店还可以在第一条确认信息中说明后续的优惠活动，使消费者能够持续关注并且经常光顾该店。

3. 提供更加优质的服务

企业要更加关注客户的售后反应，多通过微信与客户进行交流互动，随时随地关注客户的使用情况和使用感受；加强服务的质量，加强对客户的定期访问，对客户提出的意见和建议要虚心接受并及时改正，企业只有在不断的虚心学习中，才能不断的进步，也才能留住客户的心。

4. 营销策略

（1）肌肤测试+征文

很多消费者不知道自己的肌肤是中性的还是油性的，所以在选择化妆品时不知所措。这时，企业可以通过公众号利用肌肤测试和征文活动不断地吸引用户参与（见图8-1）。

（2）互动社区+防伪查询

做好用户参与品牌的互动，是维护用户与品牌关系的重要一步。之后要让用户通过公众号，更好地进行购物。防伪查询、快递查询等都是化妆品企业售后中重要的环节（见图8-2）。

图 8-1

图 8-2

梵××：化妆品转型微信营销之路

2013 年微信营销刚刚兴起，不少传统企业对微信营销处于观望或者排斥的状态，甚至无视微信营销，然而梵××公司却将微信营销视为重点。公司从企业微信营销的战略规划、布局及独立的微信营销事业部门开始，逐步走上了微信营销之路。

首先，梵××将原有的电商（淘宝、天猫、京东等）、实体渠道与微电商三者相互融合，主要通过活动（或者分享二维码）把原有客户导入到个人微信号上，进而着手打造梵××的可持续发展的微信营销生态系统，取得了卓越的成绩。在品牌微营销开始之初，梵××主要利用微信快速传播的特点及社群的功能，快速建立了几百个群进行产品的培训及招商。其次，梵××进行线上微信公众号的内容推送与线下活动的双向结合，培养了一大批忠诚客户。最后，梵××通过微信朋友圈的点赞送礼品、个人微信 IP 的打造等活动，使客户更加青睐该品牌。

微信营销短视频及 IP 的兴起，也让梵××再次在微信营销中弯道超车。2016 年，梵××通过签约形象代言人以及拍摄品牌宣传片等进一步促进了品牌的营销推广。

2018 年，微信群营销再度拉开了消费者与品牌之间黏性的帷幕，梵××采用代理群、消费者群、护肤产品群对消费者进行有效维护，加强了消费者与品牌的黏性，让消费者在群里互动、分享，甚至请消费者对新品提出要求进而有针对性地进行产品的研发与生产，极大地提高了企业的效益与消费者的利益。

总之，在微信营销与运营中，我们只有善待每个微信用户，才能更好地促进企业的发展，因为每个微信号背后都有一个活生生的消费者，他们有情感，他们也有兴趣、爱好，企业只有满足了他们的需求，才算是真正懂得微信营销与运营。

8.2.2 保健品行业微信营销案例分析

1. 产品宣传

保健品企业通过微信公众号定期对其产品进行宣传，使用户对企业的产品有更深的了解（见图 8-3）。定期进行新产品的宣传有利于新产品的推广。但进行产品宣传只是一个策略，真正的目的是利用微信的互动性，在宣传产品的同时，及时得到微信用户的反馈。企业根据反馈的信息进行整理、分析，对产品做出合理的调整。

图 8-3

2. 促销策略

在微信上进行促销活动应该有计划地进行。首先推送促销信息的标题要能引起用户阅读的兴趣，且信息的文案也要能吸引用户；其次应该有一定的优惠折扣能够吸引用户关注。企业在进行促销活动前可以通过微信先调查一下用户对促销优惠折扣的期待。

3. 买家秀

企业可以通过庞大的客户、好友群体来进行营销。企业将客户的买家秀或者将有关保健品的信息制作成一个精美的视频，用户可以通过点赞抽奖或者将其分享到朋友圈免费领取精美礼品一份，企业通过这种方式来扩大客户群。这样的信息对微信用户来说还是有一定的吸引力的，因为这样的活动就跟抽奖一样，有拿到奖品的运气，可以说是一种娱乐方式，用户的参与度还是挺高的。在用户的参与中，企业也宣传了品牌，达到了营销推广的目的。

××宝盒：线上线下结合

××宝盒作为一款优质的女性私护产品，无论是其生产厂家实力还是配方技术，都让很多市面上的同类产品难以超越。××宝盒在线下拥有长达 20 年的实体销售渠道，同时邀请了知名的品牌运营团队作为其线上（主要是微信）推广与招商智囊团，如此线上线下的结合，开创了一个全新的创业格局。线下的代理商可以快速接触到线上的运营指导，可以借助互联网的优势快速建立自己的年轻化创业团队，而线上代理商，又可以与线下实体店联盟，把产品真正带进店并建立终端销售渠道，这是一个真正意义上的 O2O 结合，这是一场落到实处的极致联姻，短短一个月，它就取得了令人震惊的好业绩。

××宝盒在整个市场战略规划上，线下采用省代带领市代组团联合创业模式，把有实力的商家进行资源整合，组建一个互助互利的新型互联网创业团队，由线上的智囊团帮助团队进行 IP 打造、技巧培训、思维转变、流量转化等，让实体团队快速实现互联网的转型与裂变。

××宝盒因其强大的实力背书、过硬的产品质量、新型的互联网创新模式，刚推出市场就引发了很多实体店老板的浓厚兴趣与加盟，取得了令人惊叹的成绩。

8.2.3　旅游行业微信营销案例分析

自微信软件推出以来，微信用户数量逐渐增高，人们喜欢通过微信接收更多对自己有益的信息。在外出旅行之前，多数游客会选择在景区微信公众号或是旅行网站搜寻出游信息等。数据显示：游客主要利用微信、微博、QQ、网页来获取旅游资讯，其中有 41%的游客是通过微信，7%的游客是通过 QQ，22%的游客是通过微博，30%的游客是通过网页，由此可见，微信营销拥有庞大的市场基础条件。在对游客关注旅游景区微信公众号的目的进行调查后我们发现，有 25%的游客是为了了解景区的基本信息；42%的游客是为了享受景区的优惠活动；21%的游客是为了实现在线旅游消费；12%的游客是为了体验景区的新型营销模式，由此可见，大部分游客关注公众号是为了享受优惠活动，降低旅游成本。因此，景区在开展微信营销的时候应注重内容的设置，多增加景区的旅游折扣信息和游览信息等，方便游客自助游览和实现旅游购买。

因此，旅游行业的微信营销要注意以下几点。

1. 凸显特色

旅游本身就是一个探索未知的过程，对此，企业开通微信公众号，介绍各地风俗人情自然是首要对策。在公众平台上要突出旅行地点值得一去的优点，特别是特色历史景点、酒吧、美食、博物馆、游乐园等，也包括当地的出行注意、消费须知、文化差异等。企业可以聘请专职人员写旅游后的感悟和经验，然后将其发表到微信公众号上进行实时推送。

2. 完善平台

排队买门票、景区内景点衔接不恰当等是旅游中游客常遇到的费时又费力的情况。因此，完善旅游导航、购票系统等是非常必要的。这些服务的开通会使微信旅游形成"宣传、销售一体化"，让游客足不出户即可提前了解景区的具体情况，感受旅行的氛围，让更多游客体验到微信的便捷。

3. 营销有道

旅游企业可制定"集赞优惠游"或者"集赞幸运大抽奖"等话题性很强的微信营销活动，让旅游信息最大限度地被大众所熟知，进而影响一些受众的心理，开发潜在客户。企业在微信营销中要利用微信的互动性特点加强与用户之间的互动，做好客户关系管理和公关管理。如"集赞送门票"的活动，微信用户只要关注企业的公众号，并在朋友圈获得好友一定数量的赞，就有机会获得本店送出的免费门票。我们可以发现，朋友圈有很多商家都使用了这样的方法，事实证明这种方法确实能吸引用户关注，从而促使其了解企业和产品的信息，并起到宣传的作用。旅游企业也可以效仿，推出"集赞优惠游"等营销活动，宣传旅游资讯，让更多人了解，从而激发潜在客户。

4. 微信定位

旅游企业微信营销可以利用微信的定位功能，针对区域、类型不同的受众进行不同内容的推送，从而达到精准宣传的效果。例如，在旅游接待中心、火车站、机场等地，利用摇一摇或其他功能，向这些不确定对象推送目的地景区、酒店等实用信息。又如，可以在旅游景点周边搜索附近的人，针对距离近、出行方便等特点进行宣传、推送信息，利用地缘优势吸引周边的人前来旅游，从而达到提高知名度的效果。

5. 口碑营销

口碑营销是指企业通过朋友、亲戚的相互交流将自己的产品信息或者品牌传播开来。口碑营销有利于塑造企业的良好形象，为企业接下来的发展奠定良好的形象基础。微信关注的是人，人与人之间的交流才是这个平台的价值所在，微信为口碑营销提供了良好的平台。因此，对于旅游业来说，朋友圈的营销模式是值得推崇的，这种口碑营销在塑造品牌形象的同时，还有利于提高企业的知名度，提高营销转化率。

6. 粉丝微信群

粉丝是景区微信营销的关键，因此，景区应想方设法留住粉丝，目前很多景区的粉丝都是"僵尸粉"，不够活跃。为了活跃粉丝，景区除了要不断增加粉丝量，也可不定时地搞一些活动，如集赞免门票、留言精选奖励、所提建议若采用则免门票送流量等。并且对于粉丝的留言，景区要及时回复，与粉丝保持良好的沟通。除了单独与粉丝沟通外，景区还可建立一个专属景区的粉丝微信群，景区粉丝群里的成员有特别的福利，如粉丝游览景区八八折、带家属九折等，每到节假日在群里发放福利。这样一来粉丝们也会拉上自己的亲朋好友一起进来，共同关注微信，景区的影响力自然无形中被扩大，景区微信营销效果也会提升。

7. 线上微信营销结合线下活动

企业要线上线下相结合，单独使用线上微信营销是不够的，线上线下相结合才能产生好的宣传效果，在线上宣传时配以线下实体活动，保障工作做到位，让用户真切体会到通过微信辅助旅游的快捷和便利。各大旅游景区可在线上微信公众平台推出有关重大活动的消息，直接在线上或者间接在线下进行活动的具体策划执行，这种营销方式可以迅速提高旅游企业的知名度和影响力，同时可增加淡季的客源，提高旅游企业的整体盈利水平。

8.2.4　酒店行业微信营销案例分析

微信的出现为酒店行业的发展带来很大的契机，酒店可以通过微信系统有效整合信息传输渠道，更大程度地发展客户群体，降低酒店运营成本，提升酒店服务系统，增加酒店利润空间。

酒店微信营销要注意以下问题。

1. 明确目标

酒店通过微信营销活动应达到如下目的：①提高销售业绩，以利润的形式呈现提高的销售业绩；②提升酒店品牌价值，以无形资产价值的形式呈现品牌价值；③提高酒店人才的技能水平，为酒店或相关企业提供借鉴经验。

2. 内容建设

酒店官方微信的内容建设是其进行微信营销活动的重中之重。①微信内容建设要依据用户的心理特征。从用户的心理特征出发，在微信上针对性、计划性地发布可能引起用户关心、关注的话题。②发布信息的内容多样化。要避免同质化内容，结合自身特色，分析客户数据，深度采集客户的关注点和兴趣点，进行总结提炼后推送，保证内容的真实性和实用性。③发布信息的形式多样化。文字、语音、照片和视频资料相结合，引发用户阅读兴趣。

3. 建设专业的微信营销团队

无论何时，人才都是企业的核心竞争力，组建一个专业高素质的营销团队，有利于团队成员总结经验教训，提升自己对微信营销的管理能力和应用水平，提高工作效率和营销竞争力水平。

4. 自定义菜单

酒店微信客户端的菜单根据客户需求量身定制，简化其订房的程序，提高其满意度，这种做法同时可以增加酒店的微信订单量。在酒店官网及微信客户端，每个门店都可以设计自己单独的门店详情页，根据不同区域进行市场细分，以适合客户的个性化消费观念。客户入住酒店前，酒店将相关的信息通过消息推送给客户；客户可登录酒店微信客户端预订客房，并在下完订单后即时收到关于入住酒店的图文信息。

5. 服务营销

微信公众号通过 LBS 定位，可以显示天气、酒店路线、附近旅游景点，甚至航班信息和其他服务。酒店通过微信 LBS 可以查找附近的人，对客人的位置进行有效准确的定位，并推荐附近的各种服务给客人。客人可以在微信平台上一键预订，十分便利。对于通过微信预订入住的客人，在客人办理入住时，酒店可以向客人赠送欢迎水果等小礼品，也可以为客人办理延迟退房。

6. 全面推广

① 酒店要有效运用地毯式推广策略、微信网页导航推广等营销推广方式，可以以知名的微信导航站为营销切入口，大力宣传自己的品牌，占据市场空白点。对于新客户的发展，酒店可以通过扫描二维码关注、网络传播、订阅用户朋友圈的转发和推荐、特有产业资源整合等方式进行开发。酒店可以充分利用微信的二维码扫描功能，采取签到、打折、优惠的方式诱导用户订阅自己的微信公众号，从而发展自己的新客户。例如，酒店可以在微信公众平台搭建"扫码享优惠，免费住酒店"专栏，吸引新客户参与并转发活动。对于酒店而言，既得到了广告宣传，又获得了更多潜在客户，带来了消费（很多人不止住一晚）；对于客户而言，更是享受到了真真切切的服务。②酒店要注重和客户的交流互动，保持一定的活跃度，加强客户服务体验，不断推出优惠活动刺激二次消费，避免出现大量的"死粉"，并且通过老客户的传播，带动新客户关注。③酒店可以进行微信与微博双平台运行，以弥补微信传播力

不足的缺陷，将两个平台的资源进行有效的整合。

7. 考核监督策略

酒店建立健全考核制度，科学确定营销团队及其成员的指标任务，建立独立的客服部门和权益监督部门；定期监督考核微信营销团队，及时处理解决客户反馈的问题和信息，优化调整自己的产品和服务，利用口碑宣传推广品牌。

8.2.5 餐饮行业微信营销案例分析

餐饮企业可以开设自己的微信公众号，利用微信独特的功能进行针对性营销，这是目前微信在餐饮企业中最为广泛的应用形式。餐饮企业通过微信可以实现两个目的：一是广泛发布宣传和促销信息；二是品牌塑造和推广。

餐饮企业微信营销主要有以下几种方法。

1. 平台建设

餐饮企业应充分开发、利用微信公众平台的功能，注重微信公众平台的建设，并加大力度宣传其微信公众平台。一是在创建微信公众平台时，餐饮企业应全局化了解并掌握微信的有关理论知识，并学会充分开发、利用微信公众平台这一创新的营销模式，吸引新客户并刺激其消费，采取双账号（服务号+订阅号）等运营模式，重视高级服务功能的开发，比如在线一对一客服；二是让服务的过程更加精简和创新，以老客户的动态需求为首要任务，要着重维护老客户，刺激其再次或重复多次消费，并让老客户诚心分享朋友圈，实现口碑营销；三是餐饮企业可通过技术改善创建老客户的定制化营销平台，提高品牌的知名度，优化微信营销服务功能，创建一体化微信营销服务，使新老客户成为餐饮企业的"铁粉"。

2. 完善菜单设置

餐饮企业具体可以通过以下三个方面完善微信公众平台的菜单设置：一是应使微信公众平台的菜单模块丰富有内涵，不仅让其菜单设置中的模块有微餐厅、微商城、手机自助订餐、附近门店、优惠券、门店促销、VIP 会员服务等，而且还应增加互动反馈、手机游戏、开心体验营等模块，从而满足客户的各种体验和求知需求；二是应增加在线客服与售后评价的功能模块，促进和客户的沟通交流，以实现再营销；三是微信公众平台的菜单设置建设离不开第三方服务，所以餐饮企业要寻找拥有过硬技术的第三方，并且通过第三方，让微信公众平台的后期推广方式、菜单布局设置等多元化、差异化、个性化，并在运营过程中不断地完善微信公众平台菜单设置，最终实现一对一、点对点精准营销，刺激粉丝或新老客户消费，提高餐饮企业的营销利润，促进整个餐饮业界的发展。

（1）智能点菜系统

很多餐馆提供了微信智能点菜系统，用户只要关注该店的官方微信，就能智能点菜，点击"全部菜单"进入菜单列表，便可成功点菜。

（2）微网站

餐饮企业可以在微网站上重点突出特价优惠菜品、招牌主打菜品和推荐菜品等的展示，方便用户查看并使用用户第一时间被诱人的菜品所吸引，直接促成消费。

（3）微活动

餐饮企业通过开展刮刮乐、大转盘、优惠券等活动可以迅速吸引用户的关注，同时还可以在餐厅内或客流量较多的地方设置二维码扫描活动，只要用户扫描二维码关注本店即可享受店内的优惠活动。这样可以有效地抓住用户，同时，定期的营销活动还能增强用户对品牌的忠诚度，最终助力餐饮企业将客流量转化为"客留量"。

（4）微应用

微应用主要有以下几个。

① 预约订座。

用户可在微信端便捷地预订座位，省去大量排队等待的时间，这也给餐饮企业提前准备菜品、安排座位留有时间。餐饮企业通过提供周到的服务，提高用户的好感度和忠诚度，也可以促进用户的再消费。

② 一键导航。

这一功能方便用户快速定位自己的地理位置并进行导航，全程引导用户到店就餐，大大减少因无法快速找到餐饮企业位置而导致的用户流失。

③ 微会员。

餐饮企业可以通过微会员功能建立用户数据库，为会员提供专属服务，在提升服务质量的同时，也可将促销优惠、会员专享等服务信息直接显示在微会员页面，将餐饮企业已有的线上用户吸引至线下进行消费，直接促进营业额的提升。

④ 微团购。

餐饮企业将目前餐饮行业网上的团购功能整合到微餐饮里，解决传统团购受限于团购网站的问题，这可以吸引大量的用户到店内进行消费，既方便又实惠。

3. 数据管理

对客户进行信息库管理，在信息库中为每一位客户建立一张信息表，表中要记录客户的代码、姓名、生日、联系方式、每次用餐时间及停留的时间、对食物的偏好口味等，在这位客户下一次进入餐馆的时候，餐馆就会为其推出"量身定制"的方案，并继续采集更多的数

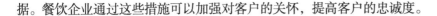

据。餐饮企业通过这些措施可以加强对客户的关怀，提高客户的忠诚度。

4. 主动出击

微信有一个很重要的功能，就是能和"附近的人"互动，餐饮企业可以选择主动出击，在一些用餐的时间点，给用户做推送，不仅不会被拒绝，而且还会让饥肠辘辘的用户觉得这是雪中送炭。这就是利用了微信最大的优势，即在短时间内、低成本地做大量的宣传。

5. 朋友圈

微信个人用户对朋友圈的关注度要比对微信公众平台的关注度高得多，刷朋友圈已经成了微信用户日常的工作之一，因此，深度经营微信朋友圈显得尤为重要。餐饮企业可以开展一些针对微信朋友圈的促销活动，例如，进店消费时每人拍摄店内 8 张图片分享到朋友圈，就可以获得精致果盘一份。如果一行 4 人进店消费，每人都拍照发朋友圈，按每人拥有 300 微信好友计算，那么就会有 1200 人有机会知晓本餐饮企业，传播量是非常惊人的，而餐饮企业的成本仅仅是几份果盘，广告的成本是非常低的。假如 1200 人中有 10%的人出于好奇而进店消费，将会带来 120 人的客流量，可谓是四两拨千斤。

6. 集赞

微信"集赞"是一种时下较为盛行的商家促销方式之一，例如，盐城百信餐饮管理有限公司开业之际为聚集人气、提升知名度而开展的微信"集赞"活动：推出"开业期间一周内，凡消费多少金额送多少面值的现金券"的促销活动，活动规定微信朋友圈内该条促销信息集满 55 个赞商家可免费赠送 2L 雪碧饮料一瓶；集满 99 个赞商家可免费赠送水煮肉片一份；集满 188 个赞开业期间消费享受 5.8 折优惠。微信朋友圈因为"集赞"活动又炸开了锅，平时不怎么联系的朋友也因为"集赞"活动而开始发微信求赞。

7. 微信群

微信群深受广大微信用户喜爱，在群里大家不仅可以交流信息，还可以娱乐，比如时下流行的抢红包活动。如果微信群经营得好，将会起到事半功倍的作用。基于微信群的高分享性、高互动性、实时性，餐饮企业应该建立微信群，并安排专人负责微信群的运营管理，定期发布一些餐饮产品信息、促销信息或者一些对企业有积极意义的图片、视频资料。比如实时发布一些企业重视产品品质、注重卫生方面的图片，以获取消费者支持，让消费者放心。对于餐饮企业而言，自己说自己一百遍好，不如消费者说一句好，所以还要适时引导消费者发表自己的观点。对于企业已经做得好的方面，要采纳并进一步发扬；对于消费者反映的问题，必须要格外引起重视，并及时加以改进，因为信息传播很快，稍有不慎，就会产生广泛的负面影响。

8. 活动营销

餐饮企业借助微信公众平台可以开展一些促销活动以增加关注度、聚集人气。比如开展征集菜名活动，对新推出的一道菜，向广大用户征集菜名，一旦菜名被选用，该参与者将终生免费享用这道菜，或者终生享有 5 折优惠。这样大的吸引力必将调动大家参与的积极性，无形中传播了餐饮企业的品牌。